Karl Dürrschmidt

MIT 15 IN DEN KRIEG

Stocker

Karl Dürrschmidt

Mit 15 in den Krieg

EIN NAPOLA-SCHÜLER BERICHTET

Leopold Stocker Verlag
Graz – Stuttgart

Abbildungsnachweis
Umschlagfoto: Ullstein, Berlin. S. 110, 113: K. Hanuš. – Alle übrigen Abbildungen wurden dem Verlag vom Autor freundlicherweise zur Verfügung gestellt.

Bibliografische Information Der Deutschen Bibliothek
Die Deutsche Bibliothek verzeichnet diese Publikation in der Deutschen Nationalbibliografie; detaillierte bibliografische Daten sind im Internet über http://dnb.ddb.de abrufbar.

Hinweis
Dieses Buch wurde auf chlorfrei gebleichtem Papier gedruckt.
Die zum Schutz vor Verschmutzung verwendete Einschweißfolie ist aus Polyethylen chlor- und schwefelfrei hergestellt. Diese umweltfreundliche Folie verhält sich grundwasserneutral, ist voll recyclingfähig und verbrennt in Müllverbrennungsanlagen völlig ungiftig.

ISBN 3-7020-1079-3

Layout: Klaudia Aschbacher, A-8111 Judendorf-Straßengel
Printed in Austria
Gesamtherstellung: Druckerei Theiss G.m.b.H., A- 9431 St. Stefan

INHALT

Vorwort

Die vorliegende Darstellung der Begebenheiten vom Januar 1945 bis Sommer 1946 im Leben des damals 15jährigen Verfassers ist eine Erzählung aus der Erinnerung, die erst möglich war, als das physisch und psychisch Erlebte durch harte Arbeit im Studium und Berufsleben abgeklungen und die Zeit reif war, ohne Ressentiments zu schreiben.

Jede Erinnerung aus der Jugendzeit nach beinahe sechzig Jahren ist lückenhaft und deshalb dem Fluch und Segen der Verdrängung unterworfen. Auf Aufzeichnungen aus dem Tagebuch jener Zeit konnte nicht mehr zurückgegriffen werden, da diese Opfer der Flucht und Vertreibung geworden sind.

Großen Dank möchte ich in memoriam an meine Mutter aussprechen, die in der schwersten Zeit meines jungen Lebens durch aufopfernde Versorgungsversuche während der Gefängnishaft auf der Burg Elbogen einen wesentlichen Beitrag zur Erhaltung meiner Gesundheit geleistet hat.

Ebenso gilt mein Dank allen, die mir in jener Zeit außerhalb und innerhalb der Gefängnishaft in Elbogen und im Internierungslager Tschemoschna beigestanden sind.

Dank gilt besonders meiner Frau, die durch kritische Durchsicht meiner Manuskripte wertvolle Hilfe geleistet hat und auf manche Stunde der Gemeinsamkeit verzichten mußte.

Im Mai 2004 *Karl Dürrschmidt*

Einleitung

Ohne Kenntnis des familiären Hintergrundes ist der jugendliche Werdegang des Verfassers kaum oder nur unverständlich zu erfassen. Die Kindheit war von der Wirtschaftskrise der dreißiger Jahre durch die Arbeitslosigkeit des Vaters als gelernter Maurer und die Versorgung der Familie durch die Mutter als Porzellandreherin geprägt. Die Erziehung lag deshalb in den Händen des Vaters, der ständig und bei jeder Gelegenheit auf die Wichtigkeit des Lernens aufmerksam machte.

Einen großen Einfluß übten auch im etwa 900 Einwohner zählenden Heimatdorf Wintersgrün im Egerland die gesellschaftliche und politische Struktur der Bewohner von 1936 bis 1938 auf mich aus. Während die Arbeiterschaft den sozialdemokratischen Arbeits- und Sportgruppierungen angehörte und dem tschechischen Staat gegenüber loyal war, zählten auf der anderen Seite Lehrer, Geschäftsleute, Bauern und höhere Angestellte zu den Gruppierungen der Anhänger Henleins. Selbstverständlich ließ sich das nicht verallgemeinern. Als der Verfasser durch die Eltern mit fünf Jahren in den Arbeiterturnverein geschickt wurde, waren seine engsten Freunde im Deutschen Turnverein der Henlein-Anhänger. Deutsches Gedankengut, bezogen auf das Hitler-Deutschland, wurde durch den Umgang mit

Geburtshaus in Wintersgrün

diesen Freunden auf mich übertragen. Als 1938 die Deutsche Wehrmacht in unser Dorf einmarschierte und in Folge der Arbeiterturnverein aufgelöst wurde, wandelte sich meine Gesinnung hin zum deutschen Gedankengut endgültig.

Schon im Oktober 1938 wurden Kinder der „Henlein“ für einen mehrwöchigen Aufenthalt bei Gasteltern in Thüringen ausgewählt. Durch den immer gepflegten Kontakt zu meinen engsten Freunden wurde auch ich mit nach Thüringen geschickt. Meine Gasteltern in Altenburg waren Geschäftsinhaber einer Metzgerei, hatten einen etwas älteren Sohn und eine Tochter. Während der Sohn bei der Hitlerjugend war, war die Tochter in den Bund Deutscher Mädchen integriert. Auch das übte eine Faszination auf mich aus. Auf dem Militärflugplatz dieser Stadt wohnte ich einer Truppenparade und Flugvorführungen bei, die mich bezüglich des Militärs sehr beeindruckten.

Am 9. November 1938 erlebte ich in der Stadt Altenburg in den Abendstunden die „Reichskristallnacht“. Mit achteinhalb Jahren begriff ich auch durch Erläuterungen der Gasteltern die Zusammenhänge nicht und war darüber sehr beunruhigt.

Junge Männer unseres Heimatortes wurden noch 1938 zur Wehrmacht eingezogen, mehr und mehr sprach man vom Krieg, der dann am 1. September 1939 ausbrach.

Ich wurde im zehnten Lebensjahr 1940 in das Deutsche Jungvolk aufgenommen, so wie alle Jungen des Ortes in diesem Alter, und besuchte schließlich nach bestandener Aufnahmeprüfung die Oberrealschule in Karlsbad. Die Lehrer der Schule traten vereinzelt in NSDAP-Uniform im Unterricht auf und beurteilten den Nationalsozialismus und die Kriegsereignisse positiv; andere Lehrer waren in Zivil gekleidet, verhielten sich neutral und kümmerten sich ausschließlich um die fachliche Unterrichtung.

Eines Tages kamen junge Offiziere als Werber in die Schule und stellten die Nationalpolitischen Erziehungsanstalten in einer außergewöhnlich positiven Darstellung vor. Voraussetzung zur Aufnahme waren gute schulische und sportliche Leistungen. Von den angepriesenen Angeboten in diesen Schulen war ich so fasziniert, daß ich mich spontan zur Teilnahme an einem Ausleselehrgang meldete. Bei meinen Eltern mußte ich jedoch stundenlange Überzeugungsarbeit leisten, bis ich endlich ihren Widerstand brach. Erst nach bestandenem Ausleselehrgang würde über die Aufnahme entschieden, er-

Oberrealschule für Jungen in Karlsbad

klärte ich ihnen. Dabei verschwieg ich aber, daß ich mich bereits beworben hatte, so daß die Werber in der Schule bereits die nötigen Erkundigungen für die Einladung zu diesem Ausleselehrgang einholen konnten. Den einwöchigen Ausleselehrgang an der NPEA in Pochlowitz / Sudetenland, mit Prüfungen der schulischen und sportlichen Leistungen, unter Beachtung des Auftretens in der Öffentlichkeit und der Redegewandtheit sowie mit eingehenden Untersuchungen durch Militärärzte, habe ich bestanden. Ab diesem Zeitpunkt mußte ich erst recht Überzeugungsarbeit bei meinen Eltern leisten, da sie annahmen, künftig zu wenig Einfluß auf die Erziehung ihres einzigen Kindes nehmen zu können.

Zu Beginn der Hauptferien erhielt ich, wie zwei andere Kameraden aus dem Sudetenland, die Einberufung zum „Kriegslehrgang" an der NPEA Neubeuern / Oberbayern, mit dem Ziel, worüber man uns informiert hatte, rascher zum Abitur und zur Offiziersausbildung geführt zu werden, mit anschließendem Studium auch eines zivilen Berufes und späterem Eintritt in den Staatsdienst.

Ziel und Zweck folgender Erzählung ist, die in den letzten Kriegsmonaten im Gedächtnis haftenden Eindrücke und Erlebnisse zu übermitteln, die über Leben und Tod entschieden haben, abhängig von verantwortungsbewußten oder verantwortungslosen Erziehern im Dienste des Nationalsozialismus.

Aus der Schilderung soll auch erkennbar werden, wie europäische Politik in der Vorkriegszeit die Weichen für die Nachkriegserlebnisse eines Jugendlichen gestellt hat, der in seine Heimat zurückkehrt, in einen Staat, der ihn nicht mehr aufnehmen will und durch Dekrete wegsperrt, wohl in der Hoffnung, einen „gefährlichen Staatsfeind" im Gefängnis und Internierungslager auszuschalten und „Wiedergutmachung" durch unbezahlte Schwerstarbeit leisten zu lassen, unter ständiger Bedrohung, Demütigung und minimaler Nahrungsversorgung.

DIE LETZTEN KRIEGSMONATE IM JAHR 1945

Das Leben an der Nationalpolitischen Erziehungsanstalt (Napola genannt) in Neubeuern war im Januar 1945 nach wie vor von der Dreiteilung geprägt: Unterricht, Sport und Allgemeiner Anstaltsdienst.

Der Unterricht erfolgte nach den Lehrplänen des preußischen Realgymnasiums. Der Sport am Nachmittag und auch am Sonntagvormittag umfaßte neben Leichtathletik, Geräteturnen, Schwimmen und Schilaufen bis zum Kriegsbeginn auch Reiten, Segelfliegen und Motorsport. Der Allgemeine Anstaltsdienst gliederte sich in Früh-, Gelände- und Schießsport. Am Abend folgten weltanschauliche Schulungen und Buchbesprechungen mit anschließender Diskussion. Ziel dieser Schulungen war die Vermittlung und Verankerung der nationalsozialistischen Ideologie, damit wir, vertraut mit den Argumenten der Gegner, in der geistigen Auseinandersetzung bestehen konnten. Dabei wurden alle geschichtsträchtigen und wirtschaftlichen Beziehungen beleuchtet. In Ausführungen brachte man uns nahe, daß zum Beispiel die Kapazität der amerikanischen Industrie ein Vielfaches unserer Industrie leisten könnte oder daß den russischen Produktionen nur wenige Normen reichen würden, die es, aufeinander abgestimmt, zuließen, leicht und schnell Teile auszuwechseln und für andere Geräte zu verwenden. Auch mit der gängigen Propaganda wurde aufgeräumt, daß ein russischer Kommissar die Soldaten mit der Waffe hinter der Front antreibe. Wenn die Sprache auf die englischen Soldaten kam, fehlte nicht der Hinweis, daß diese ein Weltreich erobert hätten. Die täglichen Frontberichte wurden anhand von Landkarten abgesteckt, wobei zum Teil sehr kritische Kommentare unserer Erzieher nicht fehlten. Trotzdem glaubten wir noch immer fest an die Wende, vielleicht mit Hilfe der „Wunderwaffe", wie uns später erst bewußt wurde, einer Atombombe, von deren Erforschung und Entwicklung aus Unkenntnis nur vage Andeutungen gemacht wurden. Im allgemeinen war in unserer Anstalt die Aufklärung über die Kriegssituation und den Feind wahrheitsgetreuer und umfangreicher als die der Bevölkerung außerhalb der Anstalt.

Die Erziehung im Anstaltsdienst diente neben der Wissensvermittlung der Ausprägung von Tugenden, wie Pflichtbewußtsein, Fleiß, Zuverlässigkeit, Loyalität, Mut zur eigenen Meinung, Offenheit und Durchsetzungsvermögen. Wichtig war auch die Einbindung in eine ordensähnliche Gemeinschaft. Diese Tugenden sollten den gesamten Lebensweg kennzeichnen.

Der Tagesablauf begann mit dem Wecken um 6 Uhr, dem Frühsport, der Körper-, Uniform-, und Schuhpflege. Für den reibungslosen und ordnungsgemäßen Ablauf hatte der Jungmann – Hundertschaftsführer, unterstützt von den Zug- und Gruppenführern – zu sorgen. Antreten zum Morgenappell im Schloßhof war um 7.15 Uhr festgesetzt, und zwar in der Anstaltsuniform, die aus dem Waffenrock, langer braunoliver Hose, braunem Hemd mit schwarzem Schlips und schwarzen Schuhen bestand. Der Hundertschaftsführer machte Meldung an den diensthabenden Erzieher, berichtete über Krankmeldungen und Abwesenheit von der Anstalt. Es folgte das Abtreten zum Frühstück. Hier gruppierten sich im großen Speisesaal die Jungmannen mit ihren Gruppenführern um die Tische, wo vom Küchenpersonal bereits Teller, Löffel und Servietten aufgelegt waren. Der Jungmann vom Tischdienst holte an der Küchenausgabe die Schüssel mit gesüßter Milchsuppe und Einlagen aus Obst und Haferflocken und stellte sie auf den Tisch vor den Gruppenführer, der sich bediente und die Schüssel weiterreichte. Die Frühstückstafel hob der Hundertschaftsführer um 7.45 Uhr auf.

Nachdem wir die Bücher und Hefte aus unseren Studierzimmern geholt hatten, begann um 8.00 Uhr der Unterricht nach festgelegtem Stundenplan im dafür vorgesehenen Zimmer des Zuges. Im Schloß waren das nicht immer rechteckige Räume, sondern auch mehreckige mit Erkern. Die Bestuhlung war frei und der Räumlichkeit angepaßt. Jeder der 16 Jungmannen einer Gruppe hatte einen eigenen Tisch. Die Ausstattung mit Eichenparkettboden, Stuck an der Decke und weiß gekalkten Wänden wirkte vornehm. So wie wir, kamen auch die Erzieher in Uniform, mit Ausnahme des Kunsterziehers, der täglich in die Schule von auswärts einpendelte. Mit seiner Mähne und dem Spitzbart entsprach er ganz und gar nicht den militärischen Gepflogenheiten der Anstalt. Wegen seines für uns ungewöhnlichen Erscheinungsbildes hatten wir anläßlich eines Anstaltsfestes einen Text verfaßt und in Gesangsform (die Melodie ist mir nicht mehr geläufig) vorgetragen, mit dem Refrain „...Lumpazivagabundus hat einen Spitzbart und Hänger (lange Mähne) und ist ein großer Zeitverschwender“. Vom Betroffenen und auch von den anderen Erziehern wurde unser Lied mit viel Humor aufgenommen und mit Applaus quittiert. Der „Zeitverschwender“ war nur aus der Sicht der Schüler mit dem engen Zeitkonzept zu verstehen. Die Qualität seiner Kunsterziehung wurde dadurch in keiner Weise in Frage gestellt. Der Unterricht allgemein lief in persönlicher und kameradschaftlicher Atmosphäre ab.

Am Vormittag, zwischen der zweiten und dritten Unterrichtsstunde, war eine Pause von 20 Minuten für eine „Zwischenjause“ eingelegt, bestehend aus belegtem und verpacktem Schwarzbrot, das auf den Tischen im Speisesaal vorbereitet lag und bei gutem Wetter stets im Schloßhof eingenommen wurde. Nach weiteren drei Unterrichtsstunden war um 13 Uhr Schulschluß und Zeit für das Mittagessen.

Die Zeremonie am Mittag entsprach der beim Frühstück. Tischsprüche gab es nicht, nur „Guten Appetit“ wurde gemeinsam und laut ausgesprochen. Das Essen war sehr ausgewogen, der Suppe folgte der Hauptgang mit Gemüse oder Salat und zum Schluß eine Nachspeise. Von 14 bis 14.30 Uhr war Ruhe mit unbedingtem Schweigegebot angeordnet. Es war auch die Zeit zum Umkleiden für den Nachmittagsdienst, entweder in Sportkleidung mit Sporthemd, kurzer Hose oder Trainingsanzug und Sportschuhen, oder im Drillichanzug, bestehend aus einem grauen Waffenrock, einer Reithose mit eng anliegenden Hosenbeinen von der Kniebeuge bis zu den Fußgelenken. Die grauen Socken wurden über das Hosenbeinende etwas hochgezogen. Dazu gehörten, je nach Vorhaben, genagelte Bergschuhe oder andere Schnürschuhe, das graue Schiffchen oder eine Schirmmütze, der Jahreszeit und Witterung angepaßt. Im Stundenplan war geregelt, welcher Zug welchen Sport ausübte, wer zum Schießen mit gleichzeitiger Waffenkunde und wer in die Geländeausbildung ging.

Um 14.30 war Antreten im Schloßhof, aufgeteilt nach Zügen, und dann Abmarsch zu den einzelnen Einsatzorten, singend nach militärischen Gepflogenheiten. Unser Lieblingslied unter den Marschliedern war eigens für den Film „Kopf hoch, Johannes“ komponiert, an das ich mich heute noch genau erinnere: „Unsere jungen Herzen sich vereinen, Vaterland, in Liebe stets zu dir. Unsere Losung heißt, mehr

Der 5. Zug

sein als scheinen, und getreu der Losung leben wir...". Der Film wurde in der Napola Schloß Oranienstein an der Lahn im Jahr 1940 unter dem Regisseur Victor de Kowa gedreht.

Die sportliche Ertüchtigung, besonders in Leichtathletik, war sehr ausgeprägt. Unser Latein- und Sportlehrer Dr. G. war 1936 als Olympiatrainer für den Laufsport eingesetzt. Seine Vorträge mit anschließenden Einübungen in Bewegungsabläufe, Fußstellungen, Schrittlängen, Starten waren faszinierend und brachten uns bei Sportwettkämpfen außerhalb der Anstalt immer große Erfolge. Selbstverständlich wurden auch das Geräteturnen, der Weitsprung und das Werfen mit Speer- und Handgranaten in Form von Attrappen intensiv geübt. Im Schießsport erhielten wir Waffenkunde, parallel dazu lernten wir mit Kleinkalibergewehren und -pistolen zu schießen. Der Geländedienst wurde sehr professionell betrieben mit der Kartenkunde, dem Umgang mit Kompaß und Marschrichtungszahlen, Entfernungsschätzen mit Hilfsmitteln, der Bewegung im Gelände bei Tag- und Nachtmärschen am Wochenende und dazugehörender Logistik. Geländespiele waren von dafür bestimmten Jungmannen zu planen mit genauem Ablauf, über den gesamten Samstag sich erstreckend und zum Teil auch länger, mit Übernachtung in erforderlicher und vorher festgelegter Anzahl von Zelten sowie dem Umfang der Verpflegung; außerdem war der Transport mit anstaltseigenen Lastwagen und Fahrern im zur Verfügung stehenden Zeitablauf zu koordinieren. Diese Vorbereitungen mit dem „Stab" der Gruppe erfolgten für die „Verteidiger", die Roten, und die „Angreifer", die Blauen, unabhängig und unter Beobachtung eines Erziehers. Auf weitere Einzelheiten soll nicht eingegangen werden, da sonst der Rahmen einer Berichterstattung über die letzten Kriegsmonate gesprengt werden würde. Für die Nachkriegsereignisse war besonders diese Ausbildung für mich von größter Bedeutung, ich möchte sogar behaupten: „überlebenswichtig".

Nach der Rückkehr vom Nachmittagsdienst um 16.30 Uhr ging es zum Waschen und Umziehen, um in Anstaltsuniform zur Teestunde im Speisesaal zu erscheinen. Von 17 bis 19 Uhr war Studierzeit. Mit einem Jungmann aus meinem Zug, dem 5. Zug, teilte ich ein Studierzimmer. Eingerichtet war es mit Kleider- und Bücherschrank, zwei Tischen mit Tischlampen und zwei Stühlen. Der Boden war mit Eichenparkett in Fischgrätmuster belegt und mit einem kleinen Läufer geschützt; raumhohe Vorhänge an den bleiverglasten Fenstern, welche Sonnenwärme und gebrochenes Licht in das Zimmer fließen ließen, gaben ihm eine wohnliche Atmosphäre. Dieser Raum diente uns zum Lernen, zum Lesen und wurde auch in der Freizeit genutzt. Auch private Dinge, wie Bilder, Briefe, Geldbörse mit dem Taschengeld, wurden offen im Bücherschrank oder in der Tischschublade aufbewahrt. Das Bild des „Führers" war obligatorisch, dazu schmückten unsere Zeichnungen aus dem Kunstunterricht die Wände. Gespräche waren während der Studierzeit nicht erlaubt. Kurze sachbezogene Fragen konnten dem Erzieher gestellt werden, wenn er die Studierräume inspizierte, uns bereitwillig Auskunft gab und bei Schwierigkeiten stets zur Seite stand.

Am Sonntag hatten wir nach der Ruhepause ab 14.30 bis 18.30 Uhr frei. In dieser Zeit konnte sich jeder Jungmann frei bewegen, radfahren, schwimmen, Briefe schreiben, malen, musizieren, Fußball spielen. Wer mit dem Rad oder Zug weiter wegfahren wollte, meldete sich ab und nach der Rückkehr wieder an. Die Meldungen nahm der diensthabende Führer entgegen.

Gerne unternahmen wir an den freien Sonntagen einen Fahrradausflug in das etwa 25 km entfernte Kufstein; der Weg führte dabei über Nußdorf, Erl, Niederndorf. In der zur Verfügung stehenden knappen Zeit wurde dieses Unternehmen immer zu einem „Wettrennen", das in Kufstein gerade zu einer Eispause reichte. Dabei blieben die Naturschönheiten unbeachtet.

Für andere Aktivitäten am freien Sonntag bot sich auch das Gelände an der Rückseite des Schlosses an, das an der Nordwestseite des Schloßberges schluchtartig aufgespalten war und sich vorzüglich für unsere Indianerspiele nach Karl May eignete. Wir spielten Szenen nach mit Folterungen am Marterpfahl, Rauchen der Friedenspfeife, und einmal veranstalteten wir einen wilden Ritt auf sattellosen Pferden, die wir aus der Koppel des Bauernhofes am Fuß des Schloßberges entführt hatten, ohne Gedanken darauf zu verschwenden, ob es sich um Reit- oder Zugpferde handelte. Die Abstrafung erfolgte prompt am nächsten Tag, als der Verwalter des zum Schloß gehörenden Hofes Meldung gemacht hatte.

Die Schiwoche im Februar in der anstaltseigenen Schihütte in den Bayerischen Alpen war ein besonderes sportliches Ereignis. So man-

Der 5. Zug in Schiausrüstung

cher Sturz mit abbekommenen Prellungen und manche Erkältung wurden in der Krankenstube, die sich in einem zum Schloß gehörenden Krankenhäuschen in Ortsnähe befand, von einer älteren und einer noch sehr jungen Krankenschwester auskuriert. Der dortige Aufenthalt war uns wegen der jungen Krankenschwester sehr willkommen und wurde gern genutzt.

Von 19.15 bis 20 Uhr wurde zu Abend gegessen, von 20.15 bis 21.15 Uhr folgte die weltanschauliche Schulung, und von 21.30 bis 22 Uhr waren Waschen und Zähneputzen unter Aufsicht der diensthabenden Gruppenführer in den großen Wasch- und Duschräumen eingeplant, die über große Becken für Schulterbrausen und mehrere Fußwaschbecken verfügten. Im großen Schlafsaal waren die Betten einzeln senkrecht zu den Außenwänden aufgestellt, mit einem Gang dazwischen. Nach dem Waschen und Ausziehen standen die Jungmannen an ihren Betten und tauschten vor dem Schlafengehen mit dem Hundertschaftsführer ein „Gute Nacht" aus. Das war der Zeitpunkt für die absolute Bettruhe.

Der Schulbetrieb in der Anstalt war mit Räumlichkeiten und Lehrmitteln sehr gut ausgestattet. Es standen eigene Räume für den Musik-, Kunst-, Physik- und Chemieunterricht zur Verfügung. Betrachtet man den beschriebenen Tagesablauf mit genauer Zeitfestlegung, so waren wir voll ausgelastet.

Wohltuend war deshalb der musische Unterricht als Phase der geistigen, seelischen und körperlichen Erholung. Neben der Musikerziehung im Unterricht verstand es unser Erzieher ausgezeichnet, tonlose Filmvorführungen, zum Beispiel die Darstellung einer Nahkampfhandlung, auf dem Flügel treffend fingerflink zu untermalen. Die Besprechung und Erläuterung klassischer Musikwerke anhand von Interpretierungen am Flügel ließen uns die Zeit stets zu schnell verrinnen.

Die Gesamtaufgabe dieser Bildungseinrichtung zielte darauf ab, im Schulunterricht das Denken anzuregen und zu erweitern, bei den sportlichen Herausforderungen den Körper zu stählen und beim Anstaltsdienst den Charakter zu formen.

Ab Januar 1945 nahmen die Schießausbildung und der Geländedienst erheblich zu. Dabei spielten die Umgebung von Neubeuern in Oberbayern und die Nähe zum Inn eine große Rolle. Diese Gegend wurde zunehmend auf Verteidigungsmöglichkeiten geprüft und Stellungen entsprechender Anlagen auch auf Karten eingezeichnet. Der östliche Brückenkopf der Innbrücke war als Stellung für Panzerabwehr auserkoren worden. Uns machte man mehr und mehr nicht nur mit dem Gebrauch von Kleinkalibergewehren, sondern auch mit Karabinern der Wehrmacht vertraut. Dazu wurden wir zu den Schießanlagen der Waffen-SS nach Brannenburg oder in die Artilleriekaserne nach Rosenheim gefahren. Hier nahmen neuerdings Schießübungen und Waffenkunde den ganzen Samstag in Anspruch. Das Maschinengewehr MG 42 wurde zum Kennenlernen der Funktionen zerlegt und wieder zusammengebaut, bis es jeder von uns beherrschte. Erst danach übten wir uns im Schießen. Beim Serienschießen waren einzelne Ziele mit wenig Munitionsdurchgang auf den aufgestellten Attrappen zu treffen, militärisch ausgedrückt: zu bekämpfen. Die Bewegung im Gelände mit dem für Fünfzehnjährige schweren MG 42 zusammen mit dem Munitionstransport wurde sehr intensiv geübt. Der Ausbilder, ein junger SS-Untersturmführer, prägte uns den Ausspruch ein, „zur Verteidigung des Vaterlandes darf kein ungenutztes Maschinengewehr herumliegen". Für die Ausbildung an der Panzerfaust in Rosenheim wurden der 5. und 6. Zug herangezogen. An diesen Tagen erfolgte auch die Verpflegung bei den für die Ausbildung zuständigen Einheiten. Die unterschiedliche Verpflegung des Heeres einerseits und der Waffen-SS andererseits veranlaßte uns in unserer Anstalt, darauf hinzuweisen, daß unserer Meinung nach alle Soldaten das Anrecht auf gleiche Ernährung haben sollten. In diesen letzten Kriegstagen versuchten Offiziere immer wieder Freiwillige zu werben, wobei das Heer in Konkurrenz zur SS stand. Beide Einheiten spendeten begehrte Schokolade und erklärten, Offiziere hätten sie für uns abgespart; in Wirklichkeit war das Teil der Werbung. Selbst Offiziere der Marine besuchten uns in der Anstalt, versuchten ebenso mit gespendeter Schokolade uns zu überreden. Doch wir ließen uns davon nicht beeindrucken, nahmen die Geschenke aber gern entgegen. An der Anstalt hatte sich bis Ende März 1945, mit Ausnahme vermehrter Schießübungen im Gelände, wenig geändert.

Doch eines Abends Anfang April wurden alle 15- und 16jährigen Jungmannen in den Speiseraum gebeten. Dort wurde folgende Anordnung des Inspekteurs aller Napola-Anstalten, Dr. Heißmeiers, bekanntgegeben. „Jungmannen vom 10. bis zum 14. Lebensjahr werden, bevor die Kriegsfront näher rückt, nach Hause in ihre Heimatorte entlassen und dort in die örtlichen Oberrealschulen eingegliedert. Die Uniformen sollen in der Anstalt verbleiben. Jungmannen, deren Heimatorte schon besetzt sind, bleiben vorerst in der Anstalt, werden bei Gefahr von Kriegshandlungen in Kinderlandverschickungslager umquartiert und vorher mit Zivilkleidung versorgt. In diesen Lagern werden die Erzieher die schulischen und versorgenden Funktionen weiter übernehmen. In anderen Napola-Anstalten im Norden und Osten sei das bereits vollzogen worden.“

Dann folgte die Erklärung, was mit uns Fünfzehn- und Sechzehnjährigen geschehen solle. „Die Anstaltsleitung ist angehalten, dafür zu sorgen, daß diese bewaffnet und in die Verteidigung der ‚Alpenfestung‘ einbezogen werden.“ Die „Alpenfestung“ wurde uns dargestellt als Abwehrnester, die mit modernsten Waffen ausgerüstet seien und in einem viel größeren Gebiet, als die Bezeichnung „Alpenfestung“ vermuten ließ, operierten. Der zu verteidigende Raum wurde in einer Karte von Süddeutschland abgesteckt und sollte die gesamte Mittelgebirgskette vom Oberpfälzer, Bayerischen und Böhmerwald bis hinunter zu den Alpen umfassen. In diesem Gebiet, abseits größerer Orte und Straßen, sollten in den Wäldern einzelne selbständige Kampfgruppen operieren, die vorrückenden Panzerverbände mit „Nadelstichen“ in der Nacht, während der Ruhepausen und bei ausbleibenden Tieffliegerangriffen, bekämpfen und ihnen erhebliche Verluste zufügen. Nach Kriegsende haben wir aus der Presse erfahren, daß dieses Gebiet der „Alpenfestung“ von unseren Feinden mit „The Reduilt“ und „Nationale Schanze“ bezeichnet wurde. Eisenhower und Patton setzten deshalb aus Unkenntnis oder wirkungsvoller NS-Propaganda der wirklichen Stärke dieser Verbände in der „Alpenfestung“ die 11th Army-Division, eine der besten amerikanischen Panzerdivisionen des Kontinents, in der Oberpfalz ein. Wir Jungmannen des 5. und 6. Zuges verließen die Lagebesprechung an diesem Abend aufgeregt, aber auch begeistert, endlich für die Verteidigung des Vaterlandes eingesetzt zu werden. Ruhe fanden wir in dieser Nacht lange nicht.

Schon in den nächsten Tagen begannen die Vorbereitungen für die Rückführung der Jungmannen vom 10. bis zum 14. Lebensjahr. Sie wurden, soweit deren Heimatorte noch unbesetzt waren, zur Bahn nach Raubling gebracht. Die Anstalt leerte sich zusehends. Doch eines Abends traf ein Bus mit etwa 15- bis 16jährigen Mädchen ein, die in braune Uniformen gekleidet waren. Sie kamen aus Wiener Neustadt, wo sie in einer ähnlichen Anstalt ausgebildet worden waren, jedoch mit anderen Ausbildungszielen. Wegen der näher anrükkenden Russen wurden sie nach Westen zurückgeführt.

Beim Abendessen machte man uns mit den Mädchen bekannt; eine angenehme Abwechslung in unserer leer und still gewordenen Anstalt. Doch schon wenige Tage später wurden sie umgekleidet und in ein Kinderlandverschickungslager gebracht, von dem aus die aus der Ostmark stammenden Mädchen nach Hause entlassen wurden. Unsere Namen und die Anschrift unserer Anstalt gaben wir ihnen auf ihre Bitte bereitwillig, nichts ahnend und hoffend, bald vom neuen Standort eine Nachricht zu bekommen. Das Anstaltsleben verlief für uns wieder wie bisher.

Hier erinnere ich mich noch an eine Begebenheit mit den Mädchen aus der Ostmark. Die diensthabenden Hundertschafts- und Zugführer waren beauftragt, in den Abendstunden nach Eintritt der Dunkelheit täglich die Verdunkelung des Schlosses zu prüfen. Diese Kontrolle wurde zunächst durch einen Außenrundgang vorgenommen, um eventuelle Lücken festzustellen, durch die Lichterschein nach außen drang. Diese Pflicht erfüllten wir, wie gewohnt, auch am ersten Abend der Anwesenheit der Mädchen aus der Ostmark. Tatsächlich stellten wir beim Rundgang Lücken in der Verdunkelung des Mädchenschlafsaales fest. Unser Anklopfen an der Tür zum Schlafsaal wurde von den Mädchen wegen der lauten Gespräche und des Gekichers überhört. Ohne ein „Herein“ betraten wir zur Kontrolle der von außen ausgemachten Lichtaustritte den Schlafsaal. Die Mädchen standen in ihren Nachthemden an den Betten in Erwartung ihrer Erzieherin zum „Nachtgruß“ bereit. Als wir, wie die Mädchen auch, völlig überrascht waren, ging ein erschütterndes Kreischen durch den Saal; alle flüchteten in ihre Betten und versteckten sich unter den Decken. Uns kam es vor, als wären zwei Füchse in einen Hühnerstall eingedrungen, um das eine oder andere „Jungtier“ zu erbeuten. Wir gingen unbeirrt zu dem Fenster, bei dem wir von außen den Lichtaustritt gesehen hatten, und beseitigten den Mangel. Die Erzieherin hörte auf dem Weg zum Schlafsaal das durchdringende Gekreische ihrer Anbefohlenen, eilte rasch herbei und betrat den Saal. Wir beiden Jungen standen stramm, grüßten die Dame höflich und meldeten den Vollzug unserer Pflicht der Verdunkelungskontrolle. Durch unser ernsthaftes Auftreten mit unschuldigem Gesichtsausdruck erfaßte die Erzieherin die Situation rasch, nahm unsere Meldung mit einem Lächeln entgegen und bat uns gleichzeitig, in Zukunft sich bei ihr anzumelden. Dann forderte sie die Mädchen auf, uns in den Nachtgruß einzubeziehen. Dieser Vorfall machte am nächsten Tag in der Anstalt die Runde, und viele waren bereit, uns beim Verdunkelungsdienst abzulösen.

Die Situation änderte sich schlagartig, als wir gerade zum Nachmittagsdienst im Schloßhof, wie immer in Uniformen, angetreten waren. Ein amerikanischer Tiefflieger überflog das Schloß von Norden nach Süden. Wahrscheinlich hatte der Pilot etwas Auffälliges im Schloßhof ausgemacht, denn nur kurze Zeit später überflog der Tiefflieger erneut das Schloß mehrmals. Gewarnt vom ersten Auftauchen des Fliegers, hatten wir längst Deckung im Gebäude gesucht. Zu einem Beschuß kam es nicht. Anzunehmen war, daß der im Süden liegende schmale Schloßhof, wo wir soeben in Uniformen angetreten waren, beim Anflug von Norden her nur kurzfristig für den Piloten einsehbar gewesen war. Dieser Vorfall mahnte uns, der Beobachtung des Luftraums in Zukunft mehr Aufmerksamkeit zu schenken.

Nachdem die Gefahr vorüber war, trat unser Zug erneut an, um endlich zur Schießstätte abzumarschieren. Dabei hörten wir ein unregelmäßiges Motorengeräusch eines hoch über uns fliegenden Flugzeuges. Plötzlich sahen wir, wie sich ein in der Sonne glänzender Gegenstand aus der Maschine löste und geräuschlos nach unten glitt. Bald erkannten wir, daß es sich um einen Treibstofftank handelte, der unserer Einschätzung nach am Fuß des Schloßberges niedergehen mußte. Da der diensthabende Erzieher noch nicht anwesend war, liefen wir den Schloßberg hinunter in jene Richtung, in der wir den Niedergang des Behälters vermuteten. Nach seiner Landung stellte sich heraus, daß im Tank noch Treibstoff war und dieser wahrscheinlich zur Entlastung des vermutlich angeschossenen Flugzeuges abgeworfen worden war. Kurzerhand entschieden wir, den Tank mit dem Treibstoff zum Appellplatz hochzutragen und dort zur weiteren Veranlassung abzustellen.

Der Aufstieg mit der Last zum Schloß gestaltete sich sehr mühevoll. Inzwischen war der Erzieher eingetroffen, sah unser Unterfangen und schrie uns erschrocken zu, den Behälter sofort abzustellen. Sein Befehlston war dabei ungewöhnlich laut; gleichzeitig rief er uns zornig entgegen, daß wir, einschließlich des Zugführers, wegen der Disziplinlosigkeit zum Strafexerzieren anzutreten hätten. Dieses Wort gehörte sonst nicht zum Wortschatz der Erzieher, deshalb war uns sofort klar, was uns blühte. Wir wurden den Schloßberg hinauf und hinunter gejagt, wobei die Befehle: „Auf, marsch, marsch und in Deckung gehen" ständig abwechselten. Nach etwa einer Stunde waren wir völlig ausgepumpt, erschöpft, naßgeschwitzt und todmüde. Dann folgte die moralische Abrechnung, die schließlich mit der Sperre der Freizeit am nächsten Sonntag endete. Das anschließende Schießen mit Kleinkalibergewehren brachte wegen unserer Konzentrationsprobleme nur wenig Erfolg.

In der Mittagszeit der ersten Apriltage gaben die Sirenen Voralarm und kurze Zeit später akuten Luftalarm als Warnung vor einem von Süden anfliegenden Bombergeschwader. Wir stürzten auf unsere seit dem Vorfall mit dem Tiefflieger genützte Beobachtungsplattform oben auf dem etwa 15 m hohen Schloßturm aus dickem Steinquadermauerwerk. Plötzlich kam vom Kaisergebirge her bedrohliches Dröhnen von Bombermotoren. Mit dem Fernrohr war der Fliegerverband im Anflug auf Rosenheim erkennbar, etwa neun Kilometer Luftlinie entfernt. Plötzlich sahen wir, wie Bomben aus den Flugzeugen fielen, als wären sie an einer Kette aufgereiht, doch im nächsten Moment waren sie wegen ihrer Fallgeschwindigkeit nicht mehr zu erkennen. Fürchterliches Explosionsgetöse setzte ein, die Luft wurde durch die Bombeneinschläge erschüttert, und riesige Staubfontänen stiegen hoch. Der Himmel erschien glutrot, und dicker schwarzer Qualm breitete sich immer weiter aus. In das beim Anflug der Bomber einsetzende Feuer aus großkalibrigen Flakgeschützen mischte sich später das Hämmern der Vierlingsflak, die nach der Bombardierung die Tiefflieger bekämpfte, welche zeitgleich mit der Bombardierung Bodenziele angriffen. Die Bombardierung dauerte ungefähr eine Viertelstunde, dann herrschte Totenstille.

Unsere Anstalt war von Rosenheim bereits um die Entsendung von Einsatzhelfern gebeten worden, sobald die Tieffliegergefahr vorbei sei. Sofort nach der Luftentwarnung fuhren der 5. und 6. Zug in Felduniform mit dem Anstaltsbus auf Wald- und Flurwegen nach Rosenheim. Bereits am Stadtrand war von Soldaten eine Straßensperre errichtet worden; uns beorderte man zum Bahnhofsbereich, wo zusammen mit Soldaten eine Absperrkette gebildet werden sollte, um Zivilisten vom schwer getroffenen Bahnhofsviertel abzuhalten. Der Bahnhof und die Gebäude rundum brannten lichterloh wie auch die Waggons auf dem Bahnkörper, die durch den Luftdruck der Explosionen aus den Gleisen geworfen worden waren. Es war ein Inferno aus Bombentrichtern, Feuer, Rauch und Hitze. Die Bergungsarbeiten waren voll im Gang und durften von Umherirrenden und Schaulustigen nicht behindert werden. Feuerwehr, das Rote Kreuz und Militärsanitäter mußten freien Zugang zu den Verwundeten haben, die überall in Splittergräben oder neben Gebäuden lagen, deren Mauern einzustürzen drohten. Hilferufe und Schmerzensschreie gellten durch die Gegend, Feuerwehren versuchten das ausgebrochene Feuer an mehreren Stellen zu löschen, Frauen, die die Sperren überwinden konnten, brüllten die Namen ihrer Angehörigen, die sie aus den Augen verloren hatten, und suchten verzweifelt nach ihnen. Unsere Absperrkette wurde mit Bissen in die Hände massiv bedrängt, es wurde immer schwieriger, dem Druck nachschiebender Menschen standzuhalten. Die Einsatzleitung merkte, daß wir dieser Aufgabe nicht mehr gewachsen waren, und kommandierte uns zur Bergung von Verwundeten ab. Auf Tragen brachten wir die Schwerverletzten zu den Fahrzeugen zum Abtransport. Wir sahen uns grauenhaften Bildern von Verletzten mit abgetrennten Armen und Beinen gegenüber, von Blut verschmiert und vor Schmerzen schreiend, zerrissene Körper lagen um uns herum, was uns an den Rand des Ertragbaren brachte. Zum erstenmal erlebten wir den Krieg in seiner unendlichen Grausamkeit, völlig anders, als unsere Vorstellung bisher reichte. Am schlimmsten war die Bergung verletzter Kinder; zum Trösten blieb keine Zeit, es galt nur rasch zu handeln. Jetzt verstanden wir auch die anfängliche Anordnung, zuerst abzusperren und niemanden in diesen Bereich vorzulassen, bevor nicht Verwundete geborgen und die Toten abtransportiert waren.

Es war dunkel geworden, als man uns aufforderte, zum wartenden Bus zurückzukehren. Es verging eine halbe Stunde, bis sich alle blutverschmiert, schmutzig, ernst, sehr müde und schweigsam beim

Fahrzeug eingefunden hatten und wir die Heimfahrt nach Neubeuern antraten. In die Anstalt zurückgekommen, duschten wir und wechselten die verschmutzten und blutverschmierten Uniformen. Es war etwa 20.30 Uhr, als uns der Erzieher, der uns nach Rosenheim begleitet hatte, für unseren aufopfernden Einsatz dankte. Bedrückt, wortlos und in uns gekehrt saßen wir beim Abendessen; uns fehlte der Appetit, die Schreckensbilder noch vor Augen. Im anschließenden Gespräch am offenen Kamin forderte uns der Erzieher auf, das Erlebte, so gut wir konnten, zu erzählen, um den inneren Leidensdruck loszuwerden. Trauer mit den Toten, Mitgefühl mit den Leidenden und ein gehöriger Unmut über den Feind kamen zum Ausdruck, der mit seinen Aktivitäten aus großer Höhe den Tod von Kindern und Frauen in Kauf nahm, ohne mit dem ausgelösten Leid konfrontiert zu werden. In diesem Zusammenhang kam das Gespräch auch auf den nicht verantwortbaren Nachtangriff auf Dresden am 13. Februar 1945, als nur mehr Terror auf die Bevölkerung und die vielen in der Stadt weilenden Flüchtlinge ausgeübt worden war. Großer Zorn kam in uns auf, gleichzeitig aber auch die Bereitschaft, im bevorstehenden Kampf das Vaterland mitzuverteidigen. Schweißgebadet schreckten uns nachts immer wieder schlimme Träume auf, vom Erlebten geprägt und Kommendes ahnend.

Am 6. April 1945, nach dem Abendessen, wurden dreizehn Jungmannen, darunter auch ich, namentlich aufgerufen und zu einer Besprechung in das Kaminzimmer gebeten, das als Schulungsraum diente. Wir nahmen vor dem offenen Feuer im Kamin im Halbkreis Platz, worauf uns der Erzieher über den Sinn der speziellen Zusammenkunft informierte. „Morgen", so seine Einleitung, „ist es soweit, daß wir die Vorbereitung für die Verteidigung gemäß der Anordnung des Inspekteurs Dr. Heißmeier beginnen müssen. In aller Früh werdet ihr aufbrechen und mit dem Zug nach Amberg in der Oberpfalz fahren. Dort werdet ihr im Heereszeugamt mit Waffen und Munition ausgestattet. Es handelt sich um drei MG 42, Munition und Ersatzteile. Je vier Mann bilden eine Gruppe, die sich im Tragen ablöst. Der Gruppenführer bekommt eine Maschinenpistole und eine Handfeuerwaffe zum Schutz der Gruppe. In einem Brief an den Offizier, der das Heereszeugamt befehligt, ist alles aufgelistet. Jeder hat den Tornister für Wäsche und Waschutensilien für drei Tage mitzunehmen. Der Ausweis der Napola, den jeder bei sich zu tragen hat, berechtigt bei allen Militärverpflegungsstellen zum Essenfassen, in allen Kasernen zu nächtigen und alle Verkehrsmittel kostenlos zu benützen. Der Gruppenführer erhält zusätzlich ein Schreiben des Inspekteurs, in dem diese Freistellungen für alle Stellen bestätigt werden, die den Befehl belegt haben wollen. Als Gruppenführer benenne ich den Jungmann Gruppenführer Karl D., der für diese Aufgabe das Kommando hat. Die Gruppe soll wegen der Verpflegung, der Unterkunft und der Verkehrsmittelbenützung unbedingt zusammenbleiben." Außerdem wurden wir belehrt bei Tieffliegerangriffen den haltenden Zug sofort zu verlassen und in Deckung zu gehen. Unser Auftritt in der Öffentlichkeit habe wie immer vorbildlich zu sein. Über den Auftrag werde nicht gesprochen, das Fahrziel Amberg könne genannt werden. Mir wurden schließlich die Plantasche mit Landkarte, das Schreiben an das Heereszeugamt und das Berechtigungsschreiben ausgehändigt. Der Erzieher wünschte uns Glück und eine gesunde vollzählige Rückkehr im gesteckten Zeitrahmen.

Am 7. April um 5.30 Uhr brachen wir auf, marschierten in Zweierreihen und ohne Gleichschritt nach Raubling zum Bahnhof, sicherten dabei mit Taschenlampen die Gruppe vorne und hinten auf der linken Straßenseite ab. Um 6 Uhr bestiegen wir den Zug nach Rosenheim, von dort fuhren wir weiter nach München, und im Hauptbahnhof wartete auf dem Bahnsteig etwa um 7.30 Uhr bereits der Schnellzug Richtung Regensburg. Schwierig war, die Gruppe in einem Waggon unterzubringen, da der Zug, von Lindau kommend, schon stark besetzt war, weshalb wir uns auf die Aufteilung auf höchstens zwei Waggons verständigten. Bereits zwischen Freising und Moosburg quietschten die Bremsen, der Zug ruckte und hielt zum erstenmal auf offener Strecke in einem Waldstück an, weil dem Zugbegleiter Tieffliegergefahr gemeldet worden war. Die Fahrgäste wurden aufgerufen, den Zug rasch zu verlassen, im Wald Deckung zu suchen und erst wieder einzusteigen, wenn die Lokomotive zur Weiterfahrt pfiff. Wir hörten von weit entfernt den Motorenlärm von Tieffliegern, der jedoch nicht näher herankam. Nach etwa zehn Minuten gab die Lokomotive dreimal kurze Pfiffe ab als Zeichen der Weiterfahrt. Die Stimmung war gedrückt, nachdem schon in aller Früh Fliegergefahr eingesetzt hatte, und jeder der Fahrgäste wünschte, seine Fahrt bald hinter sich zu haben. Ein Fahrgast berichtete von

Tieffliegerangriffen auf Züge in den letzten Tagen, bei denen Reisende ums Leben gekommen sein sollten. Besonders von großen Bahnhöfen sollte man sich fernhalten, und allen gab er den Rat, lieber eine Station früher auszusteigen. Schlagartig war unsere Erinnerung an den Luftangriff auf den Rosenheimer Bahnhof wach. Jetzt erst war uns bewußt geworden, wie ruhig und behütet wir bisher auf unserem Schloß gelebt hatten. Verwundete mitreisende Soldaten erkundigten sich nach unserem Reiseziel. Wir nannten Amberg und die Kaiser Wilhelm-Kaserne, welche Aufgabe dort aber auf uns warte, wüßten wir nicht. Diese Auskunft genügte, uns mitleidig zu betrachten, da die Soldaten und Mitreisenden vermuteten, daß wir dort auf einen Einsatz vorbereitet würden. Auf die weitere Frage nach unserem Alter und unserer Antwort, 15 und 16 Jahre, kam die Andeutung nach dem Sinn dieses Vorhabens, ohne dies direkt auszusprechen. Die nächste Frage lautete, wo wir eigentlich mit unseren speziellen Uniformen hingehörten. Einen mitreisenden Soldaten erinnerten sie etwas an den Reichsarbeitsdienst, nicht erklären konnte er sich jedoch die schwarzen Schulterklappen mit den weißen Buchstaben NPEA darauf und den Reichsadler auf dem linken Oberarm. Nachdem wir sie aufgeklärt hatten, daß wir von einer Napola-Anstalt kämen, wurden die Gespräche über Luftangriffe und die Frontlage schlagartig nicht fortgeführt, zugleich kam uns merkliches Mißtrauen entgegen. Außenstehende wußten natürlich nicht, daß wir in der Anstalt sehr kritisch aufgeklärt wurden, allerdings immer innerhalb des Rahmens unseres unverrückbaren Glaubens an die Ideologie.

Nach einer weiteren Fahrtunterbrechung wegen Tieffliegergefahr weit vor Regensburg, die etwas länger als die erste dauerte, erreichten wir gegen 10.30 Uhr Regensburg. Die Aufenthaltsdauer reichte aus, bei der Wehrmachtsverpflegungsstelle eine Zwischenmahlzeit abzuholen und gleich auf den Bänken des Bahnsteiges zu essen. Unsere bis unter die Waden reichenden Uniformmäntel, die dicken Wollsocken in den Bergstiefeln und die Kopfbedeckung machten den Aufenthalt im Freien in der noch kalten Jahreszeit erträglich. Doch schon kurz nach der Weiterfahrt mußten wir den Zug zwischen Ponholz und Maxhütte-Haidhof wieder verlassen und Deckung suchen. Es dauerte nur wenige Minuten, bis ein zweirumpfiges Kampfflugzeug auftauchte und den Zug quer zur Fahrtrichtung überflog, und es dauerte weitere Minuten, bis zwei einrumpfige Kampfflugzeuge kamen und den Zug von vorne und dann von hinten überflogen. Zum Beschuß kam es nicht. Vielleicht hatte man erkannt, daß es sich um keinen Truppentransport handelte. Die aufgeschreckten Reisenden und das Bahnpersonal fuhren nach dem Signal des Zuges weiter.

Am Schwandorfer Bahnhof kamen wir erst nach Mittag an, wo wir in Uniformen von der Wehrmachtspolizei, den sogenannten „Kettenhunden", kontrolliert wurden. „Kettenhunde" wurden sie genannt, weil sie ein Schild an einer Kette umhängen hatten und alle Soldaten, scharf wie Hunde, angingen und prüften, ob diese pflichtgemäß unterwegs seien oder Umwege und Verzögerungen bewußt in Kauf nähmen. Unseren Marschbefehl wollte man natürlich ebenfalls sehen. Wir erklärten den Feldpolizisten, daß wir für die Fahrt nach Amberg einen Auftrag hätten und daß wir im übrigen keine Wehrmachtsangehörigen seien. Nach Vorweisen des Ausweises unserer Anstalt grüßten die Wehrmachtspolizisten und ließen uns in Ruhe.

Zuerst erkundigten wir uns nach der nächstmöglichen Weiterfahrt nach Amberg, nachdem der Anschlußzug wegen unserer Zwangsunterbrechungen längst abgefahren war. Eineinhalb Stunden hatten wir bis zur nächsten Abfahrt Zeit, deshalb ließen wir uns den vom Roten Kreuz ausgegebenen Eintopf schmecken, wuschen unsere Eßgeschirre und verließen, so wie uns von Mitreisenden geraten worden war, den Bahnhof und gingen in die Stadt. Doch es dauerte nicht lange, bis die Sirenen Voralarm gaben. Diese Zeit nutzten wir, um ganz rasch zum Stadtrand zu kommen, obwohl wir von einem Luftschutzblockwart aufgefordert worden waren, einen Luftschutzkeller aufzusuchen. Wir hätten eine andere Aufgabe, erklärten wir und verschwanden in Richtung Stadtrand. Das Dröhnen der Bombermotoren hörten wir von weitem her, und vom sicheren Waldrand aus beobachteten wir einen Fliegerverband, der in Richtung Osten abdrehte. Ein Lastwagenfahrer, der sein Fahrzeug ebenfalls am Waldrand geparkt hatte, meinte, daß Pilsen das Ziel sein könnte. Sofort nach der Entwarnung kehrten wir zum Bahnhof zurück. Auf dem Weg hörten wir dumpfes langanhaltendes Grollen wie von einem weit entfernten Gewitterdonner. Es dämmerte schon, als wir den Zug nach Amberg bestiegen, wo wir um 17 Uhr ankamen.

In Zweierreihen und ohne Gleichschritt marschierten wir durch Amberg in südwestliche Richtung zur Kaiser-Wilhelm-Kaserne. Bei der Wache meldete ich dreizehn Jungmannen mit der Bitte, uns ein

Nachtquartier zuzuweisen. Einer der beiden Wachposten, ein junger Gefreiter, ging in die Wachstube und kam mit einem Feldwebel zurück, dem ich den Anstaltsbrief übergab. Er werde sich um ein Quartier bemühen und uns einweisen, wo wir uns zunächst waschen könnten. Alles Weitere werde er mit dem Spieß besprechen. Dieser war inzwischen höchstpersönlich gekommen und führte uns, nachdem wir militärisch gegrüßt hatten, über das Kasernenareal in ein breites und sehr hohes Treppenhaus zu einem großen Raum im zweiten Obergeschoß. Hier standen Spinde und ein langer Tisch, rundherum mit vielen, geordnet aufgestellten Stühlen. An der Innenwand zwischen der Außen- und Gangwand war am Boden eine etwa 30 cm hohe Abschottung aus einer 6 cm dicken gehobelten Bohle in einer Entfernung von geschätzt 2,50 m von der Innenwand aufgestellt. Innerhalb dieser Abschottung von etwa 7 m Länge und 2,50 m Breite war frisches Stroh eingebracht, das uns der Spieß mit einer Handbewegung als Nachtlager zuwies. Unmißverständlich fügte er hinzu, daß er am Morgen bei der Abnahme, die er selbst durchführen werde, außerhalb der Abschottung kein Stückchen Stroh auf dem Bretterboden sehen wolle. War das eine Schikane oder militärische Ordnung? Entschuldigend fügte er hinzu, daß keine andere Schlafgelegenheit zur Verfügung stehe, da die Kaserne mit Rekruten überfüllt sei. Wir sollten uns einrichten, waschen und Punkt 19 Uhr in der Mannschaftskantine sein. Wir duschten uns im danebenliegenden Waschraum, zogen frische Wäsche und ein sauberes Hemd an, brachten die Uniformen in Ordnung und putzten unsere Schuhe. Mäntel und Tornister verstauten wir in den Spinden.

Es blieb noch etwas Zeit, den Raum näher zu betrachten. Er war sehr hoch, mit einem Fußboden aus breiten, abgenutzten, aber sauber geschrubbten Brettern, die mit breiten Fugen verlegt waren. Die Holzsockelleisten waren ungewöhnlich hoch und bildeten den Abschluß zu den verputzten und wie die Decke weiß gestrichenen, sehr hohen Wänden. Mehrere von der Decke herabhängende milchige Glaskugeln beleuchteten den großen Raum spärlich. Die Holzfenster waren zur Verdunkelung mit schwarzen Rollos versehen, die wir herunterlassen mußten. Beheizt wurde der Raum von gußeisernen Dampfheizkörpern.

Pünktlich um 19 Uhr suchten wir die Mannschaftskantine auf. Als Gruppenführer, gekennzeichnet mit einer je nach Funktion auswechselbaren einfachen, gelbroten Kordel, die auf die Schulterklappe nach unten übergestreift war, ging ich noch rasch zur Wachstube und bat den Feldwebel, in der Anstalt anrufen zu dürfen. Dem diensthabenden Erzieher gab ich einen kurzen Bericht und meldete, daß wir alle wohlauf seien und morgen zum Heereszeugamt marschieren würden. Er wünschte Erfolg und eine baldige und gesunde Heimkehr.

In der Kantine erwartete uns ein Unteroffizier, der zur Küche gehörte. Er wies uns einen Tisch mit 13 Plätzen zu. Vom Spieß hatte er bereits Anweisungen erhalten und wußte von unserem Kommen. Wir nahmen Platz, wie in unserer Anstalt gewohnt, mit dem Gruppenführer am Kopf des Tisches. Inzwischen füllte sich die Kantine mit Rekruten und Unterführern, die interessiert unsere Uniformen musterten, mit denen sie offensichtlich noch keine Bekanntschaft gemacht hatten. Kurz vor der Essensausgabe kam ein junger Leutnant auf uns zu und meldete, daß der Kommandeur, ein Oberst, uns in das Offizierskasino eingeladen habe. Dort meldete ich dem Oberst unsere Gruppe und bedankte mich für die Einladung, der wir gerne gefolgt seien. Nachdem wir auf die einzelnen Tische aufgeteilt worden waren und Platz genommen hatten, erklärte der Oberst den anwesenden Offizieren unsere Herkunft und den Zweck unseres Kommens. Es schmeichelte uns, als er meinte, daß die „angehenden Offiziere" doch nicht in der Mannschaftskantine verpflegt werden könnten. Vielmehr sollten wir diesen Abend in guter Erinnerung behalten und uns später freiwillig zum Heer melden. Als Gruppenführer durfte ich am Tisch des Oberst Platz nehmen. Sein Interesse galt hauptsächlich dem Anstaltsleben, das scheinbar in den Einzelheiten nicht bekannt war. Von den Ordonnanzen wurde inzwischen ein Abendessen serviert, das mich hinsichtlich Güte und Fülle beeindruckte. Statt Alkohol sollte uns Mineralwasser serviert werden, bat ich. Bevor wir zu essen beginnen konnten, sprach der Oberst einen Trinkspruch, wobei er das Wohl den jungen Gästen widmete. In den weiteren Unterhaltungen bei Tisch fehlte nicht der Hinweis, daß die Front zur Zeit zwischen Bamberg und Erlangen verlief mit der Tendenz, sich nach Osten und Süden auszudehnen. Von Oberfranken aus stoße vorsichtig eine amerikanische Panzerdivision weiter nach Osten und Süden vor. Ziel dürfte die Flanke der „Alpenfestung" sein, die im Fichtelgebirge und dem Oberpfälzer Wald beginne. Die

Offiziere vertraten offen die Meinung, daß Eisenhower und Patton auf die NS-Propaganda hereingefallen seien und der Stoß dieser Panzerdivision ins Leere ginge. Für den südlichen Bereich bliebe dadurch mehr Zeit, die Abwehr aufzubauen und zu verstärken. Die Tieffliegerangriffe bereiteten dabei immer größere Schwierigkeiten, weil die Beweglichkeit erheblich eingeschränkt war. Die „Alpenfestung", ein Propagandatrick, grübelte ich im stillen. Das Gespräch nahm dann einen allgemeinen Verlauf über kulturelle Veranstaltungen in Amberg und über das Wohlergehen der Familien – für mich der Zeitpunkt, zu bitten, uns zurückziehen zu dürfen, denn ein anstrengender Tag stünde uns bevor, an dem wir ausgeruht und ausgeschlafen sein wollten. Meiner Bitte wurde entsprochen; so konnte der weitere Abend unter den Offizieren sicher in lockerer Unterhaltung verlaufen. Nach einem herzlichen Dank für die freundliche Aufnahme rief ich meine Kameraden auf, sich ebenso zu verabschieden. Wir stellten uns auf und sangen unser Lieblingslied „...unsere Losung heißt, mehr sein als scheinen, und getreu der Losung leben wir...". Unter großem Beifall grüßten wir militärisch und traten ab.

In unserem Nachtlager angekommen, war es bereits 21 Uhr geworden. Nach dem Waschen und Zähneputzen zogen wir die im Tornister mitgebrachten Schlafanzüge an und verstauten die Uniformen in den Spinden. Angesichts unseres beengten Nachtlagers errechneten wir noch, daß das sieben Meter lange „Strohbett" pro Mann gerade Platz von etwas mehr als 50 cm ergab. Mit den bereitgelegten Wolldecken deckten wir uns zu und fanden in der ruhigen Nacht schnell Schlaf, der jedoch durch das stachelige Strohlager und die schmale Liegefläche oft gestört wurde.

Am nächsten Morgen wurden wir vom Unteroffizier vom Dienst, kurz U. v. D., wie die Soldaten auch, um 6 Uhr geweckt, ließen jedoch den Rummel auf den Gängen und in den Waschräumen vorbeiziehen, nützten die Zeit, das Stroh von den Decken zu sammeln, diese vorschriftsmäßig, wie empfangen, zusammenzulegen und den Holzboden von Strohhalmen zu säubern. Erst um 6.30 Uhr gingen wir zum Duschen und Zähneputzen und waren pünktlich um 7 Uhr zum Frühstück in der Mannschaftskantine, nachdem am Abend nicht mehr darüber gesprochen worden war, wo wir das Frühstück einnehmen sollten. Der Unteroffizier vom Abend teilte uns wieder den Tisch zu und bat, daß jeder an der Essensausgabe das Frühstück

Amberg / Opf. – Leopoldkaserne und Heeresnebenzeugamt im Mai 2004

selber abholen sollte. Es gab Kaffee, Schwarzbrot, Butter, Marmelade, Wurst und Käse. Wir frühstückten in aller Gelassenheit, da wir selbst den Tagesablauf bestimmten. Ich ließ den Spieß wegen der Stubenabnahme rufen, alle packten ihre Tornister und zogen die Mäntel über. Kurz darauf inspizierte der Spieß mit dem U. v. D. den Raum eingehend, sah in die Spinde und nahm eine gefaltete Decke auseinander, um sie auf Strohreste zu prüfen. Nichts war zu beanstanden, und er wünschte, zum U. v. D. gewandt, der Stubendienst wäre immer so sorgfältig ausgeführt. In der Wache verabschiedete sich nach unserer Abmeldung der wachhabenden Offizier, nachdem wir für die freundliche Aufnahme und gute Verpflegung gedankt hatten. Bevor wir die Kaserne verließen, zeigte man uns noch anhand eines Stadtplanes den Weg zum Heereszeugamt im Osten von Amberg, das in unserem Schreiben benannt war. Ohne Zeitvorgabe marschierten wir zunächst in die Stadtmitte und besichtigten die Kirche St. Martin, was bei den Kirchgängern, meist älteren Frauen, Erstaunen hervorrief, zumal man Uniformierte wohl kaum in Kirchen antraf. Als wir das Stadtzentrum gegen 10.30 Uhr in Richtung Heereszeugamt verließen, schätzten wir anhand des Stadtplanes, gegen Mittag unser Ziel zu erreichen. Die Überlegung, daß es dort Essen geben würde, bestimmte unser Marschtempo. In loser Formation gingen wir in Richtung Osten, bis wir das Heeresnebenzeugamt im Areal der Leopoldkaserne erreicht hatten.

Auf dem Hof herrschte große Aktivität. Wehrmachtslastwagen vom Heer und der Waffen-SS standen an den Laderampen, andere warteten schon, bis die beladenen Lastwagen wegfuhren. Dabei erfuhren wir von den Fahrern, in welche Richtung die Transporte gingen, wie schwierig es war, den Tieffliegern zu entkommen und Dekkung zu finden, wenn sie auftauchten und ihr Ziel geortet hatten. Das Laden ging schnell, die Kommandos waren wegen des allgemeinen Lärmes laut und befehlend. Wir sahen, daß die Lastwagen voll mit Maschinengewehren, Panzerfäusten, Munition, Maschinenpistolen und Granatwerfern beladen wurden. An der Laderampe erkundigte ich mich nach dem Kommandeur und wurde an ein Büro in der Nähe verwiesen. Im Vorzimmer herrschte Hektik. Die Beifahrer der Lastwagen lieferten die Waffenanforderungen ab, die geprüft, abgestempelt und von einem Unteroffizier sofort in die Lagerhalle gebracht wurden. Öfter hörte ich: „soweit wir haben". Die Waffen und die Munition wurden, soweit vorhanden, aus Regalen zur Rampe gebracht und sehr rasch geladen.

Ich klopfte fest an die Tür mit der Aufschrift „Kommandeur", und ein lautes „Ja" signalisierte die Eintrittserlaubnis. Am Schreibtisch saß ein älterer Major, der mit energischer Stimme telefonierte und mir zugleich zuwinkte, Platz zu nehmen. Bei seinem Telefongespräch ging es um dringenden Waffennachschub, und auch hier hörte ich öfter, wie im Vorzimmer, „soweit wir noch haben". Ich überreichte das an ihn gerichtete Schreiben. Beim Lesen zog er die Augenbrauen hoch, seufzte und fragte nach meinen Kameraden. Ich erklärte, daß sie im Zeughaushof beim Beladen der Lastwagen mit Waffen interessiert zuschauten. Er stand auf, begrüßte mich mit Handschlag und sagte, daß zunächst Zeit zum Essenfassen sei, begleitete mich hinaus in den Hof, begrüßte meine Kameraden, die den Gruß erwiderten, und ging mit uns zur Essensausgabe, wo eine lange Reihe von Soldaten bereits wartete. Er befahl ihnen, zurückzutreten und den jungen Kameraden den Vortritt zu lassen. Zu mir gewandt, sagte er noch sehr eindringlich, daß wir nach dem Essenfassen sofort das Areal des Heereszeugamtes verlassen und dorthin – er deutete dabei zum nahe gelegenen, bewaldeten Hügel – laufen und erst dort essen sollten. Er fügte wissend hinzu: „Wir erwarten einen Luftangriff, wenn alles vorbei ist, kommt ihr wieder. Ich werde dann schauen, was für euch übrig ist."

Bis zum Hügel schätzte ich die Entfernung auf 400 m. Die Kameraden wurden von mir informiert, und wir gingen in schnellen Schritten sofort nach dem Essenfassen zum gezeigten Hügel. Auf einer Wiese, über die wir laufen mußten, steckten noch Stabbrandbomben, weit im Humus eingesunken, die sich nicht entzündet hatten. Voller Neugierde wollten einige Kameraden diese Brandbomben näher besichtigen und wahrscheinlich auch an ihnen herumhantieren. Sehr energisch erinnerte ich, was der Major aufgetragen hatte, daß wir so rasch wie möglich den Wald am Hügel aufsuchen sollten.

Plötzlich setzte Sirenengeheul „Luftalarm“ ohne Vorwarnung ein. Wir rannten um unser Leben und erreichten den Hügel außer Atem, als die Sirenen „akute Luftgefahr“ signalisierten. Mit ohrenbetäubendem Lärm flogen Jagdbomber in geringer Höhe über den Hügel, auf dem wir uns verschanzt hatten, in Richtung Heereszeugamt, und gleichzeitig setzte mit Gehämmer Vierlingsflakfeuer ein. Die Jagdbomber waren sehr wendig, warfen Bomben und bekämpften Ziele am Boden mit Bordwaffen. Innerhalb weniger Minuten verstummte das Hämmern der Flakgeschütze. Längst war unser Hunger vergessen, und erschreckt waren wir vom erhöhten Blickfeld des Hügels aus Zeugen eines schaurigen „Schauspiels“ geworden. Bombeneinschläge waren an hochgehenden Fontänen der berstenden Gebäude zu verfolgen, und Feuer brach an vielen Stellen aus. Nach etwa fünfzehn Minuten drehten die Kampfflugzeuge in Richtung Westen ab, geschockt sahen wir in das angerichtete Flammeninferno unter uns. Gleich kamen unsere Erlebnisse in Rosenheim wieder hoch. Den inzwischen kalten Eintopf löffelten wir schnell aus und liefen, wie aufgetragen, zum Heereszeugamt zurück.

Inzwischen war auch Entwarnung gegeben worden. Was fanden wir hier vor? Ein Teil der Gebäude und Lastwagen, die im Hof Waffen laden wollten, brannten. Verletzte wurden eilig von Sanitätern versorgt und Tote aus den Schutzgräben geborgen, durch unsere schlimmen Erlebnisse in Rosenheim nichts Neues mehr. Es dauerte gar nicht lange, bis die Lastwagen, die beim Luftalarm noch rasch den Hof fluchtartig verlassen hatten können, zurückkamen und weitere eintrafen. Während gleichzeitig gelöscht und geborgen wurde, lief der Ladebetrieb wieder in alter Hektik an. Unser Einsatz war nicht mehr nötig, da sehr viele Helfer bereitstanden. Wir meldeten uns beim Major vollzählig und ohne Verletzungen zurück, was ihn sichtlich freute. Er verwies auf die neue Lage nach dem Luftangriff, bei dem viele Waffen vernichtet worden seien, und fügte ruhig und überzeugend hinzu, unsere Wünsche nicht mehr erfüllen zu können.

„Mit dem, was noch hier ist, muß ich die Front bedienen, die Vorrang hat. Eure Anstaltsleitung wird dafür sorgen, daß ihr woanders bedient werdet." Er händigte mir ein Schreiben aus, in dem das Gesagte bestätigt wurde. War das Schreiben etwa gleich nach unserer Ankunft ausgefertigt worden? Das kam mir sofort in meiner großen Enttäuschung in den Sinn. Besorgt fragte er noch, ob ich mit einer Pistole umgehen könne, was ich bejahte, und fügte hinzu, daß Selbstverteidigung der Gruppe notwendig sei, da immer mehr geflohene Gefangene und KZ-Häftlinge auftauchten und eine Bedrohung in uns Uniformierten sehen würden. Nachdem mir eine Walther-Pistole 7,65 mit fünf gefüllten Magazinen gegen Unterschrift ausgehändigt worden war, dankte ich auch im Namen meiner Kameraden für die fürsorglich ausgesprochene Warnung vor dem bevorstehenden Luftangriff. Woher der Major wohl wußte, daß ein Angriff kurz bevorstand? dachte ich bei mir. Er grüßte und rief laut nach: „So, jetzt schaut, daß ihr schnell wieder nachhause kommt." Nur fünf Minuten dauerte dieses Gespräch mit dem Major, der es wegen der Ereignisse eilig hatte.

In einer Dokumentation „Geschichten aus Amberg", die nach dem Krieg von Johann Laschinger erstellt wurde, wird über diesen ersten Luftangriff am 8. April 1945 berichtet. Ziele waren das Heereszeugamt und die Leopoldkaserne. Wesentlich schwerer als der erste Angriff war der zweite, der schon einen Tag später erfolgte. Am 9. April 1945 wurde gegen neun Uhr Fliegeralarm gegeben. Wenig später erreichte die erste von insgesamt drei Bomberwellen die Stadt. Die Bomben pflügten das Gelände des Heereszeugamtes regelrecht um. Die dritte Bomberangriffswelle galt dem Stabsgebäude der Leopoldkaserne und einigen tiefer liegenden Äckern. Sechs HJ-Jungfeuerwehrleute im Alter von 15 und 16 Jahren sowie der Führer des Löschzuges, ein Hauptwachmeister der Feuerwehr, wurden durch den Luftdruck der Bomben ca. 30 m weit geschleudert und waren sofort tot. Ein Gedenkstein an der Straße vor der Leopoldkaserne erinnert an sie. Wir hatten großes Glück, einen Tag früher an der Stätte des späteren Grauens gewesen zu sein.

Unverrichteter Dinge traten wir den Rückweg zum Bahnhof in Amberg an und erreichten diesen etwa um 17 Uhr. Beim Bahnhofsvorsteher erkundigten wir uns nach der Abfahrt des nächsten Zuges nach Schwandorf und erfuhren, daß die Bahnlinie Amberg – Schwandorf heute nachmittag bei einem Luftangriff getroffen worden und unterbrochen sei. Bemühungen seien im Gang, die Strecke wieder befahrbar zu machen; wie lang die Arbeiten dauerten, könne er uns nicht sagen. Auch Teilstrecken seien wegen der Unterbrechungen in der Nähe von Amberg und nahe Schwandorf nicht befahrbar. Zunächst ratlos, erwogen wir, wieder in die Kaserne zurückzugehen und dort die Reparaturen an den Gleisen abzuwarten. Andere wiederum waren der Meinung, die Strecke nach Schwandorf zu Fuß in Angriff zu nehmen, wofür sich schließlich die Mehrheit aussprach. Vorher besorgten wir noch Verpflegung für den Abend und die Nacht. In die Kaserne zurückgekehrt, trugen wir dem wachhabenden Offizier unser Anliegen vor, erhielten kalten Proviant und heißen Tee in unsere Feldflaschen. Auch der Wunsch nach Ersatzbatterien für unsere beiden Taschenlampen wurde erfüllt.

Um 19 Uhr marschierten wir zurück zum Bahnhof, um von dort auf dem Bahnkörper nach Schwandorf zu gelangen. Die Marschdauer für die Strecke von etwa 24 km wollten wir, belastet mit Bergstiefeln, Mänteln und Tornistern, dazu von Schwelle zu Schwelle tretend, und das bei Nacht, nicht zu kurz ansetzen. Aus unserer Erfahrung früherer Nachtmärsche im normalen Gelände legten wir 25 Minuten für einen Kilometer fest, woraus sich eine Marschdauer von etwa 9,5 Stunden ergab; mit zusätzlich drei Ruhepausen von je einer halben Stunde würden wir insgesamt elf Stunden unterwegs sein, rechneten wir aus.

Im Finstern gingen wir die Strecke an, setzten im „Gänsemarsch“ unsere Schritte von Bahnschwelle zu Bahnschwelle, voll konzentriert verstummte jedes Gespräch. Nach wenigen Kilometern erreichten wir die erste Bahnlinienunterbrechung, wo eine kleine Diesellokomotive, die aus Amberg mit einem Werkzeug- und Maschinenwaggon angefahren war, bei abgedunkelten Scheinwerfern die Baustelle andeutete. Lastwagen brachten Kies und Steine zum Auffüllen der Bombentrichter, Schwellen und Ersatzschienen lagen zum Einbau schon bereit. Die Arbeiter waren zuversichtlich, bis zum Tagesanbruch den Schaden beheben zu können, denn danach wäre es wegen der Tiefflieger nicht mehr ratsam, im freien und offenen Gelände zu arbeiten. Sie bezweifelten, daß wir Schwandorf bis zur

Frühe erreichen konnten, und gaben uns gute Wünsche mit auf den Weg.

Während wir schweigend von Schwelle zu Schwelle traten, überfielen mich Gedanken an mein Zuhause im Egerland. Würden die Amerikaner bei ihrem Vorstoß nach Osten oder gar die Russen, von Osten anmarschierend, meine Heimat zuerst erreichen? Jetzt wäre noch Zeit, von Schwandorf aus den Heimatort anzustreben, bevor die Feinde dorthin vordringen konnten. Aber die Kameraden verlassen und heimfahren? Wie konnte ich so etwas nur in Erwägung ziehen? Das bedeutete Flucht, Fahnenflucht im übelsten Sinn. Meine Gedanken schweiften dann zurück zum Heereszeugamt. Hatte der Major den bevorstehenden Luftangriff nur vermutet, oder wo war die Quelle seines Wissens? Und woher wußte er, daß der Angriff unmittelbar bevorstand, als er uns ermahnte, mit größter Eile das gefährdete Gebiet in Amberg zu verlassen? Hatte er für uns wirklich keine Waffen mehr? War es gar mit unserer Anstaltsleitung abgesprochen, die zwar dem Befehl Heißmeiers nachkommen mußte, aber nicht wollte, daß wir und auch die Erzieher noch in Kampfhandlungen verwickelt würden? Weshalb hatte man uns dann auf die nicht ungefährliche Reise nach Amberg geschickt? Bei allen Überlegungen schien der Grund der Reise doch der gewesen zu sein, keine Zweifel am Erfüllen des Befehls aufkommen zu lassen. Wir glaubten an unsere Erzieher, und deshalb verwarf ich diese Gedanken. Vielleicht hatte der schon etwas ältere Major einen Sohn an der Front verloren und wollte nicht daran mitwirken, Kinder zu bewaffnen. Was geschieht, wenn wir ohne Waffen zurückkommen? Würden wir welche aus Rosenheim oder Brannenburg erhalten? Weshalb dann nicht gleich von dort? Unsere Erziehung zu kritischem Denken und Abwägen begann zu wirken.

Schließlich erreichten wir eine Zughaltestelle mit einer Schutzunterstellhütte, in der auf einer Bank ein Soldat mit seinem Gepäck kauerte. Noch etwas gehbehindert, kam er nach seiner Genesung aus einem Heimaturlaub, um am Abend von dieser Haltestelle aus mit dem Zug nach Schwandorf und von dort weiter zu seiner Einheit nach Regensburg zu fahren. Der Zug kam aber wegen der Unterbrechung der Bahnlinie nicht an, was er nicht wissen konnte. Schwerlich würde ihm geglaubt werden, wenn er verspätet zu seiner Einheit in Regensburg zurückkehrte. Wir schlugen ihm vor, sich mit uns zum Bahnhof Schwandorf durchzuschlagen. Gehen könne er mit dem Invalidenstock die Strecke schon, versicherte er uns, nur sein Gepäck sei dabei hinderlich, weshalb wir es abwechselnd für ihn trugen.

Bevor wir den Fußmarsch weiter fortsetzten, legten wir eine Ruhe-, Eß- und Trinkpause ein. Bei unserer Unterhaltung merkte ich, daß sich auch meine Kameraden während des Nachtmarsches Gedanken über die Ereignisse gemacht hatten. Der Kamerad aus dem Elsaß befürchtete, angesichts der Zustände lange nicht mehr nach Hause fahren zu können, den aus dem Vogtland plagten Gedanken, daß die Russen seine Heimat früher als die Amerikaner erreichen könnten. Der Niedersachse ängstigte sich um seine blauäugige, blonde Mutter, die vielleicht jetzt schon von einem schwarzen Besatzer belästigt würde – ein Alptraum für ihn –, der Ostpreuße und der Oberschlesier hatten nichts mehr von den Müttern und Geschwistern gehört, sie fragten sich, ob sie geflüchtet oder in die Hand der Russen gefallen wären. Die gleichen Gedanken gingen meinem Landsmann aus dem Erzgebirge im Sudetenland durch den Kopf. Nur unser Kamerad aus Oberbayern mußte sich mit solch schlimmen Vorstellungen nicht herumschlagen; er war froh, bald wieder in Neubeuern, seiner Heimat, zu sein. Die Anstalt in Neubeuern war auch für uns zur „zweiten Heimat“ geworden.

Der Soldat, der sich mit uns in dieser Nacht zu Fuß auf den Weg machen wollte, hörte schweigend zu und wollte den Grund unserer Fahrt wissen. Wir berichteten, was wir alles erlebt hatten und daß wir jetzt auf der Rückreise seien. „Das ist eine Schicksalsfügung, der man sich unterwerfen muß und die man nicht herausfordern sollte“, meinte er, als wir hoffend ergänzten, daß wir vielleicht in Rosenheim oder Brannenburg doch noch an Waffen gelangen könnten. „Gott möge euch schützen“, meint er darauf. Kalt war uns beim Sitzen geworden, und gern brachen wir wieder auf. Ich an der Spitze trug als erster seinen großen Rucksack über meinem Tornister. Den Wechsel beim Gepäcktragen hatten wir auf 15 Minuten festgelegt.

Der erste Rucksackwechsel war soeben abgeschlossen, als wir aus östlicher Richtung Schüsse aus einer Maschinenpistole hörten. Lautes Hundegebell setzte ein, und noch nicht zu verstehende Kommandorufe drangen zu uns. Wir blieben stehen und hielten still. Dann verließen wir den Bahnkörper und suchten Deckung hinter Büschen neben dem Bahndamm. Scheinwerferlicht bewegte sich auf uns zu, die Kommandorufe kamen näher und wurden deutlicher, es wurde ständig zur Eile angetrieben. Nach den Schüssen und dem Hundegebell hielten wir und auch der Soldat es für richtig, nicht länger in Deckung zu bleiben, sondern uns bemerkbar zu machen. Zurück auf dem Bahnkörper, kreisten wir unsere beiden Taschenlampen in Richtung der Scheinwerfer. Es dauerte nicht lange, bis jemand mit einem Scheinwerfer sich rascher auf uns zu bewegte und uns aufforderte, mit erhobenen Händen zu warten. Wer da kam, konnten wir durch den blendenden Scheinwerfer zunächst nicht erkennen. Es waren zwei Mann, einer trug einen Scheinwerfer, der andere, im Streiflicht auszunehmen, war mit einer Maschinenpistole bewaffnet. Als sie uns in Uniformen sahen, konnten wir die Hände wieder herunternehmen. Der Bewaffnete trat auf uns zu, während der andere den Scheinwerfer mehr auf unsere Füße richtete. Er war SS-Untersturmführer und wies darauf hin, daß die auf uns zukommende Kolonne aus Insassen eines KZ-Lagers bestehe, die nach Westen getrieben werden müßten, nachdem die Bahn unterbrochen sei. Er bat uns, zur Seite zu treten und neben dem Bahndamm den Vorbeimarsch abzuwarten. Auf unsere Frage nach den zuvor gehörten Schüssen erhielten wir keine Antwort. Er grüßte mit dem „Hitlergruß" und erwartete mit dem SS-Mann auf dem Bahndamm, den wir eben verlassen hatten, die Kolonne. Wir sahen, von Scheinwerfern grell angestrahlt, Menschen in KZ-Anstaltskleidung heranziehen, zum Teil in Militärmäntel gekleidet, heruntergekommen und unterernährt, Männer und Frauen, zum Teil in schleppendem, torkelndem Gang dahintrottend, angetrieben von weiteren Posten, dazu lautes Kommandogeschrei und Hundegebell. Fassungslos und mit erstickter Stimme fanden wir keine Worte mehr, standen betroffen und erstarrt da und warteten, bis die letzten Gefangenen, angetrieben von Schlußbewachern mit Gewehrkolben, an uns vorbeigezogen waren.

Von der Existenz der KZ-Lager wußten wir von den politischen Schulungen. Arbeitsscheue, Alkoholiker und Gegner unseres Staates sollten in diesen Lagern durch Arbeit und Umerziehung wieder auf den richtigen Weg gebracht werden, so die Erklärung. In diesem Zusammenhang wurde uns auch ein Film über das KZ Dachau vorgeführt, in dem ordentlich gekleidete und gut genährte Männer und Frauen ihrer Arbeit nachgingen, mit dem Hinweis, daß es sich auch hier um Volksfeinde handle. Ich erinnerte mich bei dieser Begegnung am Bahndamm auch an einen jungverheirateten Mann aus meiner Heimat, der 1938 nach dem Anschluß des Sudetenlandes an das „Reich“ verhaftet und in das KZ Dachau bei München gebracht worden war. Er sollte der „Roten Garde“ angehört haben, die sich bewaffnet gegen den Anschluß an das „Reich“ gestellt hatte. Was wir aber eben gesehen hatten, entsprach diesen Informationen in keiner Weise. Wohin wurden diese Leute getrieben? Weshalb wurde geschossen? Diese Fragen konnte auch unser Soldat nicht beantworten. Eine dunkle Ahnung und starke innere Erregung umfingen mich nach diesem nächtlichen Erlebnis.

Nachdenklich und bedrückt setzten wir den Marsch nach Schwandorf fort. Fünf Stunden waren wir schon zu Fuß unterwegs, und eine weitere halbe Stunde war durch die schaurige Begegnung mit der KZ-Kolonne vergangen. Nach zwei weiteren Stunden erreichten wir die zweite Bahnunterbrechung vor Schwandorf, wo ebenso eifrig an der Wiederherstellung der Gleise gearbeitet wurde. Auf unsere Frage meinten die Arbeiter, daß wir in etwa zwei Stunden Schwandorf erreichen könnten. Nachdem auch unser begleitender Soldat sein Durchhalten signalisiert hatte, wollten wir ohne weitere Rast zügig in der Morgendämmerung am Ziel ankommen.

Inzwischen war es hell geworden, und wir erkannten in der Ferne auf einem Berg eine brennende Kirche. Dazu wußte der Soldat zu berichten, daß diese Wallfahrtskirche auf dem Kreuzberg bereits zu Schwandorf gehörte und am Vortag, dem 8. April, bombardiert worden sei. Bei der Nennung des Tages fiel mir mein 15. Geburtstag ein, den ich heute, am 9. April, feiern konnte. Voll Freude teilte ich dies meinen Kameraden und dem Soldaten mit, die mir alle spontan Glück wünschten. Scherzhaft lud ich alle zum Essen und auf einen „Blümchentee“ bei der nächsten Verpflegungsstelle ein.

Wir näherten uns dem Bahnhof Schwandorf, der zum Teil noch brannte; Bombentrichter waren rundherum in die Gleisanlagen gerissen. Dort suchten wir den Fahrdienstleiter, der jedoch in ein Nebengebäude ausgewichen war. Die Weiterfahrt werde voraussichtlich in einer halben Stunde möglich sein, vorausgesetzt, daß dies nicht wieder Tiefflieger vereiteln oder verzögern würden, erfuhren wir und gesellten uns zu den wartenden Reisenden außerhalb des Bahnhofes, wo die Männer von der Feuerwehr noch immer den Brand bekämpften. Das Rote Kreuz war zur Verpflegung der Brandhelfer eingesetzt; auch wir wurden mit Tee und Brot versorgt. Müde vom Nachtmarsch ließen wir uns neben den Gleisanlagen an der provisorischen Haltestelle nieder, dösten vor uns hin und nickten ein.

Doch es dauerte nicht lange, da schreckte uns Lärm vom einrollenden Zug aus Weiden auf, der fast pünktlich, aber hoffnungslos überfüllt, eintraf. Sogar auf den Waggondächern saßen Soldaten, und Zivilisten mußten mit den durchlaufenden Trittbrettern der Waggons vorlieb nehmen, wobei sie sich an den Haltestangen der Türen anklammerten, damit sie der Fahrtwind nicht herunterstürzen ließ. Um mitzukommen, blieb nichts anderes übrig, als uns ebenso auf die Trittbretter zu stellen, von denen aus die Einzelabteile des Waggons betreten werden konnten. Bis Regensburg hielten wir mit unseren langen Wintermänteln der Kälte stand, für „unseren Soldaten" hatten wir aber vorsorglich einen Platz im Waggoninneren erkämpft. Die Zugfahrt nach Regensburg in den Morgenstunden verlief ausnahmsweise ohne Zwischenfälle, und wir erreichten den von Luftangriffen schwer getroffenen Bahnhof etwa um 10 Uhr. „Unser Soldat" hatte sein Fahrtziel in Regensburg erreicht, bedankte sich bei uns sehr herzlich und wünschte für die Weiterfahrt viel Glück.

Doch neue Schwierigkeiten für die Weiterfahrt taten sich auf, da der Bahnhof und auch der Gleiskörper erheblich beschädigt waren. Eine durchgehende Fahrt nach München war derzeit nicht möglich. Das bedeutete wieder, bis zur möglichen Weiterfahrt am Nachmittag zu warten. Hunger und Durst, Müdigkeit vom nächtlichen Fußmarsch und Erschöpfung vom Anklammern an die Haltestangen machten uns sehr zu schaffen. Deshalb war eine Essens- und Erholungspause dringend angeraten. Die Wehrmachtsverpflegungsstelle war uns von der Hinfahrt bekannt. Zuvor aber suchten wir den Bereich der Luftschutzräume mit Übernachtungsmöglichkeit zur dringend nötigen Körperpflege auf. Zurück in der Verpflegungsstelle, verspeisten wir das versprochene „Geburtstagsessen", das aus einem warmen Eintopf mit Brot und Tee bestand, mit Heißhunger. Vom Fahrdienstleiter erfuhren wir, daß um 16 Uhr ein Zug aus Landshut erwartet werde, der im Pendelverkehr Fahrgäste aus Landshut bringe und mit solchen aus Regensburg wieder nach Landshut zurückfahre. Wir sollten uns vor 16 Uhr wieder am Bahnhof einfinden.

Wegen unserer bisher gesammelten Erfahrung verließen wir den Bahnhof in Regensburg fluchtartig in östliche Richtung zur Donau hin, wo wir uns auf Bänken der Grünanlage ausruhten. Angenehm wärmte die Sonne um die Mittagszeit und machte unseren Aufenthalt am Flußufer erträglich. Die erholsame Stille am Donaustrom wurde jäh von Sirenengeheul gestört, und bedrohliches Brummen von Bombern versetzte uns in Unruhe. Doch der Flugzeugverband drehte in Richtung Norden ab und flog dort sein Ziel an. Hier, am Stadtrand außerhalb von Bebauungen, fühlten wir uns ziemlich sicher und sahen keine große Gefahr.

Gegen 15 Uhr war es Zeit, die Grünanlage zu verlassen und zurück zum Bahnhof zu gehen, wo sich kurz vor 16 Uhr auf dem Bahnsteig schon viele Reisende angesammelt hatten, die aus der Stadt Regensburg selbst, aus Schwandorf und anderen Nebenzugstrecken eingetroffen waren. Besonders die aus der nördlichen Oberpfalz und Oberfranken kommenden Reisenden berichteten von regelrechten Tieffliegerjagden auf Züge, so daß es schon viele Tote und Verletzte gegeben habe. Die Bahnlinie nach Hof werde in wenigen Tagen von den Amerikanern total unterbrochen, nachdem schon jetzt die Züge dorthin nur mehr im Pendelverkehr fahren würden. Nachdem der Zug aus Landshut nicht pünktlich eintraf und weiter auf sich warten ließ, eilten wir noch rasch zur Verpflegungsstelle, wo uns „Altbekannten“ mit einer Zwischenverpflegung geholfen wurde.

Gegen 17 Uhr traf der Zug aus Landshut endlich ein. Jeder wollte mitkommen, deshalb herrschten großes Gedränge und Geschiebe. Reisende berichteten von Unterbrechungen der Gleise im ganzen Bahnhofsbereich von Landshut, so daß man, aus München kommend, auf freier Strecke vor der Stadt aussteigen und zu Fuß oder mit eingesetzten Bussen die Gleisanlage nördlich des Bahnhofes erreichen mußte, um von hier weiterfahren zu können. Das gleiche gelte für Reisende von Norden nach Süden. Nun war uns klar, was uns wieder bevorstand. Nachdem die vielen Wartenden die Plätze im Zug regelrecht erstürmt hatten, war dieser innerhalb kürzester Zeit überfüllt. Unsere Gruppe konnte in einem Waggon zusammenbleiben, was angesichts so vieler Reisenden beim Verlassen des Zuges auf freier Strecke vor Landshut wichtig war, um uns auf dem gemeinsamen Weg zur südlichen Einsteigstelle des aus München eingeschobenen Pendelzuges nicht aus den Augen zu verlieren. Sehr froh waren wir, trotz des großen Gedränges im Zug Platz gefunden zu haben und nicht noch einmal auf den zugigen und gefährlichen Trittbrettern außen stehen zu müssen, was abends im April äußerst unangenehm gewesen wäre.

Es war finster geworden, als wir weit vor dem Bahnhof in Landshut den Zug verlassen mußten. Bahnbedienstete wiesen Reisende mit dem Ziel Landshut an, in den an den Bahnkörper angrenzenden Straßen Ausschau nach einem Verkehrsmittel zu halten. Für Reisende in Richtung München gab es zunächst nur die Möglichkeit, hier bis zur möglichen Bereitstellung von Transportmitteln zu warten, um zur intakten Gleisanlage südlich von Landshut zu gelangen, von der aus ein Pendelverkehr aus und nach München bestehe. Wann dies sein werde, konnte man nicht sagen.

Mittlerweile durch die Ereignisse abgebrüht, sahen wir rundherum wieder großes Chaos. Der gesamte Gleiskörper war von Bombentrichtern durchlöchert, Waggons waren aus den Schienen geworfen, umgekippt und brannten, aus umgestürzten Lokomotiven, in deren Feuerraum noch die Kohle glühte, stieg Rauch auf – ein gespenstiger Anblick. Uns war kalt geworden, deshalb überlegten wir nicht lange und liefen zur nächsten umgekippten Lokomotive, um uns zu wärmen. Wir schaufelten Kohlen aus dem Tender und schürten im Feuerraum der Maschine nach. Eine Stunde war vergangen, und noch immer war kein Transportfahrzeug eingetroffen, das uns nach Süden bringen sollte. Ungeduldig geworden, versuchten nun mehr und mehr Reisende, in den angrenzenden Straßen der Stadt mittels öffentlicher Verkehrsmittel weiter nach Süden zu kommen, was nur nach langem Warten gelang und ohne die Gewißheit, den südlichen Haltepunkt des Pendelzuges zu erreichen. In dieser Situation entschlossen wir uns, wieder zu Fuß auf den Gleisen, so gut es ging, nach Süden voranzukommen, wobei Bombentrichter im Gleiskörper und im Weg liegende Zugteile dieses Unterfangen erschweren würden. Vorbei am brennenden Bahnhof, marschierten wir also weiter in südliche Richtung und verließen den Bahnkörper, sobald der Weg versperrt war, um auf einer parallel verlaufenden Straße der Stadt weiterzukommen. Etwa um Mitternacht erreichten wir schließlich den südlichen Haltepunkt außerhalb Landshuts, wo sich schon mehrere Wartende eingefunden hatten. Den von einem Bahnbediensteten in einer halben Stunde angekündigten Zug konnten wir schließlich um 1 Uhr nachts besteigen und weiterfahren, ausnahmsweise ohne Zwischenfall bis München.

Hier erkundigten wir uns sofort nach der möglichen Weiterfahrt nach Rosenheim, was um 3.50 Uhr möglich sein sollte. Bei der Verpflegungsstelle des Roten Kreuzes bekamen wir heißen Tee und erfuhren, daß gegenüber dem Hauptbahnhof ein Kaufhaus als Verpflegungslager für die Wehrmacht umfunktioniert worden war. Dort sollte derzeit ein regelrechter Ausverkauf für Wehrmachtsangehörige stattfinden. Ob wir Eintritt erhalten würden, wußten die Leute vom Roten Kreuz nicht. Wir starteten sogleich einen Versuch; zwei Soldaten hielten dort Wache und kontrollierten die Ausweise der Wehrmachtsangehörigen. Mit unseren speziellen Uniformen konnte uns niemand trotz unserer Ausweise zuordnen. Nachdem wir auf Einlaß bestanden, rief die Wache einen Offizier, der uns nach Sichtung unserer Ausweise sofort einließ. Wie staunten wir über das riesige Angebot an Eßwaren, das jedoch nicht in kleinen Mengen abgegeben wurde, sondern nur in Großpackungen: Holzkästchen mit Dreiecksstreichkäse, Hartwurststangen, Butterkistchen, große Marmeladeneimer, Konservendosen mit Fleisch oder Streichwurst, Kartons mit Schokoladetafeln und Keksrollen, Bienenhonig, Kunsthonig und vieles andere. Wegen der Fülle der Waren und der Packungsgrößen konnten wir uns zunächst nicht entschließen, was für uns jetzt wichtig sei. Wir überlegten, daß wir in unserer Anstalt, die wir bald erreichen würden, wieder reichlich und abwechslungsreiches Essen bekommen sollten und kamen zum Entschluß, eine Großpackung verschiedener Sorten Schokolade, eine Rarität für uns, an der Ausgabe anzufordern und den Auslieferungsschein für die Napola Neubeuern zu unterschreiben. Die einzelnen Sorten wollten wir in der Anstalt untereinander tauschen. Problematisch waren jedoch das Verstauen und Wegtransportieren. An eine Unterbringung in den Tornistern war nicht zu denken, deshalb trug jeder einen Karton unter dem Arm. Bei der Ausgabe sagte man uns noch, daß die Auslieferung nur an selbständige Kampfgruppen und ausnahmsweise auch an durchreisende Soldaten erfolge. Wir hatten bei der Großzügigkeit der Warenausgabe den Eindruck, daß die Waren lieber noch rasch verteilt werden sollten, als sie dem Feind zu überlassen. Um 3.45 Uhr waren wir auf dem Bahnsteig zurück, wo der Zug nach Rosenheim bereitstand. Er war nicht übermäßig besetzt, so daß unsere Gruppe in einem Waggon Platz fand. Die Kartons verstauten wir im Beinbereich. Schon fünf Minuten später fuhren wir los und erreichten Raubling, unseren Anstaltsbahnhof, gegen 6 Uhr.

Die Kartons trugen wir einheitlich auf der linken Schulter, wechselten später auf die rechte und dann wieder zurück, wenn wir die Schultern entlasten wollten. In Zweierreihen und ohne Gleichschritt gingen wir auf der linken Straßenseite bis zur Auffahrt zum Schloßberg, wo wir eine kurze Rast einlegten, bevor wir die lange und steile Auffahrt hinaufstiegen. Kurz vor 7 Uhr hatten wir den Platz vor dem Schloßtor erreicht; dort formierten wir uns, um im Gleichschritt singend durch das Schloßtor einzumarschieren. Mit „Abteilung halt, linksum, Karton bei Fuß", standen wir still. Sogleich öffneten sich Fenster, der diensthabende Erzieher kam uns aus dem Schloß entgegen und nahm die Meldung an: „13 Jungmannen vollzählig und gesund von der Auftragsreise zurück. Der Auftrag konnte nicht ausgeführt werden."

„Rührt euch", kam das Kommando vom Erzieher. Ich übergab das Schreiben des Majors vom Heereszeugamt in Amberg, und nachdem er es gelesen hatte, fragte er nach dem Inhalt der Kartons. „Schokolade", meldete ich wahrheitsgetreu. Von den inzwischen auf dem Hof versammelten Kameraden und weiteren Erziehern erschollen lauter Jubel, aber auch Gelächter und Rufe: „Schokolade statt Waffen!" Der Diensthabende dankte kurz, schickte uns in die Anstaltsräume und bat, um 8 Uhr im Speisesaal zu sein.

Frisch geduscht, in sauberer Wäsche, frischen Hemden, geputzten Sportschuhen und in unseren gewaschenen, bereitliegenden Drillichuniformen versammelten wir uns im Speisesaal zum Frühstück. Hier empfing uns der Anstaltsleiter mit Handschlag, dankte für diesen Einsatz und das disziplinierte Verhalten, wie er mittlerweile aus Amberg erfahren hatte, und bat uns, Platz zu nehmen. Ein besonderes Frühstück stand für uns bereit: mit frischen Brötchen, Butter, verschiedenen Marmeladensorten, Wurst, Käse, Tee und Obst. Wir berichteten über den Ablauf unseres Auftrags mit der großen Gefahrensituation in Amberg, die durch die Umsicht des Leiters des Heereszeugamtes von uns abgewendet worden war. Dabei stellten wir groß die freundliche Aufnahme in der Kaiser Wilhelm-Kaserne in Amberg heraus. Der beschwerliche und leider auch an düsteren Erlebnissen reiche Fußmarsch auf dem Bahnkörper von Amberg nach

Schwandorf in der Nacht vom 8. auf den 9. April, den wir auf uns genommen hatten, und besonders unsere Hilfestellung für den Soldaten wurden hoch gelobt. Nach meinem kurzen, überschlägigen Bericht bat ich die einzelnen Kameraden, über die verschiedenen Abschnitte unserer Reise ausführlicher zu erzählen. In unserer Anstalt war die Gleichstellung der Kameraden bei allen Unternehmungen so weit als möglich gewünscht. Einer erinnerte sich dabei an die „Geburtstagsfeier“ des Gruppenführers, der am Morgen des Nachtmarsches die Kameraden spontan zum „Festessen“ in der nächsten Wehrmachtsverpflegungsstelle eingeladen hatte. Sofort sprach mir der Anstaltsleiter nachträglich zum 15. Geburtstag herzliche Glückwünsche für die Zukunft aus. Auf die Frage, was mit der Schokolade geschehen solle, erklärte ich, daß ich den Lieferschein auf die Napola Neubeuern ausstellen hatte lassen und auch unterschrieben habe. Deshalb gehöre sie der Anstalt, und zwar allen, auch den slowenischen Mädchen in der Küche, die unsere Räume sauber hielten. Auf die nicht mitgebrachten Waffen wurde nicht weiter eingegangen. Ich hatte den Eindruck, daß man sie nicht sonderlich vermißte. Beim Mittagessen fiel uns sofort auf, daß nur wenige Tische besetzt waren. Die Kameraden des 1., 2., 3. und 4. Zuges fehlten; die noch anwesenden Kameraden waren aus dem 5. und 6. sowie aus den unteren Zügen, die nicht zurückgeführt werden konnten, da die Heimatgebiete bereits besetzt waren.

Am 20. April 1945 fand noch einmal die übliche Feierstunde zum Geburtstag des Führers statt, aber nur mehr im Schloßhof und nicht mit einem Aufmarsch und Fanfarenzug durch den Ort Neubeuern. Was uns in den nächsten Tagen noch auffiel, war, daß Möbel und Einrichtungen von Erziehern mit dem Anstaltslieferwagen abgefahren wurden und daß deren Frauen und Kinder, die bisher in der Anstalt gewohnt hatten, nicht mehr hier waren. Während die Erzieher für ihre Familien in weiter entfernten Orten Wohnungen gemietet hatten, blieben sie selbst in der Anstalt. Der Schul- und der Sportunterricht sowie der Anstaltsdienst liefen weiterhin normal ab.

Am 25. April 1945 kam der große Schnitt, als uns nach dem Abendessen der Stellvertretende Anstaltsleiter, unser Englisch- und Geschichtslehrer, in einer längeren, vorsichtig formulierten Ansprache darüber informierte, daß wir die Anstalt verlassen würden. Anlaß war wahrscheinlich der mehrmalige Tiefflug eines doppelrumpfigen Aufklärungsflugzeuges über dem Schloß, über den ich berichtet habe. Behutsam wurde vorgetragen, daß wir die Uniformen ablegen und nur noch in unseren blauen Trainingsanzügen mit normalen schwarzen Schuhen bekleidet sein würden. Am morgigen Tag sollte der Umtausch beginnen. Die im Gebrauch befindlichen Trainingsanzüge mit dem Reichsadler am linken Ärmel im oberen Drittel wurden abgegeben und durch neue ohne Reichsadler ersetzt. Alle Uniformteile, Ausrüstungsgegenstände und die Bergstiefel, nicht die Sportschuhe, waren zugweise in der Kammer abzugeben. Anstelle der Tornister wurden Sportrucksäcke aushändigt. Die Anstaltsausweise seien zurückzugeben, dafür erhalte jeder als Dokument den Ausweis eines Kinderlandverschickungslagers. Unterwäsche, Sporthemden, Socken, Taschentücher, Sportschuhe, Zivilhemden seien in den Sportrucksäcken mit beschriftetem Namensschild unterzubringen. Die Herkunft von der Napola sei im Kinderlandverschickungslager nicht preiszugeben. Am nächsten Tag werde nach Erledigung des Kleidertausches und der Aufräumungsarbeiten wegen der Gefahr aus der Luft erst in den Abendstunden mit Bussen abgefahren.

Nach Beendigung der Ansprache waren Fragen erlaubt. Die erste war, ob ein Rückzug in die „Alpenfestung" nicht mehr geplant sei. Die Antwort lautete, daß wir zunächst in einem Kinderlandverschikkungslager am Chiemsee untertauchen und dort die Lageentwicklung abwarten würden. Die Frage, ob Schulbücher und Hefte mitzunehmen seien, wurde verneint. Es bleibe bis auf persönliche Gegenstände alles in der Anstalt, wobei aber Fotos, die uns in Uniformen zeigten, abzugeben seien.

Die überraschende Ankündigung führte natürlich zu langen, lebhaften Diskussionen unter den Kameraden. War dies bereits ein Eingeständnis des nahenden Endes? Wir konnten es nicht glauben, nahmen vielmehr an, daß die angeordneten Maßnahmen auf dem geänderten Befehl des Beauftragten für die Napola-Anstalten beruhten. Unser Fragen ging noch weiter. Wer würde uns in das Kinderlandverschikkungslager begleiten? Schließlich bereiteten wir für die morgige Abfahrt alles auf unseren Zimmern vor und versuchten, Schlaf zu finden, der wegen der Gedankenfülle jedoch lange auf sich warten ließ.

Am 26. April begann der Tag wie üblich mit Frühsport, Waschen und Frühstück. Danach wurden die Sportrucksäcke mit Namensschildern sowie die Trainingsanzüge und Schuhe ausgegeben. Im Gegenzug lief die Rückgabe der Uniformen, der Bergstiefel, der Bücher und Hefte. Sämtliche Schränke und Schubladen wurden geleert; bis Mittag war alles abgeschlossen. Jeder erhielt einen Ausweis mit gestempeltem Schnellfoto, der Heimatanschrift und der Anschrift des Lagers Rimsting am Chiemsee. Das Mittagessen war besonders reichlich und gut. Dabei hielt der Anstaltsleiter eine kurze Ansprache und verabschiedete uns mit den besten Wünschen für die Zukunft für den Fall, daß wir einander nicht wiedersehen würden, aber auch mit der Hoffnung auf ein Wiedersehen. Der übliche Hinweis auf den Endsieg unterblieb. Als Begleiter wurden der stellvertretende Anstaltsleiter sowie unser Erzieher bestimmt, die sich ebenso wie wir in Zivilkleidung einfanden. Der Anstaltsleiter stammte aus Bremen und war noch ledig, wohingegen der Erzieher seine Familie bereits in der Umgebung von Neubeuern in einer Wohnung untergebracht hatte.

Um 17 Uhr standen wir mit dem Gepäck im Schloßhof bereit, wo zwei Busse vorfuhren, die wir nach dem Verstauen unserer Rucksäkke zugweise bestiegen. Die dienstverpflichteten slowenischen Küchen- und Putzmädchen, die wir oft geärgert und scherzhaft mit unserer Meinung nach passenden Namen aus dem Tierreich, wie Heuschrecke, versehen hatten, standen am Schloßtor und winkten uns traurig zu, als sich die Busse in Bewegung setzten. Wir fuhren wegen der Tieffliegergefahr nicht auf der Autobahn in Richtung Chiemsee, sondern auf Nebenstraßen, mußten aber auch hier wegen aufkommender Gefahr öfter in Wäldern Zuflucht suchen.

Bei Einbruch der Dämmerung erreichten die Busse Rimsting und hielten vor einer Gaststätte, die der Erzieher betrat. Nach etwa zehn Minuten kam er zurück und hieß uns auszusteigen, unser Gepäck aus dem Stauraum des Busses zu holen und zugweise aufzustellen. Wir wurden in einen großen Saal der Gaststätte geführt, der ursprünglich als Veranstaltungsraum mit Bühne gedient hatte. Hier standen aufgereiht Stockbetten mit Strohsäcken als Auflagen, grauen, sauber wirkenden Wolldecken und grauen, mit Stroh gefüllten Kopfkissen, die – vermutlich frisch eingefüllt – einen Wohlgeruch verbreiteten. Die Bettreihen wurden wieder zugweise aufgeteilt. Die Beleuchtung war sehr spärlich, die Wasch- und Klosetträume waren unzureichend, von Duschen war nichts zu sehen. Der Dienstablauf mit Frühsport konnte hier nicht nach unseren Gepflogenheiten durchgeführt werden. Ein spartanisches Leben erwartete uns. Im Saal wurden wir mit dem Tagesablauf vertraut gemacht. Waschen und WC-Benutzung erfolgten nach Verkleinerung der Einheiten gruppenweise, wobei die Zugführer den Ablauf organisierten. Das Essen wurde in einem Gastraum eingenommen, der maximal fünfzig Plätze aufwies, also auch hier zugweises Antreten. Aufstehen um 6.30 Uhr, absolute Bettruhe ab 21 Uhr.

Sehr gedämpft und niedergedrückt war die Stimmung, als wir in der neuen, sehr einfachen Unterkunft zum Abendessen mit unseren beiden Begleitern zusammensaßen. Die Gespräche drehten sich nur mehr um unsere ungewisse Lage, die schlechte Unterbringung und das Essen, das so ganz anders als in der Anstalt zubereitet war, in kleinen Portionen auf den Tisch kam und uns überhaupt nicht schmeckte. Wir waren gezwungen worden, von einem „Schloßhotel mit mindestens vier Sternen" in eine einfache Pension umzuziehen. Daß wir hier auch keine Bücher und Hefte mehr brauchten, war uns rasch klar geworden. Unsere Begleiter waren einverstanden, daß wir viel Zeit im Freien verbringen sollten, mit Wanderungen am Ufer des Chiemsees entlang, mit Laufsport und Fußballspielen, soweit das Wetter es zuließ. Den Vorschlag des Englischlehrers, ab dem nächsten Tag alle Gespräche auf Englisch zu führen, fanden wir sehr gut. Zeitungen wurden gemeinsam gelesen und besprochen, wobei wir auch die Lagesituation über den Frontverlauf einbezogen wissen wollten.

Am nächsten Morgen trieb uns die Neugier; wir schauten uns im Haus und den dazu gehörenden Nebengebäuden genauer um. An die Gaststätte angebaut und durch Fenster verbunden, befand sich im Erdgeschoß ein eingeschossiger Raum mit großen Fenstern, dem unsere Aufmerksamkeit vorerst galt. Vorhänge verhinderten die Sicht in den Anbau, so daß wir die Nutzung nicht erkennen konnten. Telefone klingelten, und Gespräche zwischen Männern und auch Frauen wurden geführt, deren Inhalt wir aber nicht verstanden, wodurch sich unsere Wißbegier vergrößerte, was sich hier wohl verberge. Wir gingen der Sache bei der Erkundung der Umgebung weiter nach und sahen, daß der Raum ebenso von außen zugänglich und, zu unserem Erstaunen, eine Wache in Luftwaffenuniform vor dem Eingang postiert war. Von hier aus erkannten wir im Raum Luftwaffenoffiziere und drei Luftwaffenhelferinnen, die in der Umgangssprache „Blitzmädchen“ genannt wurden, weil sie an den Uniformärmeln ein Blitzzeichen trugen. Wir warfen durch die Außenfenster neugierige Blicke und sahen an der Wand eine große Landkarte hängen; im Raum waren Schreibtische aufgestellt, mit Funkgeräten und Telefonapparaten darauf, und dahinter saßen die Offiziere und die „Blitzmädchen“. Sehr laut und lebhaft ging es zu, als zwei Offiziere vor der großen Landkarte standen und mit einem Zeigestab darauf herumdeuteten. Es dauerte nicht lange, bis wir entdeckt und vom Wachhabenden vertrieben wurden. Später erfuhren wir im Ort, daß im Anbau des Gasthauses ein Luftwaffenstab zur Leitung von Einsätzen stationiert sei. Zu unserem Erstaunen tauchte immer wieder ein Melder auf einem Kraftrad auf, militärisch Kradmelder genannt, der Schriftstücke entgegennahm und wieder wegfuhr. Durch weitere Ausforschungen wurde uns bekannt, daß auf einer gesperrten, asphaltierten Straße in einem nahen Waldstück Flugzeuge vom Typ „Bücker Bestmann“, mit Panzerfäusten unter den Tragflächen ausgestattet, bereitstanden, die von dieser Straße zur Panzerbekämpfung starten sollten. Der Kradmelder war ständig zwischen dem Stab und dem Startplatz unterwegs und brachte neue Einsatzbefehle, die auf die neuesten Panzerbereitstellungen der Feinde abzielten. Uns interessierte natürlich auch noch die Lage des Start- und Landeplatzes, und wir forschten weiter.

Als zweite militärische Einrichtung war auf dem Vorplatz des Gasthofes, getarnt unter den Kastanienbäumen des Biergartens, ein SS-Stoßtrupp. Er bestand aus zwei Lastwagen und einem Krad. Auf einem der Lastwagen waren zwei Maschinengewehre MG 42, Panzerfäuste und Panzerschrecks aufgebaut, der zweite war mit einer Plane versehen und diente als Mannschaftswagen mit Verpflegung und Zeltzeug. Ein junger, mit dem Eisernen Kreuz I. Klasse (abgekürzt EK I) ausgezeichneter Untersturmführer hatte den Trupp von insgesamt sechs Mann geführt, der sich noch aus zwei Fahnenjunkern, zwei Lastwagenfahrern im Rang von Sturmmännern und einem Scharführer, der das Krad fuhr, zusammensetzte. Der Kradfahrer hatte die Verbindung mit den anderen selbständigen Gruppen aufrechtzuerhalten. Auf vorgeschobenem Posten bereitete diese Einheit die Panzerbekämpfung vor. Mit diesen jungen SS-Leuten im Alter von etwa 20 bis 25 Jahren, die eine selbständige und bewegliche

Kampfgruppe zur Panzerbekämpfung bildeten, haben wir uns rasch angefreundet.

Mit unseren beiden Begleitern aus der früheren Anstalt brachen wir schließlich auf, um die Umgebung anzuschauen. Wir besichtigten zuerst den Ort Rimsting, der an den Chiemsee angrenzte. An den nächsten Tagen unternahmen wir etwas weitere Ausflüge am Chiemseeufer entlang. In den kleinen ländlichen Gemeinden fielen wir sofort auf, weil alle in gleiche Trainingsanzüge gekleidet waren und mit einheitlich gleichlangen Haarschnitten auftraten. Außerdem verständigten wir uns, so gut es ging, in englischer Sprache, nicht etwa zur Angabe, sondern um in der schulfreien Zeit unsere Englischkenntnisse durch Übung wachzuhalten. Neugierig begleiteten uns Kinder ein Stück des Weges, und Erwachsene blieben stehen und sahen uns erstaunt nach. Nachdem niemand Näheres über den Grund unserer Einquartierung in Rimsting wußte, erkundigte sich der Bürgermeister, um seinen Ort besorgt, beim Gastwirt, bei dem wir untergebracht waren. Er wollte wissen, woher wir gekommen seien, weshalb wir uns hier in Rimsting aufhielten und welche weiteren Absichten wir hätten. Sorgen um den Ort hätte er schon genug mit dem SS-Stoßtrupp auf dem Grundstück des Wirtes, der bei den Bewohnern ständig im Gespräch sei und genau beobachtet würde, äußerte er sich. Die Bewohner und auch er wollten nicht, daß der Ort verteidigt werde. Durch die Anwesenheit des SS-Stoßtrupps sei die Anspannung im Ort vor dem Einmarsch der Amerikaner ohnehin groß. Nach persönlicher Kontaktaufnahme mit unseren Begleitern schien er beruhigt zu sein.

Die zum Teil großzügigen Ferien- und Bootshäuser am Ufer des Chiemsees beeindruckten uns sehr. Sie waren in diesen letzten Kriegstagen oder schon etwas länger von ihren Eigentümern aus München und Rosenheim wegen ständiger Bombenalarme und Kriegszerstörungen in diesen Städten nun ständig bewohnt. Unsere Phantasie, eines der vielen Boote aus einem Bootshaus zu entführen und auf den See hinaus zu rudern, war schnell angeregt, und wir waren entschlossen, dies bald ohne Erzieher in die Tat umzusetzen.

Am nächsten Tag wanderten wir nach Prien. Dieses Städtchen, direkt am See gelegen, gefiel uns außerordentlich gut, und wir bedauerten, nicht mehr Zeit zum längeren Verweilen zu haben, denn zum Abendessen mußten wir pünktlich zurück im Gasthaus sein.

Einen großen Schock löste am Abend des 1. Mai 1945 die Nachricht aus, daß der „Führer“ tags zuvor im Abwehrkampf um Berlin gefallen sei. Unsere Begleiter sprachen jetzt auch zum erstenmal vom nahen Kriegsende, da nun viele Wehrmachtsangehörige den auf den „Führer“ abgelegten Eid als nicht mehr bindend betrachten würden, ganz entgegen unserer festen Überzeugung, daß der Eid auch für den Nachfolger Dönitz gelten müßte. Der Englisch- und Geschichtslehrer aus Bremen, der uns von der neuesten Entwicklung berichtet hatte, stellte zu diesem Zeitpunkt seine Gedanken, wie er uns erst später offenbarte, bereits darauf ab, wie er zusammen mit den Kameraden aus Nord- und Westdeutschland nach dem kurz bevorstehenden Einmarsch der Amerikaner heimkehren könnte. Der Luftwaffenstab verfügte über einen Bus mit Fahrer, den er bereits in seine Planung einbezogen hatte. Um später an den Bus zu gelangen, hatte er vorher bereits mit dem Oberst Kontakt aufgenommen und stillschweigend vereinbart, daß dieser, der Fahrer des Busses und ein weiterer, ebenfalls aus Norddeutschland stammender Offizier nicht in Gefangenschaft gehen, sondern als Lehrer des Kinderlandverschickungslagers ausgewiesen werden sollten. Der Busfahrer sollte Fahrer der Gruppe bleiben. Unser Begleiter verfügte über Blankoausweise für Lehrer. Vertraut gemacht wurden wir mit diesen Vereinbarungen erst kurz vor dem Eintreffen der Amerikaner, damit wir die drei Herren eventuell identifizieren konnten. Der feldgraue Militärbus sollte sofort nach dem Einmarsch der GIs in weißer Leuchtfarbe mit „Children's return train“ beschriftet werden. Treibstoff in 200-Liter-Fässern sollte vorab besorgt und sichergestellt werden.

An den ersten Maitagen des Jahres 1945 hatte es noch einmal kräftig geschneit. Wiesen und Dächer waren schneebedeckt, und auf den Straßen lag Schneematsch. Der SS-Trupp in unserer Nachbarschaft bereitete sich auf den Umzug außerhalb des Ortes vor, um dort Stellung zu beziehen. Man forderte uns auf, den Bereitstellungsraum an der Straße nahe einem kleinen Wald, der auch Rückzugsmöglichkeiten bot, zu besichtigen. Dort dürften wir auch eine Panzerfaust abschießen und einige MG-Salven abfeuern. Wir deuteten an, nur die Trainingsanzüge, die wir trugen, zu besitzen, worauf uns der Untersturmführer sogleich Ersatzuniformen anbot. Während wir die Verhandlungen mit den SS-Leuten führten, räumten andere Kameraden aus dem Verpflegungslastwagen einige Konservendosen zur

Aufbesserung unseres Essens ab und schafften diese in unser Lager. Als sich die Kameraden nach Gelingen unserer Vorratsaufbesserung wieder zu uns gesellt hatten, gaben wir vor, die Genehmigung unserer Erzieher einholen zu müssen. Wieder zurück, erklärten wir, zu unserem großen Bedauern keine Bewilligung erhalten zu haben. Der SS-Trupp zog in die Bereitstellung ab, und wir boten den anderen Kameraden beim Abendessen glückstrahlend die eben geklauten Fleischkonservendosen als Aufbesserung unseres Essens an. Unsere Erzieher fragten zwar nach deren Herkunft, gaben sich jedoch zufrieden, als wir erklärten, die SS-Kameraden hätten sie beim Abzug für uns gespendet.

An diesem Abend, nach dem Essen, merkten wir, daß auch im Luftwaffenstab in unserer Nachbarschaft aufgeräumt wurde. Es startete ein „Festmahl", in dessen Verlauf Weine und Spirituosen auf den Tisch kamen und weit in die Nacht hinein laut und ausgiebig gefeiert wurde. Das bedeutete offensichtlich das Aus für den Luftwaffenstab. Am gleichen Tag waren außerdem die Flüge der „Bücker Bestmann" eingestellt und verlegt worden.

Am nächsten Morgen herrschte in aller Früh hellste Aufregung im Ort, denn Unbekannte hatten bei Nacht eine weiße Fahne auf dem Kirchturm gehißt. Der SS-Untersturmführer und der Scharführer waren mit dem Krad in den Ort gekommen und forderten vom Bürgermeister, die weiße Fahne unverzüglich zu entfernen. Das Militär werde jedenfalls weiterhin vor dem Ort die Amerikaner bekämpfen. Schnell fanden sich für die damalige Zeit und unter den gegebenen Umständen mutige Männer und Frauen bei der Kirche ein und versuchten in Sorge um ihren Ort, die SS-Leute zu überreden, die Fahne auf dem Kirchturm zu belassen. Diese blieben hart und befahlen noch einmal die sofortige Entfernung, ansonsten drohe dem Bürgermeister die Verhaftung und Vorführung vor ein Kriegsgericht. Eingeschüchtert von dieser brutalen Drohung, entfernte einer der Versammelten rasch die Fahne.

Wieder einen Tag später fielen außerhalb des Ortes, in westlicher Richtung, erste Schüsse, die von Bordkanonen der Flugzeuge abgegeben worden waren; wenig später tauchten Tiefflieger auf und überflogen den Ort. Sie verschwanden so rasch, wie sie aufgetaucht waren, und die Lage beruhigte sich wieder. Jetzt aber setzte plötzlich außerhalb des Ortes das Dröhnen von Panzermotoren ein. Auf dem

Kirchturm hißte zum zweitenmal ein Mutiger eine weiße Fahne, für die anrückenden Amerikaner ein Zeichen der Ergebung. Über einen weithin reichenden Lautsprecher, der im ganzen Ort gut zu hören war, wurde der Bürgermeister wiederholt in deutscher Sprache aufgefordert, mit einer weißen Fahne zum Ortsrand zu kommen, um damit kundzutun, daß der Ort nicht mehr verteidigt werde.

Nach geraumer Zeit eilte der Bürgermeister in Sorge und Verantwortungsbewußtsein um seinen Ort mit einem weißen Tuch zum Ortsrand, und schon wenig später fuhr der erste amerikanische Panzer sehr langsam in Rimsting ein, vorne darauf der Bürgermeister, das weiße Tuch in der Hand schwenkend, während vom Panzerkommandanten selbst oben an der Luke nur der Stahlhelm ein wenig zu sehen war. Wir verweilten voller Ungewißheit über das Kommende in einem Keller, wohin wir uns nach einem öffentlichen Aufruf hatten zurückziehen müssen. Dieses deprimierende „Schauspiel" des Einzugs der Amerikaner erlebten wir mit großer Angst, zugleich erfüllte uns Trauer, weil wir den Feind untätig in das Vaterland einziehen lassen mußten. Für uns von der Napola waren die amerikanischen Truppen keine Befreier, wovon auch? Vielmehr nahmen sie uns, wofür wir gelebt hatten und erzogen worden waren. Nach und nach rollten weitere Panzer an uns vorbei in das Ortszentrum, während Tiefflieger ständig den Ort überflogen; dann folgten Jeeps und Mannschaftswagen.

Die amerikanischen Soldaten saßen ab, verteilten sich hinter den Häusern und gingen in Deckung. Es folgten über Lautsprecher weitere Aufrufe, daß deutsche Soldaten mit erhobenen Händen aus den Häusern und Verstecken hervortreten und die Waffen am Straßenrand niederlegen sollten. Dieser Aufforderung kamen die Angehörigen des Luftwaffenstabes aus unserem Haus nach und ergaben sich, ohne den Oberst, einen weiteren Offizier, den Busfahrer und die Luftwaffenhelferinnen, so wie es vereinbart worden war. Die Amerikaner durchsuchten die sich ergebenden Luftwaffenangehörigen nach Waffen und befahlen ihnen, einen Lastkraftwagen zu besteigen. Nachdem den Amerikanern das Betreten von Häusern, auch nicht der Räume des Luftwaffenstabes in unserem Gasthaus, noch zu gefährlich war, suchten wir diese Räume rasch auf, durchstöberten sie und bemächtigten uns zurückgelassener militärischer Auszeichnungen sowie der großen Fliegerkarte an der Wand, in der Überlegung, Kartenmaterial für eine spätere Rückkehr in unsere Heimat zu haben. Wohl oder übel würden wir aller Voraussicht nach zu Fuß dorthin aufbrechen müssen, da die Bahnanlagen durch Kriegszerstörungen unterbrochen und Brücken über die Flüsse zerstört waren. Es bestand auch keine Aussicht auf rasche Wiederinbetriebnahme, abgesehen davon fehlte uns für eine Fahrkarte auch das Geld. Mit dem zuständigen amerikanischen Offizier fanden tatsächlich schon sehr bald Verhandlungen über Rückführungsmöglichkeiten mit dem grauen Bus des Luftwaffenstabes statt, der dies jedoch zuvor mit seinem Vorgesetzten abklären mußte.

Eine neue Lage in unserer sehr einfachen und beengten Unterkunft trat ein, als sich herausstellte, daß die „Blitzmädchen" von nun an die weiblichen Betreuerinnen des Lagers werden sollten. Der Wirt des Gasthauses, in dem auch wir untergekommen waren, hatte den „Luftwaffenlehrern" und damit auch den „Luftwaffenbetreuerinnen" die Zimmer gekündigt, nachdem niemand mehr für die Bezahlung zuständig war. Notgedrungen mußten diese Mädchen deshalb in unser Lager aufgenommen werden und „wohnten", wie unsere Begleiter, auf der Bühne, die mit einem Vorhang vom Saal optisch abzutrennen war. Die Eingliederung in unser Lager war auch wegen der Lebensmittelzuteilung notwendig.

Unser Tagesablauf änderte sich schlagartig. Schon am nächsten Tag wurden wir von der Ortsverwaltung auf Veranlassung der Amerikaner zum Einsammeln aller umherliegender Waffen und Munitionen herangezogen und angewiesen, diese auf einer großen Wiese in unmittelbarer Nähe des Gasthofes, in einem mit Stacheldraht umgebenen Areal, geordnet abzulegen. Zu dieser Tätigkeit wurden nur die älteren Kameraden, die noch nicht in ihre Heimatorte abreisen konnten, herangezogen. Den Zugang zum Waffenlager bewachten zwei amerikanische Soldaten in ihrer bekannt ungezwungenen Art. Kurzerhand schleppten sie aus dem Gasthaus einen Tisch und zwei Stühle herbei, ließen sich lässig nieder und legten dann noch ihre Füße und die Maschinenpistolen auf dem Tisch ab. An militärischen Drill gewohnt, fiel uns diese „Disziplinlosigkeit im Militärdienst" sofort auf. Selbst wenn ein Offizier zu ihnen trat, standen sie nur langsam auf und grüßten locker – ein Verhalten, das bei uns auf völliges Unverständnis stieß. Mit den Wachposten wagten wir erste Gespräche in englischer Sprache und merkten sehr bald, daß großes Interesse an Wehrmachtsauszeichnungen bestand, von denen wir beim

Luftwaffenstab nach dessen Abzug einige abgeräumt hatten. Wir führten intensive Tauschgespräche und wurden schließlich einig, Auszeichnungen und Hoheitsabzeichen gegen Kaugummi, Schokolade und Zigaretten einzuhandeln. Die Zigaretten wiederum eigneten sich vorzüglich zum Eintauschen von Lebensmitteln bei den Bauern. Bei unseren ersten Tauschgeschäften mit den GIs zahlten wir gleich am Anfang Lehrgeld, als wir unsere Tauschware gegen das Versprechen aushändigten, daß sie am nächsten Tag Zigaretten aus ihren Unterkünften mitbrächten. Doch am nächsten Tag kamen dieselben Soldaten nicht mehr zur Wache, und wir hatten das Nachsehen. Das sollte uns ein weiteres Mal nicht mehr passieren; von nun an wurde verhandelt und bei Einigung nur Zug um Zug getauscht.

Das Geschäft mit den Amerikanern spielte sich gut ein und florierte, so daß wir bald über Waren verfügten, die auch in den Geschäften im Ort gefragt waren und wieder in andere Waren getauscht werden konnten. Dabei standen Zigaretten als Tauschware an oberster Stelle.

Unser Englischlehrer, der Oberst und der Busfahrer waren in der Zwischenzeit unter Mithilfe jüngerer Kameraden damit beschäftigt, aus den abgestellten Militärfahrzeugen Dieselkraftstoff in Kanister abzufüllen und diesen in unserem Gasthaus in 200-Liter-Fässern zu horten. In dieser entbehrungsreichen Zeit stand das Sprichwort „Not macht erfinderisch“ auch bei Diebstahl gerade. Der Bus wurde mit weißer Farbe beidseitig und hinten mit „Children's return train“ beschriftet. Als nächstes wurden die Kameraden aussortiert, die im Westen und Norden beheimatet waren. Es waren über fünfzig, die den Bus nacheinander in den anzufahrenden Städten, die ihren Heimatorten nahe lagen, verlassen sollten. Gleichzeitig bemühte sich der Englischlehrer beim Kommandanten der amerikanischen Einheit um einen Passierschein für die Lehrer und Kameraden sowie um eine Fahrgenehmigung für den Bus, der noch mit den Wehrmachtskennzeichen versehen war. In wenigen Tagen waren die Heimreise organisiert, von den Amerikanern abgesegnet und Verpflegung besorgt. In der Früh des nächsten Tages sammelten sich die Mitreisenden zur Abfahrt und verstauten vorher neben den sperrigen Dieselfässern ihr Gepäck, wozu der übriggebliebene Stauraum leicht ausreichte, denn ihre Habe war klein geworden. Zwei „Blitzmädchen“, die ebenfalls aus Norddeutschland stammten, alle „Lehrer“, die ausgewählten Kameraden und der Busfahrer verabschiedeten sich, und die Fahrt in die Heimat konnte beginnen.

Unser „Restlager" war sehr klein geworden: nur mehr ein Erzieher, ein „Blitzmädchen" und 15 der ältesten Kameraden der einstigen Napola-Anstalt waren zurückgeblieben. Ratlos, wie es weitergehen sollte, saßen wir freudlos und bedrückt beisammen. Plötzlich betrat der uns schon bekannte amerikanische Offizier mit zwei Soldaten unser Lager und beschlagnahmte, ohne Rücksicht, wo wir bleiben sollten, unseren Schlafsaal als Unterkunft für seine GIs. Wir wurden regelrecht hinausgeworfen und hatten bis Mittag den Saal zu räumen. Auch der Nebenraum, in dem der Luftwaffenstab untergebracht gewesen war, wurde als Kasino beschlagnahmt. Zu Mittag standen wir mit unseren Rucksäcken auf der Straße und wußten nicht, wohin. Kaum, daß man uns hinausgeworfen hatte, trugen die Amerikaner unsere Stockbetten mitsamt den Strohmatratzen, den Decken und einschließlich der strohgefüllten Kissen in das Freie und zündeten alles an. Als Ersatz schafften Soldaten neue aufklappbare Feldbetten heran. Händeringend flehte unser Erzieher den von der Besatzungsmacht neu eingesetzten Bürgermeister um ein Quartier an. Dieser konnte uns nicht weiterhelfen und meinte, die einzige Chance wäre, in der Scheune eines Bauern unterzukommen. So zogen wir von Bauernhof zu Bauernhof und erhielten immer wieder Absagen. Die Bauern waren nur an Arbeitskräften interessiert, wir aber wollten zusammenbleiben und unsere Heimreise vorbereiten.

Rimsting am Chiemsee – Notunterkunft in der Scheune über dem Stall (Aufnahme im Mai 2004)

Kurz vor Einbruch der Dämmerung erhielten wir von einer Kleinbäuerin mitten im Ort die Zusage, in ihrer Scheune nächtigen zu dürfen. Auf dem Hof arbeitete ein ehemaliger französischer Kriegsgefangener, der die gewonnene Freiheit noch nicht nützen wollte und die unsichere Zeit für seine Heimreise verstreichen ließ. Er wies uns einen Platz in der Scheune zu und ermahnte eindringlich, uns nicht weiter auszubreiten und keinesfalls zu rauchen. Die Fläche, die wir belegen durften, war sehr klein, so daß wir eng beieinanderliegen mußten. Trotzdem waren wir froh, für die ersten noch kühlen Nächte ein Dach über dem Kopf gefunden zu haben.

Am nächsten Morgen schien die Sonne aus einem wolkenlosen Himmel, doch Dunst hatte sich in der nächtlichen Kühle über dem See gebildet, der einen Schleier über das Wasser legte. Wir wuschen uns am Brunnen in der Mitte des kleinen Hofes. Das Mädchen war es bei der Luftwaffe gewohnt, unter Männern zu sein, und hatte auch jetzt keine Scheu, sich ebenfalls „oben ohne“ mit uns zu waschen. Wir gewöhnten uns an diesen Anblick und freuten uns jeden Tag darüber. Der Erzieher kaufte bei der Bäuerin inzwischen Kartoffeln und lieh einen alten Waschkessel aus. Wir schürten in der Zwischenzeit im Garten ein Feuer, füllten den Topf mit Wasser und kochten die Kartoffeln über dem Feuer darin gar. Jeder bekam zum Frühstück Pellkartoffeln und Milch, die wir gegen Zigaretten eingetauscht hatten. Wieder war ein neuer Anfang gemacht.

Unser Erzieher, den wir auf etwa 45 bis 50 Jahre schätzten, hatte seine Familie in der Nähe von Neubeuern in einer Wohnung untergebracht. Immer wieder versicherte er, uns Übriggebliebene solange zu betreuen, bis wir heimreisen konnten. Er hatte von der Anstaltsleitung für unsere Verpflegung Geld bekommen, doch was war Geld damals noch wert? In einer Lagebesprechung bat er uns, weiter zu versuchen, mit den Amerikanern handelseinig zu werden und gab dafür viel Freizeit. Wir streiften durch den Ort und kamen auch zu dem Waffenablagerungsplatz, der immer noch schlecht bewacht war. Dort versuchten wir, an Pistolen, Munition, Dolche und Orden heranzukommen, denn die GIs, unsere Tauschpartner, waren an allen Sachen interessiert, die mit einem Hakenkreuz oder anderen Militärsymbolen versehen waren. Sehr erstaunt waren wir, daß sie selbst aus den Händen von uns Halbwüchsigen Pistolen und Munition entgegennahmen und über den „Preis“ verhandelten.

Bei diesen Handelsgesprächen mit den Amerikanern erfuhren wir auch, daß der Krieg endgültig vorbei sei, das war am 9. Mai 1945. „The war is over", ließen sie uns wissen. Nachrichten und Informationen hatten wir nicht, da wir weder über ein Radiogerät noch über Zeitungen verfügten. Bei unseren Kontaktgesprächen händigten uns die Amerikaner ein kleines graues Heftchen aus mit dem Titel „keep your eyes open". Dieses übersetzten wir, als wir in unser Notlager zurückgekommen waren, gemeinsam mit unserem Erzieher. Es war eine Aufklärungsschrift für die amerikanischen Soldaten, die über Eigenheiten des eroberten Landes berichtete und verschiedene Verhaltensregeln aufzählte. Wir erfuhren daraus, für wie gefährlich die Amerikaner die Deutschen als Nationalsozialisten hielten. Die Soldaten sollten mit Frauen keinen Kontakt knüpfen, da sie in Hinterhalte gelockt und dann umgebracht würden. Ohne Waffen und einzeln sollten sie sich nicht öffentlich bewegen. Besonders gefährlich seien Jugendliche im Alter von 14 bis 18 Jahren. Es handle sich um gut ausgebildete Wehrfähige, die unter dem Namen „Werwölfe" überall auftauchen könnten, stand zu lesen. Stolz erfüllte uns wegen dieser Einschätzung der deutschen Jugend, hatten aber auch viel Spaß am Inhalt des Heftchens, und es gab einiges zum Lachen. Gleichzeitig fragten wir uns, was die GIs bewogen haben könnte, uns dieses Heftchen auszuhändigen. Wollte man damit andeuten und warnen, uns durchschaut zu haben, den Tauschhandel nur vorzutäuschen, um sie über diesen Kontakt in irgendeiner Weise auszunützen?

Unser Leben hier war völlig sinnlos geworden und hatte keine Zukunft mehr. Noch vor Eintritt der kühleren Herbsttage müßten wir das Notlager aufgeben. Außerdem konnte unser Erzieher uns nicht endlos betreuen, denn auch er wollte zu seiner Familie zurückkehren. Wiederholt beteuerte er zwar, solange hier zu bleiben, bis die Nachkriegswirren eine Rückkehr in unsere Heimat auf irgendeine Weise zuließen. Dazu kam, daß sich unsere Sehnsucht nach der Heimat und unseren Eltern von Tag zu Tag steigerte.

Deshalb schlossen wir vom Sudetenland uns zusammen – es waren Heinz G., Hans Cz. und ich, Karl D. – und begannen in dieser hoffnungslosen Lage und angesichts der Aussichtslosigkeit, daß sich am derzeitigen Zustand bald etwas ändern könnte, unsere gemeinsame Heimkehr zu planen und systematisch vorzubereiten. Anhand eines Kartenausschnittes des Luftwaffenstabes besprachen wir die einzuschlagenden Wege, die Kilometer maßen wir mit einem Papierstreifen, auf den wir die Maßstabkennzeichnung der Landkarte aufgetragen hatten, um so die Entfernungen einschätzen zu können. Die einzelnen Kilometerabmessungen schrieben wir in einem Tagebuchkalender auf und legten so die Etappenziele fest. Freilich mußten auch Zuschläge eingerechnet werden, da wir nicht wußten, ob Flußübergänge noch vorhanden und welche Umwege zu Brückenprovisorien zu machen wären. Wie würde es mit der Verpflegung aussehen? Geld vom Erzieher würden wir nicht bekommen, da er unsere Kameraden weiter versorgen mußte. Was war Geld noch wert? Wie gefährlich war der Weg, nachdem die Gefängnisse, Konzentrations- und Gefangenenlager geöffnet worden waren? Viele dieser Leute würden sich, wenn nötig, mit der Waffe den Weg freischießen. Das Tragen einer Waffe wäre in dieser gefährlichen Nachkriegszeit ratsam gewesen, war jedoch verboten. Trotz gegebener Umstände wäre es zu gefährlich gewesen, mit einer Waffe angetroffen zu werden; dies hätte die sofortige Einlieferung in ein Gefangenenlager zur Folge gehabt.

Je mehr wir bei der Planung in die Details gingen, um so größere Ängste und Unsicherheiten traten zu Tage, die uns fast entmutigten. Würden unsere Kinderlandverschickungslager-Ausweise bei Kontrollen ausreichen, oder schätzten uns die Amerikaner als „Werwölfe“ ein? In welcher Zeit würden wir die 380 bis 400 km zu Fuß zurücklegen können? Was geschähe, wenn es länger regnen sollte und wir keinen Regenschutz besäßen? Was tun, wenn einer von uns krank wird?

Dann trat ein völlig unerwartetes Ereignis ein, welches unser Vorhaben gänzlich in Frage stellte. Wir bemerkten eine intensive Annäherung des „Blitzmädchens“ an unseren Hans. Beide schliefen nebeneinander im Heulager, wo es sehr eng zuging, wie ich schon berichtet habe, und schmusten auch tagsüber im Beisein des Erziehers. Ab dieser Zeit interessierten Hans, Hals über Kopf verliebt, die Planung und die Inangriffnahme unseres Heimweges überhaupt nicht mehr.

Hinzu kam fast gleichzeitig, daß Heinz bei einem Streifzug am Ufer des Chiemsees ein Ehepaar kennengelernt hatte, das ein Ferienhaus am See besaß. Auf dem Grundstück befand sich auch ein Bootshaus mit einem Ruderboot. Durch die zunehmende Bedrohung aus der Luft waren die Besitzer dieses Anwesens von München hierher gezogen. Ihnen wurde unsere mißliche Lage bekannt, daß wir fern unserer Heimat sehr mangelhaft untergebracht und versorgt wären und daß zur Zeit auch keine Möglichkeit der Rückführung in die Heimat bestünde. Sie baten Heinz, in ihrem Garten gegen Geld und Essen öfter zu helfen. Dabei erfuhr das Ehepaar, daß die Heimreise zu Fuß schon fest geplant sei und kurz bevorstand, ohne daß wir wußten, ob dort wenigstens noch die Mutter anzutreffen war; der Vater wäre ohnehin noch in Gefangenschaft. Heinz erzählte über seine Herkunft, daß sein Vater RAD-Führer (Reichsarbeitsdienst), seine Mutter zu Hause Lehrerin und er bis Kriegsende in der Napola Neubeuern war. Das Ehepaar fand an dem gut erzogenen, sportlichen und bescheidenen Jungen Gefallen und zeigte Fotos seines einzigen Sohnes in Bergsteigerausrüstung. Traurig fügten beide hinzu, daß er gefallen sei und sie jetzt für ihre Buchhandlung in München keinen Nachfolger mehr hätten. Schließlich machten sie Heinz den Vorschlag, in ihr Haus zu ziehen und dort abzuwarten, wie sich alles weiterentwickle. Später könnten sie auch versuchen, über die Bleibe der Mutter und des Vaters nachzuforschen. Sie garantierten den Gymnasiumsbesuch und später ein Studium. Das Ehepaar schilderte die Zustände in der Tschechoslowakei, wo Deutsche mißhandelt und in Arbeitslager verschleppt würden.

Verzweifelt und nervös kam Heinz abends in die Scheune zurück, fand in dieser Nacht keinen Schlaf und drehte sich unruhig auf dem engen Strohlager von einer Seite auf die andere. Ich merkte sehr rasch, daß er Probleme mit sich trug. Schließlich erzählte er mir am Morgen von dem Angebot des Ehepaares. Hilfesuchend bat er mich, ihn zu begleiten und ihm beizustehen, wenn er den beiden den Grund der Nichtannahme des großzügigen Angebotes erklärte. Trotz aller Unsicherheiten wolle er nach reichlicher Überlegung mit in die Heimat zurückkehren, nach der er sich übermächtig sehne. Mein Rat war, zunächst selbst zu einer klaren Entscheidung zu kommen, um dann gefestigt, ohne spätere Reue, sich für die Großzügigkeit zu bedanken und zu verabschieden. Gleichzeitig machte ich ihm ganz deutlich, daß ich nicht mehr länger hier am Chiemsee bleiben würde, wolle seine Entscheidung aber noch abwarten.

Zwei Tage dauerte es, bis er sich nach langem Abwägen und schmerzlichem Abschied zum Heimweg entschloß. Er war sehr schweigsam geworden. Eingehend sprachen wir noch einmal mit Hans, der aber nicht mehr zu einer Heimkehr zu bewegen war. Am Ende unserer Vorbereitungen suchten wir das Gespräch mit dem Erzieher und eröffneten ihm unseren Entschluß, in den nächsten Tagen zu Fuß in unsere Heimat aufzubrechen. Er gab zu bedenken, daß nach den spärlichen Berichten aus der Tschechoslowakei die Lebensverhältnisse der Deutschen dort derzeit nicht gut seien. Er wolle uns jedoch nicht davor abhalten, heimzukehren. Wir hätten durch die Auftragsfahrt nach Amberg bewiesen, daß wir für uns sorgen könnten, das nötige Durchhaltevermögen besäßen und auch Umsicht walten ließen. Mit dem Wiedereinsatz der Eisenbahn sei auch in nächster Zeit nicht zu rechnen. Gleichzeitig baten wir den Erzieher, mit Hans zu reden, denn wir wären von seiner späteren Reue überzeugt, sich nicht von dem Mädchen losgerissen und mit uns den Heimweg angetreten zu haben. Er sagte zu, noch am gleichen Abend mit ihm und dem Mädchen bei einem Spaziergang zu sprechen, was schließlich die Wende, aber auch ein schmerzhaftes Ende der Beziehung brachte.

Noch am selben Abend verabschiedeten wir uns, um ein Lagerfeuer sitzend, von unseren zurückbleibenden Kameraden, von dem Mädchen und unserem Erzieher, dem wir für die Zeit mit uns und seinen fürsorglichen Beistand großen Dank schuldeten. Es waren Stunden voll Traurigkeit; Traurigkeit des Abschiednehmens von unserer langen Lebensgemeinschaft, die wir in vielen glücklichen und zum Schluß schweren Zeiten zusammengestanden hatten, unendlich große Traurigkeit der Zurückbleibenden, die sehnsüchtig auf eine Möglichkeit zu ihrer Heimkehr warteten, die wir ihnen von Herzen wünschten. Es waren Stunden der Dankbarkeit für das einmalige Gemeinschaftsleben mit freudigen Erlebnissen und gegenseitigem Unterstützen, für die liebevolle Betreuung durch unseren Vorgesetzten sowie für das umsichtige, besonnene und verantwortungsbewußte Fernhalten von Widerlichkeiten und Gefahren der Nachkriegszeit, so gut es möglich war. Daß wir einander wiedersehen und eine gute, lebenswerte Zukunft haben würden, war unsere große Hoffnung.

Die Heimkehr

Anfang Juni, in der Früh um fünf Uhr, verließen wir drei vom Sudetenland die Scheune, ohne jemanden zu wecken. Nur unser Erzieher war aufgestanden, verabschiedete uns per Handschlag und wünschte unserem Vorhaben gutes Gelingen. Lange sah er uns winkend nach, bis wir aus seinem Sichtfeld traten. Von Rimsting aus wanderten wir zunächst am nördlichen Chiemseeufer entlang und änderten dann bei der nächsten Wegabzweigung die Richtung. Unser erstes Ziel war Natzing. Straßen mieden wir, wo es ging, wegen häufiger Patrouillenfahrten der Amerikaner. Gleich zu Beginn tat uns der Kompaß aus der Anstalt gute Dienste, um auf den Wiesen- und Waldwegen den richtigen Kurs zu halten. Genauso unentbehrlich erwies sich von Anfang an die mitgeführte Landkarte der Luftwaffe. Ständig beschäftigten mich beim Gehen diese beiden Wanderutensilien, die sich vorzüglich bewährten. Gespräche gab es fast keine; zu sehr beschäftigte uns noch das Zurückgelassene: Heinz das Buchhändlerehepaar, Hans die Freundin und mich meine glückliche Internatszeit in Oberbayern. Im Rucksack hatten wir noch einige gekochte Kartoffeln vom Vorabend verstaut, die uns beim Dahinschreiten schmeckten. Angenehm wärmend empfanden wir die aufgehende Morgensonne, die den Tau auf den Wiesen langsam aufsog. Die Wiesenwege waren noch feucht, und unser Atem dampfte in der kühlen Frühlingsluft.

Die täglichen Wegziele waren nach unserer Planung auf der Fliegerkarte vermerkt, mit Angabe der mit dem Maßstreifen ermittelten Kilometer bis zum nächsten Ort bzw. zur nächsten Wegänderung. Unter Abwägung möglicher unvorhergesehener Umstände kamen wir bei der Festlegung der täglich zu bewältigenden Wegstrecke auf mindestens 20 Kilometer. Bei einer großzügig angesetzten Marschzeit von 15 Minuten je Kilometer waren das fünf reine Gehstunden am Tag. In unsere Überlegung bezogen wir freilich auch ein, daß wir mittellos, ohne Essen und Trinken, ohne Geld für eine Übernachtungsmöglichkeit unterwegs waren und wahrscheinlich viel Zeit für das Betteln und Suchen nach Trinkbrunnen aufwenden mußten. Deshalb war die Bemessung der reinen Gehzeit zunächst nicht höher anzusetzen. Ruhepausen von etwa 10 Minuten waren alle fünf Kilometer vorgesehen. In unserer Anstalt war uns vermittelt worden, bei Wanderungen mit den Kräften besonders bei geringer Nahrungsaufnahme hauszuhalten. Auch das spielte bei der Zeit- und Streckenfestlegung eine wichtige Rolle. Eine weitere Überlegung war – falls für das Überleben keine andere Möglichkeit mehr bestünde –, unsere Arbeitskraft gegen eine Mahlzeit einzutauschen, wodurch freilich unser Zeitplan gänzlich umgeworfen werden würde. Geld hätte uns nicht weiter geholfen, es war wertlos geworden, nur noch der Tauschhandel blühte.

So versuchten wir gleich in Natzing, dem ersten Ort, den wir erreichten, zu betteln. Gehemmt steuerten wir gemeinsam einen Bauernhof an, wo uns der Hund von weitem witterte. Er lief wild bellend hin und her, von einer Kette zurückgehalten, die an einem zwischen Tor und Wohnhaus gespannten Drahtseil an Laufrollen befestigt war. Niemanden ließ er näher an das Bauernhaus herankommen. Gewiß hatte man uns durch die Fenster bemerkt und wußte um unser Begehr, doch kein Mensch ließ sich sehen oder hören. Wir ahnten damals noch nicht, daß stündlich Bettelnde bei Bauernhöfen anklopften.

Beim nächsten Hof, wo der Bauer gerade im Freien arbeitete, versuchten wir es wieder. Auf unsere Bitte nach Brot oder Kartoffeln bekamen wir gleich am ersten Tag unseres soeben begonnenen Fußweges zu hören, daß täglich viele bettelnd vorbeikämen, die alle zu verköstigen auch sie, die Bauern, nicht imstande wären. Schließlich erlaubte uns der Bauer, am Brunnen Wasser zu trinken, uns etwas zu erfrischen und unsere Feldflaschen nachzufüllen. Als er unsere Geschichte hörte, daß wir aus einem Kinderlandverschickungslager am Chiemsee kämen und zu Fuß den weiten Heimweg in das Sudetenland antreten müßten, da sich niemand mehr um uns gekümmert habe, rief er der Bäuerin zu, uns ein Stück Brot zu bringen. Dankbar für das Geschenk, erinnerten wir uns an das „Vergelt's Gott", das uns durch die Erziehung in der Anstalt fremd geworden war. Schon lange Zeit hatten wir dieses Dankesagen nicht mehr über die Lippen gebracht. Das Trockenbrot aßen wir heißhungrig noch im Hof auf, um zu zeigen, wie schlecht es uns ging. Dann wünschten wir Gesundheit und eine gute Zeit. Wir verließen den Hof; immer noch hungrig, suchten wir einen weiteren Bauernhof in einiger Entfernung auf und erhielten dort aus einem Kartoffeldämpfer Kartoffeln, die als Schweinefutter Verwendung finden sollten. Wir legten davon einige als Vorrat für den Abend zurück, und zusammen mit den restlichen Kartoffeln vom Vorabend hatten wir für diesen Tag ausgesorgt.

Mit der Essensbeschaffung und einer Pause verging eine Stunde, so daß wir mit der Marschzeit zweieinhalb Stunden unterwegs waren. Es war 8.30 Uhr, und wir marschierten von nun an zügig ohne weitere Unterbrechung weiter. Die Bauern, vor allem Altbauern und Helfer, waren mit den ersten Mäharbeiten auf den Wiesen beschäftigt. Auf ihre Frage nach dem Woher und Wohin erzählten wir freimütig von unserem Vorhaben, worauf sofort der Vorschlag folgte, zur Heumahd gegen Unterkunft und Essen auf dem Hof zu bleiben und zu helfen. Unsere Erwiderung, daß wir unbedingt ohne Verzögerungen heim wollten, weil sich die Mütter um unser Verbleiben sorgten, nachdem wir voneinander nichts mehr gehört hatten, kümmerte die Bauersleute nicht im geringsten. Ihre Probleme bestanden nur darin, Arbeitskräfte für die im Frühjahr mehr und mehr anstehenden Arbeiten auf dem Hof und den Wiesen gegen Essen und Übernachtung zu finden. Zum großen Teil hatten die zuvor eingesetzten ausländischen Kriegsgefangenen nach dem Einmarsch der Amerikaner die Bauernhöfe verlassen, um wie wir nach Hause zu trachten, und andererseits waren die Bauern oder deren Söhne zum Teil noch nicht vom Kriegsdienst zurückgekehrt.

Schon an diesem ersten Vormittag erkannten wir die enormen Schwierigkeiten, völlig mittellos unterwegs zu sein und jeden Tag um Verpflegung betteln zu müssen. Unter diesen Umständen bezweifelten wir gleich zu Beginn unseres langen Heimweges in das Sudetenland, unser Ziel in absehbarer Zeit und im gesteckten Rahmen zu erreichen. Solche Gedanken schoben wir rasch zur Seite, denn Grübeln half nicht weiter. Wir setzten den Weg abseits und östlich der Straße nach Eggstätt fort und legten von Natzing bis dorthin 2,5 km in etwa 35 Minuten zurück. Es war 9 Uhr. Diesen Ort umgingen wir östlich und folgten der Straße nach Pavolding in sicherem Abstand. Immer wieder sahen wir auf der weiter entfernten Straße Militärfahrzeuge der Amerikaner, die wir meiden mußten. Der Karte nach waren von Eggstätt bis Pavolding etwa 7 km zurückzulegen, wegen der gewählten Umwege über Wiesen und Wälder, doch möglichst nahe an der Verbindungsstraße, rechneten wir mit zwei Stunden.

Auf den abseitigen Wegen begegneten wir immer wieder Männern in Soldatenkleidung, jedoch ohne Schulterstreifen, Adler und Rangabzeichen. Mancher trug zur Tarnung einen Rechen über der Schulter, ein anderer eine Sense mit Wetzsteinhorn und Wetzstein. Wir waren der Überzeugung, daß alle das gleiche Ziel – Heimat – wie auch wir hatten. Einer dieser Heimkehrer fragte uns, alle drei in gleiche Trainingsanzüge gekleidet, woher wir kämen und weshalb wir unterwegs wären. Wir erzählten unsere Geschichte von der Kinderlandverschickung, worauf er uns anvertraute, mit allen Mitteln der drohenden Gefangenschaft entgehen zu wollen, da er in seinem bäuerlichen Anwesen am Chiemsee dringend gebraucht werde. In diesem Zusammenhang wußte er zu berichten, daß die patrouillierenden Amerikaner jeden aufgriffen, der sich nicht mit einem Entlassungsschein ausweisen konnte, ansonsten würden sie ihn für einen Wehrmachtsangehörigen halten. Sie schreckten auch nicht vor der Festnahme Jugendlicher zurück, hinter denen sie „Werwölfe" vermuteten. Besonders gefürchtet unter den zahlreichen Gefangenenlagern sei Bad Kreuznach, wo man die Gefangenen in scharf bewachten und sicher umzäunten Lagern, ohne Barackenunterkunft, unter freiem Himmel und ohne Essen sogar verhungern ließ. Er bestärkte uns darin, nur Nebenwege zu benützen, da die Amerikaner nur an Straßen Sperren errichteten und sich nie im freien Gelände, auf Wiesen- oder Waldwegen fortbewegten. Auf unsere Frage, wie er sich ernähre, stöhnte er und fügte hinzu, daß es außerordentlich schwierig für einen Erwachsenen sei – wir schätzten ihn auf 25 Jahre –, ohne Mitarbeit am Hof etwas zum Essen zu erbetteln. Er gab uns dann noch den Rat, nie gleichzeitig zu dritt in einem Hof aufzutreten und zu betteln. Wenn einer bettelte, sollten die beiden anderen inzwischen die Hühnernester nach Eiern absuchen, die, auch roh gegessen, sehr nahrhaft und sättigend seien. Durch diese aufschluß- und hilfreiche Begegnung erreichten wir erst gegen Mittag mit Verzögerung die Nähe des Ortes.

Mittlerweile war es sehr warm geworden, unser Durst war groß und das in Feldflaschen mitgeführte Wasser aufgebraucht. Sogleich beherzigten wir den eben erhaltenen Rat und gingen getrennt in den Ort. Das „Nesträubern" wagten wir in der Mittagszeit nicht, wenn alle beim Essen saßen. Das war nur ratsam, wenn der Bauer und seine Helfer draußen auf den Feldern arbeiteten und die Bäuerin allein auf dem Hof war. Unser getrenntes Vorgehen war erfolgreich, denn als wir nach Mittag am östlichen Ortsrand wieder zusammentrafen, hatte jeder etwas vorzuweisen: Äpfel, Brotscheiben und auch Milch, in die Feldflasche abgefüllt. Überglücklich suchten wir uns einen ruhigen Platz am ortsnahen Wald, um unseren großen Hunger und quälenden Durst zu stillen. Gleichzeitig gestanden wir uns eine Ruhepause von einer halben Stunde zu.

Gegen 13 Uhr setzten wir unseren Fußweg fort, der uns 2 km durch eine landschaftlich reizvolle Gegend in Richtung der Straßenkreuzung Seebruck – Seeon führte. In einiger Entfernung von ihr beobachteten wir, gedeckt von Buschwerk, alle Bewegungen. Nachdem keine verdächtigen Kontrollposten oder Militärfahrzeuge auftauchten, überquerten wir rasch die Kreuzung und liefen wieder durch Wiesen, entlang eines kleinen Sees nahe Seeon, dessen gleichnamiges Kloster am nordwestlichen Ufer durch seine Größe beeindruckte. Nach einem kurzen Bad in dem kleinen See marschierten wir leichtfüßig und erfrischt die Strecke von 2 km bis in die Nähe der Straßenkreuzung Truchtlaching – Rabenden. Von diesem Orientierungspunkt aus setzten wir um etwa 15 Uhr mit größter Umsicht den Weg abseits der Verbindungsstraße nach Rabenden fort, das wir nach 3 km erreichten. Sehr glücklich waren wir, unser angepeiltes Etappenziel von 20 km am ersten Tag erreicht zu haben.

Es war etwa 16 Uhr geworden, als wir zufrieden und sehr müde nach Überqueren der übergeordneten Straße Obing – Altenmarkt ein Nachtlager in einem der dort üblichen Heustadel auf einer Wiese fanden, wo wir uns an der Westseite niederließen. Auf dem von der Abendsonne beschienenen Plätzchen ließen wir uns die Kartoffeln vom Vortag, zusammen mit einem Schluck Milch aus der Feldflasche, schmecken. In der abendlichen Idylle blickten wir auf den abgelaufenen ersten Tag mit vielen Begebenheiten und gemeisterten Schwierigkeiten zurück. Siebzehn solcher Tage, ohne Ruhetag dazwischen, würden für die Bewältigung der Wegstrecke von Rimsting bis in die Heimat unserer Berechnung nach notwendig sein. Den ersten Tag durften wir abhaken. Mit eintretender Dämmerung und fortschreitendem Abend überkam uns eine ungeheuere Gliederschwere, die Gespräche wurden einsilbiger, und Mutlosigkeit ob unseres eben erst begonnenen Unterfangens machte sich breit. Hans bezweifelte plötzlich wieder, ob es richtig gewesen war, nicht den in

Gang gekommenen Briefverkehr abzuwarten, um sich mit den Eltern zu Hause abzusprechen, wie in unserer Lage zu handeln sei. Zusehends pessimistisch stimmte ihn auch die verlassene Liebe. Heinz warf ein, daß wir vielleicht sinnlose Strapazen auf uns nähmen, wo wir doch gar nicht wüßten, ob wir daheim unsere Mütter antreffen würden. Was gehe im Sudetenland überhaupt vor? Verärgert über die Mißstimmung fügte ich hinzu, daß wir diese Gedanken bereits in Rimsting mit uns herumgetragen hatten, und keiner hätte sich damals so geäußert. Mein Entschluß liege jedenfalls unwiderruflich fest, daß ich jetzt nach Hause wolle. Die Nacht brach herein, und jeder vergrub sich in das am Boden aufgeschichtete, duftende Heu. Im Nu übermannte uns in der Abenddämmerung der Schlaf.

Als wir am zweiten Tag erwachten und nacheinander aus dem Heu krochen, war es 9 Uhr. Die Sonne stand schon hoch und wärmte unsere steif gewordenen Glieder. Eilig ließen wir unser Nachtquartier zurück, säuberten die Trainingsanzüge vom Heu, machten einige Dehn- und Streckübungen und wuschen uns in einem kleinen Bach, den wir bald erreicht hatten. Ausgeschlafen und ausgeruht fühlten wir uns gutgelaunt und wie neugeboren. Bei strahlender Sonne, inmitten bunter, duftender Frühlingswiesen, waren wir zu weiteren Taten bereit. Nur zum Spaß fragte ich, zu den beiden gewandt, wer am zweiten Tag umkehren wolle. Schallendes Gelächter war die Antwort. Wir fühlten uns rundherum wohl und setzten den Weg zum nächsten Ziel fort. Es war Kienberg, 5 km entfernt und in eineinviertel Stunden erreichbar. Unsere Füße, die uns den weiten Weg nach Hause tragen mußten, zeigten nicht die Spur einer Ermüdung oder von Druckstellen der Schuhe. Die tägliche Fußpflege war ein wichtiger Beitrag, um die über alles wichtige Fußgesundheit zu erhalten, hatten wir in unserer Anstalt gelernt. Deshalb versäumten wir es nie, unsere Füße, so oft wir an ein Gewässer kamen, ausgiebig zu waschen.

Um 10.45 Uhr erreichten wir Kienberg. Immer noch nüchtern und hungrig, war unser Streben zunächst nur mehr nach etwas Eßbarem ausgerichtet. Unterwegs hatten wir abgemacht, heute auf „Eiersuche“ zu gehen. Hans, der aus einer größeren Stadt stammte, hatte vom Umgang mit Hühnern keine Ahnung, und Heinz aus einer Kleinstadt hatte sich zuvor noch nie auf einem Bauernhof aufgehalten, wohingegen ich schon als Kind täglich auf dem Bauernhof unserer Nachbarn war und dort mit der Bäuerin am Abend Eier aus den Nestern einsammelte. Im Hühnerhaus oder in einer angrenzenden Scheune waren Körbe aufgehängt, das Stroh darin zu einem Nest geformt, in das die Hühner ihre Eier ablegten. Laut gackernd sprangen sie danach aus ihren Nestern, wo man bei sofortiger Suche die noch warmen Eier finden konnte. Ich brüstete mich mit meiner reichen Erfahrung in der Landwirtschaft, und deshalb fiel mir dieses gefährliche Geschäft des „Nestausräuberns“ zu.

An einem abgelegenen Bauernhof beobachteten wir aus einiger Entfernung die Lage, sahen keinerlei Bewegung und hörten keinen Laut. Da erst wagte ich, über die Wagenremise an das Hühnerhaus heranzuschleichen, während Heinz und Hans mutig auf das Bauernhaus zugingen. Der Hund an der Kette schlug beim Annähern sofort laut bellend an. Sie gingen zu einem Fenster, das der Hund nicht erreichen konnte, und klopften an. Durch das Hundegebell aufmerksam geworden, öffnete die Bäuerin das Fenster nur einen kleinen Spalt. Diesen Augenblick nutzte ich, riß die Tür zum Hühnerstall auf, die Hühner flatterten aufgescheucht hoch, gackerten erregt, doch fortwährendes Hundegebell übertönte diese Aufregung im Hühnerstall. Rasch griff ich nach den Eiern in den Nestern, sammelte auf, was ich nur fassen konnte, und verstaute sie vorsichtig im Rucksack. Fluchtartig verließ ich den Hof an der Rückseite über den Garten und schlenderte ganz ungeniert auf der Straße weiter, bis auch meine Kameraden vom Bauernhof zurückkamen. Wegen meiner Untat überfiel mich augenblicklich schlechtes Gewissen angesichts der Butterbrote und Milch in den Feldflaschen, welche die gute Bauersfrau meinen bettelnden Kameraden gegeben hatte. Dann zeigte auch ich stolz meine reiche, doch zerbrechliche Beute im Rucksack. Unter einer schattigen Baumgruppe außerhalb der Sichtweite des Ortes teilten wir die Gaben auf, jeder bekam Brot, einen Schluck Milch und Eier. Mit einem Steinchen schlugen wir die Schale an der Spitze auf, entfernten die Eierschalenkuppe, setzten die Lippen an die Öffnung und schlürften den Inhalt aus. Es war trotz unseres Hungers eine Überwindung, das rohe, schleimige Eiweiß aus der Öffnung zu saugen, wohingegen der Dotter uns schmeckte. Nach dem ersten Ei wurde gleich ein zweites ausgesaugt. Wegen der Bruchgefahr im Rucksack und der warmen Temperaturen sollten die restlichen sechs Eier am Abend verteilt und aufgebraucht werden.

Von Kienberg aus, das nach den Höhenangaben in unserer Karte 556 m über dem Meer lag, zogen wir auf einer schmalen, untergeordneten Straße über hügeliges Gelände mit landwirtschaftlich genutzten Flächen und, dazwischen, kleinen Wäldern weiter hinunter nach Harpfing, das wir nach etwa 8 km um 15.30 Uhr erreichten. Den Ort umgingen wir, brauchten, von den Eiern noch satt, weder zu essen noch zu trinken und marschierten geradewegs weiter nach Rumering, etwa 2 km entfernt. Wir folgten in einer Distanz von ungefähr 20 m und parallel der Straße nach Waldhausen, in der Wiese abseits weitere 3 km laufend. Um 17 Uhr waren wir fast am Ziel. Das Gefälle von Kienberg bis Waldhausen betrug 42 m, was wir nach dem Auf und Ab als angenehm und erholsam empfanden. In diesem bäuerlich geprägten Ort erbettelten wir in einem Bauernhof wieder Brot und Milch für die Feldflaschen. Meist zeigten die Bauersfrauen wegen unseres Alters Mitleid und waren freigiebiger als die Bauern, die uns immer wieder zum Arbeitseinatz gegen Essen und Übernachten aufforderten. Nun war es auch Zeit, Ausschau nach einem Schlafplatz für die zweite Nacht zu halten. Heustadel wie im Chiemgau gab es hier nicht, dafür standen auf den Wiesen Heureiter mit aufgeschichtetem Heu zum Trocknen herum, die uns Unterschlupf für eine Nacht sein sollten. Zwecklos wäre es gewesen, in einem Bauernhof um einen Liegeplatz im Heustadel zu bitten. Fremde sah man in den Bauernhäusern nicht gern, da alle Türen unverschlossen waren, außerdem fürchtete man die Brandgefahr durch Rauchen im Heu. In den Nachkriegstagen trieb sich viel Gesindel herum, wie man uns sagte, und meinte damit entlassene Kriegsgefangene, ehemalige KZ-Insassen, geflohene Häftlinge und Leute mit einer fremden Sprache, die alle zu Fuß unterwegs waren, weil Bahn- und Busverbindungen außer Betrieb waren. Das Wetter hätte für die vielen „Wanderer" nicht besser sein können; tagsüber war es warm und trocken, doch für die Nacht mußte ein schützender Unterschlupf vor der Kühle, besonders an Bächen und Teichen, gefunden werden.

Wir ließen Waldhausen hinter uns und folgten links der Straße nach Zeiling dem Galenbach, einem Nebenflüßchen des Inns. Er lud uns zur nötigen Körperpflege ein. Schnell hatten wir uns der Kleidung entledigt und scheuten uns nicht, nackt zu baden. Auch unsere Wäsche, die wir Tag und Nacht am Leib trugen, hätte einer Reinigung bedurft, doch in unserer Zeitplanung waren weder das Waschen noch das Trocknen vorgesehen. Nach dem erfrischenden Bad zogen wir unsere Kleidung wieder an und überquerten die Straße. Auf der frischgemähten Wiese einer Anhöhe suchte sich jeder einen Heureiter als Nachtlager und schichtete eine Lage Heu auf dem Boden auf. Das restliche Brot und die Eier breiteten wir vor uns aus, und jeder schlürfte zum Brot zwei Eier. Wir bedauerten, kein „Spatenei“, wie in der Anstalt bei Geländemärschen gelernt, zubereiten zu können. Wir hatten keinen Feldspaten und auch keine Streichhölzer zum Feuermachen.

An die lustige Prozedur beim ersten Geländemarsch erinnerten wir uns sehr genau zurück. Zuerst höhlten wir das weiche Innere einer dicken Brotscheibe aus, erhitzten den Spaten über einem Lagerfeuer, legten das Brot darauf, nachdem wir zuvor das Ei in diese Aushöhlung geschlagen hatten. Welche Gaudi dem Gelingen unseres ersten „Spateneis“ vorausging, möchte ich kurz erzählen. Jeder sollte damals selbst seine Methode finden, mit einem Spaten über dem Feuer ein Ei zu braten. Noch nie probiert, mißlang bei vielen schon das Eiaufschlagen; die Schale zerbrach in viele kleine Teile und mischte sich mit dem flüssigen Eiweiß. Als nächstes ging uns nicht der Sinn des erhitzten Spatens ein, unterließen es – und schon glitt das glitschrige Ei vom unebenen Spaten in das offene Feuer. Es stank übel nach verbranntem Ei, und beißender Rauch hüllte uns ein. Erst nach vielen mißlungenen Versuchen wurde uns die einzig richtige Methode verraten und gezeigt. Das ausgehöhlte Brot sollte das Ei wie in einer Bratpfanne zurückhalten, um es dann auf dem erwärmten Spaten knusprig zu braten und noch heiß mit dem Feldbesteck zu essen. Trotz des Schwelgens in herrlichen Erinnerungen dachte dennoch keiner von uns an eine Rückkehr nach Rimsting. Wir waren „vogelfrei“ und auf uns selbst gestellt, es war genau das, worauf unsere Ausbildung in der Anstalt abgezielt hatte. Stolz erfüllte uns auf unser Bestehen in diesen zwei Tagen. Müde vom Tagesmarsch, fielen wir erschöpft in die schützenden Heureiter, und eingehüllt von frisch duftendem Heu umfing uns gleich tiefer und erholsamer Schlaf.

Am Morgen des dritten Tages erwachten wir um 7 Uhr. Einige Kniebeugen und Liegestütze erwärmten unsere steifen Muskeln; mit freiem Oberkörper, hochgekrempelten Trainingshosen und barfuß liefen wir wieder zum nahen Flüßchen, um uns zu waschen und mit Laub trocken zu reiben. Mit den Zahnbürsten, die wir im Rucksack mit uns trugen, bürsteten wir mit Bachwasser die Zähne und spülten sie gründlich aus. Wie jeden Morgen vor dem Abmarsch, notierte ich rasch die Ereignisse des Vortages, die zurückgelegten Kilometer und die Witterungsverhältnisse. Das „Frühstück" mußte an diesem Morgen ausfallen, weil alle Vorräte aufgebraucht waren. Die verzehrten Eier vom Abend ließen noch kein großes Hungergefühl aufkommen.

Der Weg führte uns am dritten Tag weiter entlang des Galenbaches in Richtung Zeiling, das etwa 3 km entfernt war. In Gedanken an die nächste Mahlzeit hielten wir ständig Ausschau nach kleinen, umzäunten Gemüsegärten, wo jetzt schon Radieschen, Rettiche und Salat zu ernten sein müßten. Etwa gegen 8.30 Uhr kamen wir zum Ortsrand von Zeiling und hatten schon beim ersten landwirtschaftlichen Anwesen den Gemüsegarten ausgespäht, vom Bauernhaus durch die Scheune verdeckt und nach Süden ausgerichtet. Kopfsalat, Rettiche, Radieschen, dazu Petersilie und Schnittlauch als schmackhafte Würze der Gartenfrüchte, so wie wir es uns schon vorgestellt hatten, wuchsen neben ersten, in allen Farben blühenden Frühlingsblumen. Wir hielten kurz inne, beobachteten die Umgebung, und als keine Gefahr drohte, fielen meine beiden Kameraden, während ich Schmiere stand, über das frische Gartengemüse her, rissen es aus der Erde, schüttelten sie ab und verstauten alles blitzschnell in die Rucksäcke. Nachdem das glatt abgelaufen war, gingen wir ganz unschuldig weiter bis zum Ende des Ortes, trafen dort eine Bäuerin im Hof an und erzählten ihr unsere rührselige Geschichte. Mitleidig holte sie sogleich Brot und Milch für unsere Feldflaschen. Schlechtes Gewissen ließ uns blitzschnell das Weite suchen und in freier Natur, ohne Gefahr, Geschenktes und Gestohlenes als spätes „Frühstück" mit Genuß verzehren. Am Rande eines Wäldchens fanden wir diesen ungestörten Platz, wo wir Milch zum trockenen Brot tranken. Das Gemüse sparten wir für das vegetarische Mittagessen auf. Der Weg am Bach entlang endete plötzlich an einer Straßenbrücke, durch die der Bach hindurchfloß. Auf der anderen, westlichen Seite der Brücke setzten wir den Fußmarsch fort, wo nach ca. 200 m unser Weg in die Straße von Spielbichl nach Kraiburg mündete.

Auf direktem Weg wollten wir keinesfalls nach Kraiburg kommen, da wir dort am Inn amerikanische Posten vermuteten. Nach

Überquerung dieser übergeordneten Straße bewegten wir uns auf einer schmalen Nebenstraße in Richtung Taufkirchen weiter. Minuten nach dem Verlassen der Hauptstraße näherte sich eine amerikanische Militärkolonne, angeführt von einem Jeep, mit drei Lastwagen, als Nachhut ein Jeep mit aufgebautem Maschinengewehr, und fuhr in Richtung Kraiburg. Sofort gingen wir im hochverwachsenen Graben entlang der Nebenstraße in Deckung und beobachteten die Kolonne, die etwa 100 m von uns vorbeifuhr. Auf dem offenen Lastwagen saßen Soldaten in deutschen Uniformen, bewacht von Amerikanern, die aus der Dachluke des Führerhauses die Gefangenen mit einer Maschinenpistole in Schach hielten. Das war nun ein Gefangenentransport, den wir so sehr fürchteten. Wir hielten uns noch verschanzt, um uns nicht zu gefährden, falls ein weiterer Transport folgte. Es war nun ziemlich sicher, daß die Amerikaner Kraiburg besetzt hatten und dort stationiert waren. Verunsichert setzten wir den Fußmarsch auf der schmalen, unbedeutenden Straße nach Taufkirchen fort, um Kraiburg östlich zu umgehen. Obwohl es nach unserer Karte noch 5 km dorthin waren, sahen wir bereits von weitem den Ort, der durch seine Höhenlage von 462 m deutlich aus dem Umland heraustrat.

Als wir die Abbiegung in Richtung Kraiburg verließen, da wir den Ort nicht betreten, sondern umgehen wollten, trafen wir auf einer Wiese Bauersleute, die Futter holten. Zu unserem Entsetzen erfuhren wir von ihnen, daß die Brücke über den Inn von Kraiburg nach Pürten und weiter nach Ampfing nicht mehr existiere und der Übergang nur auf einer Pontonbrücke der Amerikaner möglich wäre. Für die Erlaubnis zum Überqueren brauche man einen Passierschein, den nur die Militärverwaltung im Rathaus ausstellte. Damit konnte die Besatzungsmacht alle Bewegungen von Deutschen in dieser Gegend, besonders von versprengten Soldaten, die sich der Gefangenschaft entziehen wollten, kontrollieren. Viele Soldaten seien hier schon aufgegriffen worden, erzählten uns die Bauern weiter, doch wir Jugendlichen hätten sicher keine Probleme. Auch keine Fähre gäbe es in der Nähe, da die Amerikaner alle Fährbetriebe eingestellt hätten.

Lange berieten wir, was zu tun sei. Das Ansuchung um einen Passierschein bei der Militärverwaltung in Kraiburg schien uns zu gefährlich. Zunächst wollten wir bei der provisorischen Pontonbrücke mit unseren Kinderlandverschickungs-Ausweisen die Erlaubnis zur

Brückenüberquerung bekommen. Wir umgingen die Stadt östlich und erreichten den Inn, wo wir in Richtung Westen bereits die Behelfsbrücke sahen, die etwa 150 m von uns entfernt war.

Während wir unschlüssig umherstanden, fielen Warnschüsse, die offensichtlich uns gegolten hatten. Zunächst gingen wir in Deckung und warteten ab, was weiter passieren würde. Schon näherte sich ein Jeep mit zwei Amerikanern auf dem Uferweg. Jetzt gingen wir aber rasch mit erhobenen Armen als Zeichen der Ergebung aus der Deckung, um keine weiteren Schüsse zu provozieren. Während der schwarzhäutige Fahrer des Jeeps mit einer Maschinenpistole die Sicherung vornahm, suchte uns der Sergeant nach Waffen ab und kontrollierte unsere Rucksäcke. Dann hieß er uns im Jeep Platz zu nehmen. Nun übernahm der Sergeant das Steuer, und der Schwarze sicherte mit der Maschinenpistole uns „Gefangene" auf dem Rücksitz. Vorbei an der Behelfsbrücke, ging es steil bergauf zur Ortsmitte, wo am Ende der Häuserreihe das Rathaus gegenüber der Kirche dominierte. Vor diesem stand eine Gruppe amerikanischer Offiziere, vor denen der Jeep anhielt. Der Schwarze befahl uns, auszusteigen, und der Sergeant meldete den Offizieren die „prisoners of war", die am Ufer aufgegriffen worden waren. Sie betrachteten uns eine Weile und beauftragten einen deutsch sprechenden Offizier, sich näher mit uns zu befassen. Die gleichfarbigen Trainingsanzüge, die gleichen Schuhe und Rucksäcke hatten offensichtlich Mißtrauen erweckt.

Der Offizier befahl uns, mit in das Rathaus zu kommen, und führte uns in ein geräumiges Zimmer im Erdgeschoß. Dort saß eine uni-

Rathaus Kraiburg am Inn – Verhör durch die Amerikaner im Juni 1945

formierte junge Frau im Rang eines Leutnants hinter einem großen Schreibtisch, die amerikanische Flagge in einem Fahnenständer hinter ihr aufgestellt. Vom deutsch sprechenden Offizier, der als Dolmetscher fungierte, wurden wir nach dem Woher und Wohin befragt. Wir zeigten unsere Kinderlandverschickungs-Ausweise vor und erklärten, daß wir auf dem Weg in die Tschechoslowakei, unsere Heimat, seien. „Seid ihr Tschechen?“ fragte er überrascht, was wir verneinten. „Kinderlandverschickung“, las er und lachte laut. „Kinder mit 15 Jahren sind in Deutschland Hitlerjungen und Werwölfe mit militärischer Ausbildung, die sich in ein anderes Gebiet zurückziehen wollen. „Vom Chiemsee unterwegs“? fragte er weiter. Wir machten ihm klar, daß wir ohne Geld keine Verkehrsmittel, die zum großen Teil noch außer Betrieb waren, benützen könnten, um nach Hause zu kommen, weshalb wir zu Fuß unterwegs wären. „Womit verpflegt ihr euch denn?“ fragte er weiter. „Wir betteln“, lautete unsere Antwort. Der Offizier übersetzte alles ins Englische, was die Frau Offizier eifrig notierte.

Er bemerkte nach einer Weile mein kleines Tagebuch, aus dem ich meinen Ausweis hervorgeholt hatte und das ich zum Wiederverstauen noch immer in der Hand hielt. Dieses Tagebuch war ein Kalender des Jahres 1945, in den ich täglich mit einem harten Bleistift und in „deutscher Schrift“ (Kurrentschrift) stichwortartig den Tagesablauf aufzeichnete, selbstverständlich auch unseren Weg vom Chiemsee bis hierher. Der Offizier verlangte, ihm diesen Kalender auszuhändigen, blätterte aufmerksam darin und stieß auf das Einmerkzeichen beim Eintrag des Vortages. Es war ein Stoffband mit den Farben schwarz-weiß-rot, das ich von einem Eisernen Kreuz II. Klasse abgenommen und als Lesezeichen benützt hatte. Er schaute mich ernst an und wollte von mir wissen, wofür ich die Auszeichnung bekommen hätte. Offensichtlich wußte er um ihre Bedeutung. Ich berief mich auf meine Aufzeichnungen im Kalender, aus denen klar hervorging, daß keiner von uns drei im Kriegseinsatz gewesen war und deshalb auch keine Auszeichnungen besitzen konnte. Vielmehr hatten wir am Chiemsee gefundene Auszeichnungen mit amerikanischen Soldaten gegen etwas Eßbares getauscht. Als nächstes irritierte ihn die „deutsche Schrift“, die er offensichtlich nicht lesen konnte. Er gab die Aufzeichnungen zurück und forderte mich auf, bestimmte Abschnitte, auf die er wahllos hindeutete, vorzulesen. Ihn interessierten die Aufzeichnungen der letzten Kriegstage Ende April, als wir bereits im Kinderlandverschickungslager gewesen waren. Ich las von der SS-Gruppe, dem Luftwaffenstab in Rimsting und vom Einmarsch der Amerikaner vor. Dann mußte ich auf seinen Wunsch auch das Kapitel vorlesen, in dem ich den Rausschmiß aus dem Lager durch die Amerikaner notiert hatte und wir nur mit Mühe eine Unterkunft in einer Scheune gefunden hatten. Das genügte ihm; er wandte sich dann der hinter dem Schreibtisch sitzenden Frau zu und übersetzte, was ich vorgelesen hatte. Sie befahl uns schließlich, den Oberkörper freizumachen und die Arme hochzustrecken, kam vom Schreibtisch hervor und prüfte unsere Achselhöhlen auf eventuelle Tätowierungen der Blutgruppe, wie es bei SS-Angehörigen üblich war. Rasch zog sie sich wieder hinter ihren großen Schreibtisch zurück – wir vermuteten wegen des strengen Geruches unserer verschwitzten Körper und der tagelang ungewaschenen Wäsche. Nach einer weiteren kurzen Unterredung zwischen den beiden Offizieren durften wir uns wieder anziehen. Die Amerikanerin ließ den Offizierskollegen wissen, daß sie nicht mehr an unseren Angaben zweifelte. Sie stellte für jeden einen Passierschein aus, übergab ihn und wünschte eine gute Heimkehr. Der Offizierskollege war von der Entscheidung der Amerikanerin nicht überzeugt und sichtlich unzufrieden, daß wir dadurch einer Gefangenschaft entgangen seien, wies uns mit einem Pfiff die Tür und fügte hinzu: „In die Gefangenschaft gehören alle deutschen Männer." Überglücklich stürmten wir aus dem Rathaus, verwiesen die umstehenden Offiziere auf unsere Passierscheine und eilten, so rasch wir konnten, die abschüssige Straße zum Inn hinunter. Von den Posten an der Pontonbrücke wurden unsere Passierscheine genau geprüft und der Weg über die Brücke freigegeben. Im Augenblick wie berauscht, dachten wir aber sofort an das nächste große Hindernis, die Donau, die ohne Passierschein ebenfalls nicht zu überwinden war.

Durch die lange Unterbrechung in Kraiburg war es unterdessen 16 Uhr geworden, und wir hatten nur 15 km geschafft. Nach 1 km erreichten wir den Ort Pürten am Nordufer des Inns, und alle waren dafür, im nächsten Wald zu übernachten. Aber bevor wir einen Nachtlagerplatz suchten, mußten wir etwas zum Essen organisieren. Bei diesem Vorhaben begegnete uns im Ort eine Frau, nach unserer Einschätzung anfang der Vierziger. Spontan ging sie auf uns zu und fragte, ob wir aus Italien kämen. „Wieso aus Italien?“ fragten wir erstaunt, worauf sie uns von ihrem 18jährigen Sohn erzählte, der zuletzt aus Italien geschrieben hatte. Sie meinte, daß wir vielleicht ebenfalls dort im Kriegsdienst eingesetzt gewesen wären und fliehen hatten können. Nachdem wir unsere Geschichte, woher wir kamen und wohin wir wollten, erzählt hatten, dachte sie vielleicht an ihren Sohn, dem auch Gutes auf seinem Weg nachhause widerfahren sollte. Aus Mitleid und ohne weiteres Zögern bat sie uns, mit ihr nach Hause zu kommen, da wir sicher hungrig seien. Der Einladung folgten wir natürlich gerne, und auf dem Weg erzählte sie, daß ihr Mann im Krieg gefallen sei und sie nun auch um das Leben ihres Sohnes bange. In der Wohnung durften wir uns zuerst waschen, während sie Tee und warme Milch bereitete. Dazu tischte sie Butterbrote, Käse und Wurst auf. Ihr freundliches Angebot, auch zu übernachten, schlugen wir aus. Von ihrer Güte tief beeindruckt, wollten wir ihr nicht noch größere Umstände bereiten. Beim Weggehen dankten wir der Frau gerührt für ihre Großherzigkeit und wünschten die baldige Heimkehr des Sohnes, der vielleicht wie wir schon unterwegs sei.

Ein ereignisreicher Tag mit bedrohlichen Minuten und durchgestandenen Ängsten um unser Weiterkommen ging zu Ende. Zum Schlafen schafften wir es nicht mehr bis zum nächsten Wald, sondern fanden in einem Strohhaufen auf einer Wiese Unterschlupf. Bevor uns der Schlaf übermannte, nahmen wir uns für den nächsten Tag noch fest vor, den heutigen Zeitverlust aufzuholen und das Marschtempo zu vergrößern.

Am vierten Tag führte unser Weg von Pürten weiter in Richtung Ampfing, das etwa 8 km nördlich lag. In eineinhalb Stunden erreichten wir den Ortsrand, betraten Ampfing aber nicht, sondern gingen geradewegs auf Feldwegen in Richtung Zangberg, 3 km entfernt. Etwa um 8.30 Uhr erreichten wir diesen Ort, und schon wieder plagte uns Hunger. Wir trennten uns vor dem Ort, und jeder versuchte, etwas zu erbetteln. Trockenes Brot erhielten wir eigentlich immer, und den Durst löschten wir mit Wasser aus einem Brunnen, wenn es keine Milch gab. Hinter dem Ort fanden wir auf einem Feld, inmitten eines Kartoffelackers, Weißkrautköpfe. Einen davon rissen wir aus, teilten ihn untereinander und steckten ihn in den Rucksack. Gegen 11.30 Uhr waren wir in der Nähe von Lohkirchen, und um

12 Uhr erreichten wir den kleinen Fluß Rott. Die Straße machte dort einen scharfen Bogen nach Nordost und führte an der Rott entlang bis zum Ort Furth, 6 km entfernt. Es war inzwischen 14 Uhr geworden; 28 km Fußweg hatten wir heute bereits zurückgelegt. Hunger und Durst quälten erneut, und wir mußten Ausschau nach etwas zum Essen und Trinken halten. Fast eine Stunde dauerte unsere Bettelei von Haus zu Haus. Am Ufer der Rott ließen wir uns das trockene Brot und den Weißkrautkopf schmecken; vom Wasser erfrischt, ging die Wanderung nach einer Stunde weiter. Neumarkt-St.Veit umgingen wir und bewegten uns zwischen der Straße und der Bahnlinie in Richtung Hörbering 6 km weiter. Von hier aus verlief die Straße, die wir am nächsten Tag einschlagen wollten, nach Norden.

Nach 34 km Tagesmarsch war das gesetzte Maß mehr als erfüllt, und wir gingen, wie immer, betteln. Wie überall, so hörten wir auch hier das Jammern der Bauern über die täglich vorbeiziehenden Fremden, die anklopften und bettelten, manchmal fordernd und auch drohend. Das Maß ihrer Barmherzigkeit war erschöpft, nur wir drei 15jährigen mit jungenhaftem Aussehen erregten dennoch Mitleid, und man half uns mit Brot und Milch weiter. Stehlen wollten wir in unserer täglichen Not wirklich nur im äußersten Fall. Wir überschritten die Bahnlinie und fanden einen Strohhaufen, in dem wir uns für die Nacht verschanzten. Zuvor wuschen wir uns in einem kleinen Bach, der von Norden der Rott zulief. Nachdem wir vom Erbettelten gegessen hatten, legten wir uns, vom beschwerlichen Fußmarsch müde, zum Schlafen.

Erst um 8 Uhr des fünften Tages erwachten wir bei herrlichem Sonnenschein. Als nächstes Ziel strebten wir Gangkofen und darüber hinaus Frontenhausen an. Wir marschierten zwischen der Straße und der Bahnlinie nach Scherzlthambach, das wir nach 3,5 km erreichten. Wie jeden Tag, bemühten wir uns wieder mindestens eine halbe Stunde lang um Eßbares, waren der Spenderin allein für Trokkenbrot und Milchkaffee überaus dankbar und nahmen es mit einem „Vergelt's Gott" entgegen, worauf die Bauersfrau „Segn's Gott" erwiderte.

Auf unserem bisherigen Weg, immer das Ziel „Heimat" vor Augen, sammelten wir 15jährigen tagtäglich soviel Lebenserfahrung, wie es im normalen Leben, in Schule und im Alltag, nie möglich gewesen wäre. Das Durchstehen all dieser Strapazen, sowohl in physischer wie auch psychischer Hinsicht, ermöglichte unsere Erziehung in der Napola-Anstalt. Einerseits mit allem bestens versorgt, wurden wir andererseits ständig gefordert, oft bis an den Rand unserer Leistungsmöglichkeit. Stunden- und tagelange Fußmärsche, bei Tag und auch bei Nacht, hatten wir selbständig anhand von Landkarten planen und den Weg, mit einem Kompaß ausgestattet, finden müssen. Zelte zum Übernachten und die Versorgung der Gruppe, einschließlich des Materialtransportes innerhalb der festgelegten Zeit, mußten gewährleistet sein. Bei diesen Übungen von der Planung und den Vorbereitungsarbeiten bis zur Durchführung waren Voraussicht, Umsicht, Ausdauer und Durchhaltevermögen von uns gefordert, gleichzeitig auch Rücksicht auf Schwächere eingeübt worden. Durch die dabei erzielte Erfahrung, was wir zu leisten imstande waren, wuchs unser Selbstbewußtsein von Mal zu Mal; Grenzen gab es fast keine mehr.

Demut und Unterwürfigkeit hingegen waren uns bis dahin fremd. Doch das Leben unter freiem Himmel, auf uns selbst gestellt, mittellos, ständig in Sorge um Essen und Trinken, ließ uns auch Demut und tiefempfundene Dankbarkeit lernen. So sorglos, locker und leicht ließ es sich wahrlich nicht leben, wie ein Bibelzitat besagt, das mir von der Grundschulzeit in Erinnerung kam: „...was kümmert ihr euch ängstlich, sehet die Vögel des Himmels, sie säen nicht und ernten nicht und haben doch zu essen...“ Unser täglicher Überlebenskampf war hart, bitter und demütigend.

Abhärtung erfuhren wir bei unserem Aufenthalt in freier Natur bei Tag und Nacht, was für den weiteren Marsch nach Hause von größter Wichtigkeit war, denn was hätte uns Schlimmeres passieren können als Krankwerden? Die Hitze des Tages und oft empfindliche Kälte der Nacht, ungeschützt ohne Dach über dem Kopf, immer in der gleichen Bekleidung, konnten uns nichts mehr anhaben.

Trotz aller Widerwärtigkeiten bei der ständigen Suche nach Eß- und Trinkbarem, nach Nächtigungs-und Hygienemöglichkeiten entwickelten wir in der so noch nie erfahrenen Freiheit Lebenslust, Lebensfreude und Sorglosigkeit. Seit dem Verlassen der Anstalt trugen wir die gleiche Wäsche, und manchmal überkam es uns an einem Gewässer, sie rasch zu reinigen. Solange wir aßen und ausruhten, flatterte sie an Bäumen und Büschen zum Trocknen. Abends, jedoch noch bei Helligkeit, um nicht Aufmerksamkeit zu erregen, schürten wir ein Feuer, um uns zu wärmen und die Wäsche zu trocknen. War sie noch immer feucht, verzichteten wir auf die Unterwäsche unter den Trainingsanzügen und hingen sie früh kurzerhand an die Rucksäcke in den Wind. Kurz und sauber geschnittenes Haar waren wir in der Anstalt gewohnt, langer Haarschnitt war verpönt. Seit Verlassen des Kinderlandverschickungslagers und noch eine Zeit zuvor hatten wir keinen Haarschnitt mehr bekommen. Welch strähnige, ungekämmte und ungepflegte Mähnen uns in den acht Wochen gewachsen waren, kann man sich vorstellen. Öfter hat man uns für Landstreicher und Gammler gehalten. Unser Unternehmen war wahrlich kein lustiger Ausflug mit abenteuerlichen Zeltunterkünften, immer wohlversorgt mit Verpflegung, sondern ein täglicher Kampf ums Überleben.

Das Dahinwandern durch Wiesen und Wälder, fernab von Straßen und zum Teil auch von Wegen, öffnete all unsere Sinne für die Natur und jede Veränderung bei fortschreitender Jahreszeit. Wie herrlich waren die im Wind sich wiegenden, bunten Wiesenblumen, von Schmetterlingen umgaukelt und von Hummeln umkreist, wie aromatisch dufteten die frischen Gräser, sanft wogend in der Sommerluft, und wie abwechslungsreich schillerten die Farben der Felder in vielfältigen Braun- und Goldtönen, darüber ein meist strahlend tiefblauer Himmel. Vogelgezwitscher begleitete uns in dieser Naturidylle, und nur bäuerliches Treiben auf Wiesen und Feldern unterbrach die Stille. Dazwischen näherten wir uns wieder kleinen Dörfern, umgeben von Obstbäumen und umzäunten Gemüsegärtchen, harmonisch in die Landschaft eingebettet. Die zum Teil großen bäuerlichen Anwesen, besonders in Ober- und Niederbayern, beeindruckten uns mit ihren ausladenden Gebäudeanlagen und der großzügigen Baugestaltung. Aus diesen Tagträumen riß uns immer wieder der Alltag, wenn wir bettelnd durch die Dörfer zogen und dabei manchmal böse und abweisende Worte zu hören bekamen.

Unsere Gespräche während des Dahinwanderns richteten sich meist auf die Zukunft, und aufgeworfene Fragen verlangten nach Antworten. Was würden wir zu Hause vorfinden? Wie würde sich unsere schulische Ausbildung in diesem neugebildeten tschechischen Staat gestalten? Würden wir sie fortsetzen können? Würden wir zu Arbeitssklaven werden? Würde uns überhaupt eine Möglichkeit freier Berufswahl zugestanden werden? Würden wir gar vertrieben und zwangsausgewiesen werden? All diese brennenden Fragen endeten im Nichts.

Nach all diesen Gedanken und Gesprächen machten wir uns schließlich etwa um 10.30 Uhr des fünften Tages wieder auf und gingen zügig in Richtung Gangkofen, einer Strecke von 3,5 km, umgingen den Ort und erreichten nach weiteren 2 km gegen 12 Uhr Seemannshausen. Nach einstündigem Brotbetteln und Ausruhen war unser nächstes Tagesziel Frontenhausen, noch 14 km entfernt. Unser Weg führte an der Bahnlinie entlang bis Ober- und Niedertrennbach. Hinter Niedertrennbach kreuzte sie die Straße und wich nach Osten ab. Wir folgten ab jetzt der Straße nach Frontenhausen. Durch den von den Amerikanern in Kraiburg ausgehändigten Passierschein waren unsere Bedenken hinsichtlich der Benützung von Straßen zunächst ausgeräumt. Die abseitigen Wege, die wir bis Kraiburg aus Furcht vor einer Gefangenschaft gewählt hatten, waren meist nicht die kürzesten Verbindungen, dazu unbequem und holprig, dafür um so idyllischer. Bei Frontenhausen überschritten wir die Vils, bettelten in einem Bauernhof und bekamen kalte Pellkartoffeln mit etwas Milch in unsere Feldflaschen. Müdigkeit und Erschöpfung durch das tagelange Gehen bei schmaler Kost wurden mehr und mehr zum Problem, und wir hatten das Gefühl, daß sich dieses von Tag zu Tag steigerte. „Nur" 25 km heute vorangekommen und dennoch todmüde, suchten wir einen Lagerplatz nahe der Vils in einem Wäldchen. Wir badeten im Fluß und pflegten unsere Füße, während die Socken an einem Ast zum Lüften hingen. In dem Bauernhof, wo wir zuletzt gebettelt hatten, gab man uns auf unsere Bitte auch Zündhölzer, jedoch mit der eindringlichen Ermahnung, nichts in Brand zu setzen. Wir begründeten unsere Bitte mit dem Hinweis, daß unsere einzige Wäsche, die wir am Körper trugen, einmal gewaschen werden müsse und wir dazu ein Feuer zum raschen Trocknen schüren wollten. Brennholz lag genügend im Wald umher, wovon wir einige Ästchen sammelten und aufschichteten. Unser Lagerfeuer sollte jedoch kein Aufsehen erregen und keine zwielichtigen Gestalten anlocken, deshalb entfachten wir es immer noch bei Helligkeit. Uns wurde immer wieder erzählt, daß unberechenbare Gesellen umherzögen, die als Kriegsgefangene eben erst befreit und entlassen in Orte kämen und mit Waffengewalt von den Bauern Essen forderten. Nach dem Erlöschen des wärmenden Feuers waren wir in der abendlichen Kühle froh, unter dem Trainingsanzug wieder die frischgewaschene, getrocknete und angewärmte Wäsche zu tragen. Doch ein unangenehmes Nachtquartier erwartete uns heute, mit stacheligen Fichtenzweigen als Unterlage und auch zum Zudecken. Da vermißten wir das weiche und duftende Heulager der vergangenen Nächte sehr. Der fünfte Tag unseres Marsches ging zu Ende, und tiefer Schlaf überfiel uns.

Nach gewohntem Frühsport und gezwungenermaßen oberflächlichem Waschen peilten wir am Morgen des sechsten Tages das 8 km entfernte Frauenbiburg an. Das Gelände stieg leicht an und war geprägt von kleineren Wäldern, dazwischen eingestreuten Wiesen und Feldern, in verschiedensten Farbtönen abgestuft. Wir erreichten den Ort ermattet und mit quälendem Hunger. Unsere Mägen knurrten und ließen sich keine Minute länger vertrösten; wir brauchten rasch ein Frühstück. Die übliche Betteltour brachte, Gott sei Dank, schnell wieder Erfolg. Das Brot ohne jeden Belag, zusammen mit kaltem Malzkaffee in der Feldflasche, war während des Gehens bald verzehrt. Das abfallende Gelände zu den Isarauen, Richtung Dingolfing, fiel uns wieder leichter. Die Überquerung der Isar glückte über die Brücke zwischen Teisbach und Dornwang ohne Schwierigkeiten, aber auf einem Umweg. Von Dornwang änderten wir unseren Weg in östliche Richtung nach Oberhollerau und gelangten auf einer sehr schmalen Straße mit leichtem Anstieg nach Obertunding. Nach 18 km in der Mittagszeit dort hungrig angekommen, mußten wir wieder betteln gehen und bekamen neben Brot und je einem Ei auch einen Kopf Salat. Sofort zogen wir uns in ein nahes Wäldchen zurück, um den unbändigen Hunger zu stillen. Vom Salatkopf entfernten wir den Strunk und die äußeren, schmutzigen Blätter. Auch ohne Gewürz schmeckte er uns zum rohen Ei und der Brotscheibe vorzüglich. Ansprüche an das Essen stellten wir seit unserem Auszug aus der Napola-Anstalt schon lange nicht mehr; sehr wichtig hingegen war die Flüssigkeitsaufnahme, ob Wasser oder Milch. Besonders durch die Bewegung in frischer Luft und bei praller Sonne war das Verlangen danach beinahe unstillbar.

Wir dehnten die Ruhepause wegen der sehr warmen Mittagssonne länger als üblich aus. Um 14 Uhr war es jedoch Zeit zum Aufbruch, denn wir mußten versuchen, die Zeit wieder einzubringen. Von Tunzenberg aus liefen wir querfeldein in Richtung Hüttenkofen. Ab da begleitete das Flüßchen Aiterach die Straße nach Puchhausen, Leiblfing, Ober- und Niedersunzing. In dem kleinen, uns begleitenden Fluß wateten wir zur Erfrischung in der brütenden Hitze zwischendurch eine Zeitlang umher. Das Gelände war von 434 m Höhe in Oberhollerau sanft auf 383 m in Niedersunzing abgefallen. Nach 37 km erreichten wir gegen 19 Uhr diese mit stattlichen Bauernhöfen ausgezeichnete Gegend. Als wir an einem Hof anklopften, saß die Familie mit den Helfern gerade beim Abendessen. Unerwartet wurde jedem von uns ein Teller Kartoffelsuppe mit Brot gereicht, den wir auf der Bank vor dem Bauernhaus auslöffeln durften. Lange konnten wir unser Glück nicht fassen und bedankten uns tief bewegt für die Großzügigkeit. Zufrieden durch die erfahrene Gastfreundschaft und den gestillten Hunger, zogen wir uns erleichtert und frohgemut östlich von Salching an die Aiterach zurück, um ein Nachtquartier in Büschen ausfindig zu machen. Nach einem kurzen Bad und dem Säubern unserer Wäsche in der Aiterach schürten wir ein Feuer, trockneten die Wäschestücke und fühlten uns in der ausstrahlenden Wärme sehr wohl. Dieser zu Ende gehende sechste Tag stimmte uns überglücklich, hatten wir doch die vorgenommene Strecke durchgestanden. Nach dem Erlöschen des Feuers fanden wir in einem nahen Feldschuppen mit darin gelagertem Stroh unser Nachtquartier und schliefen gleich ein.

Um 6 Uhr früh des siebten Tages, hellwach und ausgeruht, doch durch die Nachtkühle steif und ausgefroren, betrieben wir sofort den gewohnten Frühsport, um die Muskeln durch Bewegung zu erwärmen. Die langsam aufsteigende Sonne spendete noch zu wenig Wärme für unser Wohlbefinden. Nach der nötigsten Körperpflege im Bach zogen wir die frische Wäsche unter den Trainingsanzügen wieder an und berieten das weitere Vorgehen. Bis zur Donau hatten wir eine Strecke von etwa 14 km zurückzulegen. In der Stadt Straubing selbst, so hatten wir am Vortag von Bauern erfahren, gäbe es noch eine Brücke zum Überqueren des Flusses, die aber von den Amerikanern streng kontrolliert werde. Wir versuchten deshalb so nah als möglich an den östlichen Stadtrand von Straubing heranzukommen, uns der Brücke flußaufwärts zu nähern und das Geschehen auf ihr zu beobachten. Trotz Hungers marschierten wir zeitig los und trafen nach 4 km auf den Ort Geltofing. Es war 7 Uhr, als wir bei unserer täglichen Betteltour in einem Bauernhof Kartoffeln bekamen, so viel wir nur essen wollten. Auch hier waren sie als Schweinefutter gedämpft worden. Dazu bot man uns auch warmen Malzkaffee an – ein guter Tagesanfang!

Gestärkt und zufrieden zogen wir weiter nach Aiterhofen, das wir östlich umgingen. Ab hier führte die Straße direkt nach Straubing. Nach unserer Karte war es bis zum Zentrum noch eine Strecke von 6 km. Wir benutzten einen Feldweg, der uns in etwa 5 km Entfernung an den östlichen Stadtrand heranführte. Hier trafen wir auf eine Frau vor einem Siedlungshaus, die uns die gleiche Auskunft über den Donauübergang gab wie zuvor schon Bauern am Vortag. Der Brückenübergang über die Donau von Straubing und Hornstorf sei zwar beschädigt, könne aber trotzdem von Fahrzeugen und Fußgängern passiert werden, jedoch unter strenger Ausweiskontrolle durch die Amerikaner. Wir entschlossen uns, die Stadt nicht weiter östlich zu umgehen, sondern die Brücke direkt im Stadtbereich anzupeilen, um den Weg zu verkürzen und Zeit zu gewinnen. Die amerikanische Kontrolle hatten wir mit dem in Kraiburg ausgestellten Passierschein nicht mehr zu fürchten.

Nach etwa 3 km erreichten wir die Brücke, wo schon vor dem Brückenkopf der Kontrollposten der Amerikaner eingerichtet war. Die Soldaten wollten sofort unseren Passierschein sehen, den wir ohne Zögern aus dem Rucksack, zusammen mit dem Kinderlandverschickungs-Ausweis, herauszogen. Wir erklärten auf Nachfrage, daß wir auf dem Weg vom Chiemsee nach Hause in die Tschechoslowakei seien. Sie musterten uns von Kopf bis Fuß ungläubig, worauf wir unseren Weg auf der mitgeführten Karte zeigten. Der Offizier erkannte sofort die Karte für Flieger, in der von mir der Verlauf unseres Fußmarsches farbig eingetragen war. Interessiert verfolgte er ihn bis heim in die Tschechoslowakei und schüttelte mehrmals nachdenklich den Kopf. Unser vergammeltes Aussehen von oben bis unten ließ auch keinen Zweifel aufkommen, daß wir schon lange unterwegs sein mußten. Schließlich gab er mitleidig den Weg frei, und wir hatten wieder ein großes Hindernis, die Donau, überwunden.

Am Morgen des achten Tages, etwa gegen 9.30 Uhr, steckten wir als nächstes Fernziel auf unserer Landkarte die Stadt Cham ab. Uns war dabei klar, daß diese Strecke bis zum Abend nicht erreichbar sein würde. Von Hornstorf führte der Weg nach Parkstetten und von dort nach Steinach, das von der Brücke noch einmal 10 km entfernt war und wo wir in der Mittagszeit nach zweieinhalb Stunden Fußmarsch eintrafen. Auf einer Anhöhe am westlichen Ortsrand kam uns ein großes, stattliches Gebäude in den Blick, von dem wir überzeugt waren, daß es seiner beherrschenden Lage nach ein Kloster sein müsse. Wir glaubten fest daran, in unserer Not wieder einen Ort gefunden zu haben, wo man uns durch Verpflegung weiterhelfen würde. Trotz eines Umweges gingen wir zielsicher auf die exponierte Gebäudeanlage zu und hörten zu unserer ganz großen Enttäuschung, daß es kein Kloster, sondern eine öffentliche Versuchsstation für Landwirtschaft und Bodenkultur sei. Doch wir hatten Glück, weil es in dem Betrieb eine Kantine gab, wo uns ohne zu zögern ein Teller Suppe und etwas Brot vorgesetzt wurden. Seit langem saßen wir wieder einmal beim Essen an einem Tisch. Auf die übliche Frage der Anwesenden nach dem Woher und Wohin hörten sie unserer Erzählung zuerst ungläubig zu, doch nachdem wir sie durch genaue Angaben überzeugt hatten, wurde unsere Wegleistung mit Staunen und Hochachtung gewürdigt. Bei unserem Aufbrechen um 13 Uhr bedauerte man uns sichtlich, da unser Weg nach Hause noch sehr weit sei.

Nach der heutigen, schon 29 km langen Wegstrecke wollten wir keinesfalls mehr den Umweg über Mitterfels nach Ascha machen. Wir entschieden uns für den abgekürzten Weg entlang eines Baches, an Kapflberg vorbei nach Ascha. Doch diese vermeintliche Abkürzung mußten wir bitter büßen, denn der etwa 8 km lange Weg stieg steil an und war wegen des schlechten, unebenen Zustandes äußerst beschwerlich, so daß wir nach zweieinhalb Stunden erst am Nachmittag, etwa um 15.30 Uhr, ankamen.

Nach diesem harten Tagesmarsch von mittlerweile 37 km waren wir sehr müde und mußten erst noch unser Abendbrot erbetteln. Bald zeigte sich uns, daß in Ascha mit seiner kleinbäuerlichen Struktur für Bettelnde schon beinahe nichts mehr abfiel, denn die Leute hatten selbst wenig zu essen, wie sie uns entgegenhielten. Von dem wenigen gaben sie uns schließlich doch noch eine kleine Brotschnitte und einige Kartoffeln ab. Sofort hinter der Abzweigung suchten wir einen Platz für die Nacht, den wir zwischen der Straße und einem Bach in einem dreiseitig umschlossenen Holzhauerunterstand fanden. Alles andere war bereits Routine: Fichtenzweige sammeln und aufschichten, Feuer machen, waschen im nahen Bach, um sich anschließend wieder am Feuer zu erwärmen.

Den ganzen Tag über merkten wir schon, daß Hans ständig über die Sonnenhitze klagte, mehr als wir sie fühlten. Hochrot war sein Kopf, er schwitzte stark, trottete schlapp, müde und kraftlos dahin, was uns Sorge bereitete. Bloß nicht krank werden, ging uns bedrohlich durch den Kopf. Wir saßen am Feuer zusammen, steckten die Kartoffeln an Äste und hielten sie in die Glut. Sie schmeckten vorzüglich, nur Hans verweigerte das Essen und verlangte ständig nach Wasser. Wir redeten ihm gut zu und rieten, sich bald hinzulegen und zu schlafen. Nach einem erholsamen Schlaf würde die fiebrige Erhitzung sicher abgeklungen sein, dachten und wünschten wir sehnlichst. Voll Sorge wegen des Zustandes von Hans lagen wir in der sternenklaren Nacht lange wach, während uns schlimme Gedanken befielen und nicht zur Ruhe kommen ließen. Bedrohlich stellten sich bei mir Zukunftsängste ein. Würde es möglich sein, in der Tschechoslowakei wieder ein deutsches Gymnasium zu besuchen? Oder würde nur mehr Tschechisch die alleinige Amtssprache sein, so daß man diese Sprache für den Schulbesuch und den Alltag erst lernen müßte? Während ältere Jahrgänge an Bürgerschulen und Gymnasien die tschechische Sprache als weitere Amtssprache hatten erlernen müssen, wurde sie mit dem Anschluß an das Dritte Reich an weiterführenden Schulen nicht mehr gelehrt. Unsere Berufswahl müßte sich zwangsläufig umorientieren. Die bisherige Ausbildung in der Anstalt war auf einen akademischen Beruf für den Staatsdienst, mit einer Offizierslaufbahn im Anschluß, ausgerichtet gewesen. Wesentlich schwieriger würde es schon aus finanziellen Gründen sein, ein Studium durchzustehen. Welche Berufschancen würden wir Deutsche in der Tschechoslowakei nach verlorenem Krieg überhaupt noch haben? Würden wir von jedem Studium ausgeschlossen sein und höchstens ein Handwerk erlernen können? Dann würde ich den Beruf eines Maurers oder Zimmerers bevorzugen, denn Bauen hatte mich schon immer interessiert. Diese Berufe hätten auch nach den großen Kriegszerstörungen Zukunft. Naßgeschwitzt schreckte ich hoch, verscheuchte rasch die quälenden Gedanken und machte mir klar, daß unser nächstes Ziel doch die Heimat sei, alles andere würde sich zeigen und war nicht zu beeinflussen. Dann schlief ich endlich ein, doch immer wieder weckten mich schlimme Träume auf. Hans stöhnte in der Nacht und bat oft um Wasser. Seine Stirne fühlte sich heiß an. Wiederholt befeuchtete ich im Bach sein Taschentuch und legte es zur Kühlung auf seine Stirn. Zu Wadenwickeln fehlten leider die Tücher. Es war eine unruhige Nacht.

Am Morgen des neunten Tages fühlte sich Hans ausgeruht und besser, der Kopf war aber noch immer heiß, und das Gesicht glühte. Nachdem er etwas Brot gegessen und viel Wasser getrunken hatte, versicherte er, die 22 km bis Cham noch durchzuhalten. Dort sollte sich Hans im Krankenhaus untersuchen lassen. Der Weg nach Cham kostete im ersten Bereich wegen des ständigen Anstieges bis auf 660 m bei Sattelpeilnstein viel Kraftanstrengung. Heinz und ich nahmen Hans den Rucksack ab, der zwar nicht schwer, aber doch hinderlich war, und trugen ihn abwechselnd. Ein Stock als Geh- und Stützhilfe sollte ihm das Weiterkommen erleichtern. In Rattiszell erbettelten wir für Hans Milchkaffee und etwas Brot mit dem Hinweis, daß er, krank und geschwächt, noch bis Cham durchstehen müsse, wo wir ihn in das Krankenhaus bringen würden. Auch uns gab man Brot und Wasser, wofür wir dankbar waren. Hans ging es nicht gut, er schwitzte stark bei dem schon für uns sehr anstrengenden Aufstieg und bat ständig um Wasser, das wir in unsere Feldflaschen abgefüllt hatten. Um 11.30 Uhr hatten wir den Sattel, die höchste Stelle, erreicht, von wo bis Cham über Traitsching noch 7 km durchzustehen waren. An einem schattigen Platz legten wir eine einstündige Erholungspause ein. Keiner der wenigen Lastwagen, meist Holzvergaser, die sich in der dünn besiedelten Gegend bewegten, hielt an. Landwirtschaftliche Gespanne waren auf den Wiesen oder Feldern im Einsatz und nicht auf den Straßen unterwegs. Wir hatten auch keine Chance, mitgenommen zu werden, weil wir ungepflegt wie Landstreicher aussahen und keinen vertrauenserweckenden Eindruck machten. Der Weg vom Sattel bis Cham hinunter zog sich lange hin, und wegen des schleppenden Ganges unseres kranken Kameraden brauchten wir drei Stunden, bis wir das Krankenhaus in Cham erreicht hatten.

Dem Pförtner trugen wir unser Anliegen vor, daß Hans sofort und dringend einen Arzt bräuchte. Doch unbeeindruckt fragte er zunächst langwierig unsere Personalien ab. Wir erklärten, daß wir kein Geld oder sonstigen Papiere außer dem Kinderlandverschickungslager-Ausweis hätten. Wir seien schon lange zu Fuß vom Chiemsee nach Hause in die Tschechoslowakei unterwegs, was er ohnehin an unseren mageren Gestalten mit den am Körper schlotternden, viel zu groß wirkenden Trainingsanzügen und den langen ungepflegten Haaren sehen konnte. Nachdem sich der Pförtner immer noch nicht anschickte, Hilfe zu holen, pochten wir mit Nachdruck darauf, unseren Kameraden unverzüglich einem Arzt vorführen zu können, da dieser sofortige Hilfe benötige. Erst jetzt ging er aus der Tür und kam nach geraumer Zeit mit einem älteren Herrn in weißem Kittel zurück. Nachdem wir unter diesem eine grüngraue Militärhose erkannt hatten, glaubten wir sofort, daß hier ein gefangener Militärarzt auf Befehl der Amerikaner verwundete und kranke Soldaten zu betreuen hatte. Mit ein paar Worten erzählten wir unsere Geschichte, daß unser Kamerad seit gestern krank sei und ärztlicher Hilfe bedürfe. Schnell veranlaßte der Arzt, daß wir uns im Keller des Krankenhauses waschen und duschen konnten. Danach sollten wir uns wieder beim Pförtner melden, der Anweisungen hatte, wo wir warten sollten. Nach der Körperpflege mußte sich Hans im Untersuchungszimmer einfinden, wo von einer Krankenschwester zuerst Fieber gemessen wurde. Dann kam der Arzt hinzu und untersuchte ihn eingehend, während wir im Vorzimmer warteten. Nach einer Viertelstunde rief er uns ebenfalls in das Untersuchungszimmer und unterrichtete uns davon, daß Hans fast 40 Grad Fieber hätte und den Weg keinesfalls fortsetzen könne. Er müsse zur Beobachtung hierbleiben, da die Ursache des Fiebers festgestellt werden müsse. Von Hans erfuhren wir später, daß der Arzt viele Fragen über das Woher und Wohin gestellt hatte, wo seine Eltern seien und ob sie zu erreichen wären. Dabei erfuhr er auch, daß sein Vater U-Boot-Kommandant war und sein Aufenthaltsort unbekannt sei. Er wollte wissen, warum Hans in einem Kinderlandverschickungslager gewesen sei, wo doch seine Heimat nicht von Luftangriffen gefährdet gewesen war. Hans blieb nichts anderes übrig, als die Wahrheit zu sagen: nämlich daß wir in der Napola Neubeuern gewesen waren und erst kurz vor Kriegsende in ein Kinderlandverschickungslager verlegt worden seien. Auch Heinz und ich wurden untersucht, jedoch ohne krankhaften Befund bis auf die durch die starke Abmagerung hervorstehenden Rippen und die mitgenommenen Füße. Hans wurde isoliert in einem Raum untergebracht und stand unter ärztlicher Beobachtung. Uns beiden wurde als Nachtquartier ein kleiner Raum mit zwei Feldbetten, direkt neben der Küche, zugeteilt. Erstmals hatten wir wieder ein warmes Abendessen, konnten uns im Waschraum waschen und duschen, unsere Wäsche reinigen und zum Trocknen aufhängen. Rasch fielen wir in die ungewohnten Feldbetten und bedeckten uns erstmals wieder mit einer flauschigen Wolldecke. Ein unbeschreibliches Wohlgefühl!

Am nächsten Morgen des 10. Tages unserer Wanderschaft zogen wir über die frisch gewaschene Wäsche die Trainingsanzüge an. Beim Arzt erkundigten wir uns anschließend über das Befinden von Hans. Keinesfalls könne er in den nächsten Tagen mit uns weiterziehen, auch könnten wir bis zu seiner Genesung nicht warten, da im Krankenhaus so lange kein Platz wäre, sagte uns der Arzt. Deshalb hielten wir es für richtig, weiterzugehen und zu Hause die Mutter von Hans über seinen Verbleib zu verständigen. Denn ob jemals eine Mitteilung des Krankenhauses die Mutter in der Tschechoslowakei erreichen würde, war sehr unsicher.

Das Frühstück durften wir wieder im Personalraum neben der Küche einnehmen. Danach verabschiedeten wir uns von Hans, der mittlerweile vom Arzt informiert worden war, daß er nicht mit uns weitergehen könne. Er gab uns einen Brief an seine Mutter mit, den wir ihr so rasch als möglich überbringen sollten. Wir wünschten ihm baldige Gesundheit und daß er von seiner Mutter nach Hause geholt werden könne. Hans stand das Wasser in den Augen, als wir mit festem Händedruck und tränenerstickter Stimme Lebewohl sagten und schnell das Zimmer verließen. Dem behandelnden Arzt dankten wir, daß er unserem Kameraden ohne Ausweis und Geld in der Tasche rasch und unbürokratisch Hilfe hatte zukommen lassen und daß auch wir nach seiner Untersuchung mit der Gewißheit entlassen wurden, den restlichen Weg durchstehen zu können. Anerkennend dankten wir für die Möglichkeit der Übernachtung und Verpflegung im Krankenhaus, und zum Schluß baten wir, für Hans alles zu seiner baldigen Genesung zu tun. Nachdem er noch keine genaue Diagnose aus den Untersuchungsergebnissen habe, glaube er beim derzeitigen Zustand des Kranken nicht an eine baldige Entlassung, fügte der Arzt hinzu.

Wehmütig und bedrückt verließen wir am 11. Tag unseres Fußmarsches ohne Hans das Krankenhaus kurz vor Mittag. Unser nächstes Ziel war Rötz an der Ostmarkstraße, von Cham in nördlicher Richtung 25 km entfernt. Statt auf der Ostmarkstraße gingen wir eine um 5 km verkürzte Strecke über Pemfling, Englsdorf und Bernried nach Rötz. Der Weg stieg von Cham, das 380 m hoch lag, auf 450 m bis Rötz an. Von hier aus sollte unser Weiterweg ursprünglich direkt nach Waidhaus führen, da diese Verbindung eine Abkürzung gegenüber der Strecke Rötz – Oberviechtach – Leuchtenberg gewesen wäre. Von Einheimischen erfuhren wir aber, daß die Gegend in Grenznähe immer wieder durch Überfälle bewaffneter Tschechen unsicher und gefährlich sei. Wir änderten deshalb unsere Routenwahl und liefen stets in der Nähe der Ostmarkstraße weiter in nördliche Richtung. Den Ort Pillmersried erreichten wir nach etwa 28 km um 20 Uhr. In einem Strohhaufen in Ortsnähe fanden wir den ersehnten Schlafplatz. Dankbar waren wir für den schönen und trockenen Sommer gerade für unser Unterfangen, jeden Tag und jede Nacht im Freien verbringen zu müssen. Müde und noch satt von der Krankenhausverpflegung, legten wir uns gleich schlafen.

Voller Ungeduld, endlich die Heimat zu erreichen, ließen wir es immer früher angehen. Schon um 6 Uhr des 12. Tages begann unsere Tagestour, nachdem wir das Brot vom Krankenhausproviant gegessen und dazu Wasser aus unseren Feldflaschen getrunken hatten. Wir verließen die Nähe der Ostmarkstraße und nahmen den Weg auf einer Nebenstraße über Schneeberg nach Lind, Pirkhof, Pullenried, Tröbes und Moosbach, unserem Tagesziel nach etwa 30 km. Trotz des tagelangen, immer gleichen Trotts waren wir euphorisch, unserer Heimat schon so nahe zu sein. Die durchwanderte, sehr abwechslungsreiche Landschaft glich mit ihren Hügeln, Wäldern und dazwischenliegenden Wiesen und Feldern mehr und mehr jener unserer Heimat am Fuß des Erzgebirges. Das Auf und Ab der Hügel war nach den tagelangen Anstrengungen sehr kräftezehrend. Bei Schneeberg kamen wir an den Bach Ascha und erfrischten uns kurz. Nach Lind überquerten wir die Straße Oberviechtach – Schönsee und setzten unseren Weg nach Pirkhof und Pullenried fort.

Wir hatten die Hälfte zu unserem Tagesziel zurückgelegt, und es war Zeit für eine Mittagspause. In Pullenried erbettelten wir je eine Brotscheibe und ein wenig Milch. Wir gönnten uns eine halbe Stunde Pause unter Bäumen und dachten spontan wieder an Hans, der uns sehr fehlte. Wir hofften, daß seine Erkrankung nicht ernsthaft war, was bei den durchgestandenen Strapazen, dem ständigen Hungern und den miserablen hygienischen Verhältnissen nicht zu verdenken gewesen wäre.

Zwischen Pullenried und Tröbes war ein erheblicher Anstieg im Bereich des Stangenberges, der 750 m über dem Meer lag, zu bewältigen. Vom höchsten Punkt aus fiel die Straße nach Tröbes und Moosbach wieder bis auf 499 m ab. Von der Kreuzung bei Lind bis Moosbach betrug das Teilstück etwa 16 km. Endlich waren wir gegen 16 Uhr in Moosbach angekommen, nach 30 km Fußmarsch. Bei einem Bäcker erhielten wir etwas Brot und eine Tasse Kaffee. Dabei jammerte er wegen seiner täglichen Probleme, Mehl, Fett und Milch für seinen Backbetrieb zu bekommen. Außerdem funktionierten die Verkehrsmittel noch nicht, und nur durch Tauschgeschäfte könne er die Versorgung mit Backwaren überhaupt aufrechterhalten. Daß wir nach Hause in die Tschechoslowakei wollten, wunderte ihn sehr, da von dort nur Schlechtes zu hören sei. Verunsichert und mutlos wußten wir keinen Ausweg, denn wohin sonst als zu unseren Müttern sollten wir gehen, die uns sicher schon lange oder zumindest eine Nachricht von uns erwarteten?

Auf unserem bisherigen Weg hatten wir, mit Ausnahme beim Betteln und beim kurzen Aufenthalt im Krankenhaus, nur wenige Leute getroffen, die uns über die Zustände der Nachkriegszeit berichten konnten. Je weiter wir nach Norden und Osten in Grenznähe zur Tschechoslowakei kamen, desto mehr wußten die Menschen aus spärlichen Zeitungsberichten und vom Hörensagen, was sich jenseits der Grenze abspielte. Der Bäcker hatte wohl wegen seiner Kontakte bei den Tauschgeschäften und durch seine Kunden bessere Informationen. Von ihm erfuhren wir auch, daß die Amerikaner an der Kreuzung Vohenstrauß – Waidhaus einen Kontrollpunkt eingerichtet hatten, an dem alle Passanten und auch die mitgeführten Waren kontrolliert würden. Das hieß für uns eine sofortige Änderung der vorgesehenen Route. Wir verließen Moosbach nach einer halben Stunde Pause in Richtung Vohenstrauß. Den Kontrollpunkt und die Stadt umgingen wir weiter östlich und erreichten den Ort Altenstadt bei Vohenstrauß. Von Moosbach bis Altenstadt hatten wir an diesem Tag weitere 10 km zurückgelegt. Die gesetzte Tagesstrecke von etwa 40 km forderte einen Ruhe- und Erholungsschlaf, den wir in einem kleinen bäuerlichen Anwesen im Heu fanden. Etwas Brot und Kaffee, die uns gegeben wurden, genügten unseren auf wenig Nahrungszufuhr eingestellten Mägen.

In Altenstadt brachen wir am 13. Tag erst um 7.30 Uhr auf, da wir im Heu gut geschlafen hatten und nicht eher wach geworden waren. Wir nahmen den Weg nach Walthurn und erreichten den Ort nach 7 km. Von dort ging es über Grafenreuth nach Floß, das wir zur Mittagszeit erreichten. Wir merkten, daß es in der nördlichen Oberpfalz noch schwieriger war, Essen zu erbetteln. Die Böden der „Steinpfalz“, wie sie genannt wird, bringen nicht den Ernteertrag wie die fetten niederbayerischen Ackerböden. Dazu tragen auch die rauhe Luft und der kalte Wind von Osten, ebenso die höhere Lage der Oberpfalz bei. Nicht daß die Bauern mit ihren kleinen Höfen geiziger gewesen wären; sie hätten selber nur das Nötigste zum Überleben, brachten sie immer wieder fast entschuldigend vor. Oberhalb von Floß entdeckten wir in einem Acker, inmitten von Feldfrüchten, Gemüseanbau mit Buscherbsen, Gelben Rüben und Kohlrabi, von denen wir in unserer Not eine kleine Menge ernteten, um sie genüßlich gerade jetzt zur Mittagszeit ungestört zu verzehren. Wir liefen weiter nach Ellenbach und Wildenau, das von Floß etwa 7 km entfernt war. An der schmalen Straße dorthin lagen einzelne kleine Bauernhöfe, wo wir um Brot und etwas Milch bettelten. Unser jugendliches Alter, dürr und heruntergekommen, erweichte das Herz der Bäuerin, zumal sie dann noch unsere Weggeschichte hörte. Auch sie erzählte von den vielen Flüchtlingszügen aus Schlesien, die bettelnd unterwegs seien und eine Bleibe suchten.

Unser nächstes Ziel war Schönficht, 7 km von Wildenau entfernt, das wir nach der Einmündung in die Straße von Neustadt an der Waldnaab nach Tirschenreuth um 17 Uhr erreichten. Hier mußten wir unseren geplanten Weg wieder kurzfristig ändern, nachdem in Schönficht an der Straßenkreuzung von Neustadt/Waldnaab nach Tirschenreuth und von Beidl nach Falkenberg ein amerikanischer Posten eingerichtet war, der jedoch nicht kontrollierte, sondern vielmehr allen, die aus verschiedenen Richtungen kamen, den Weitermarsch oder die Weiterfahrt nach Tirschenreuth verweigerte. Uns wurde ohne jegliche Diskussion die Straße nach Falkenberg gewiesen, obwohl wir nach Tirschenreuth und von dort nach Mähring wollten. So erging es auch vor uns einem Flüchtlingstreck aus Schlesien, den ein baumlanger kräftiger Neger von der Straße nach Tirschenreuth abwies und nach Falkenberg leitete.

Wir schlossen uns diesem Treck an, durften sogar auf ein Pferdegespann aufsitzen, das eine Frau führte. Unser täglich gleicher Trott, der aus Marschieren, Betteln oder manchmal Stehlen, Essen und Schlafen bestand, hatte uns in vieler Hinsicht völlig abgestumpft; um so erfreulicher und sehr informativ war die Unterhaltung mit ihren beiden Töchtern, die auf dem Wagen aufgesessen hatten und etwas älter als wir waren. Dabei erfuhren wir auch den Grund der totalen Absperrung für alle Fremden vor Tirschenreuth. Im damaligen AOK-Gebäude hatten die Amerikaner ihre Kommandantur, eine Zivilverwaltung für Lebensmittelverteilung und Passierscheinausstellung, eingerichtet. Die Schlesier klagten uns ihr Leid; vertrieben von Haus und Hof, besäßen sie nur mehr das, was das Pferdegespann ziehen konnte. Überall würden sie mit ihrem Gespann abgewiesen und hätten für ihre Pferde auch kein Futter, so daß sie selbst dieses erbetteln müßten. Das sei auch der Grund gewesen, in Tirschenreuth bei den Amerikanern vorsprechen zu wollen und Hilfe zu bekommen.

Die Straße von Schönficht nach Falkenberg fiel, nach einer anfänglich geraden Strecke, hinter dem Ort Konnersreuth sehr stark ab. Unten, am tiefsten Punkt im Wald, wo ein Bach die Straße unterquerte, stand an der linken Straßenseite ein großes, mit frischen Fichtenzweigen geschmücktes Holzkreuz. Ein Schild darauf erinnerte an das, was sich hier in den letzten Kriegstagen ereignet hatte. Ein Zug mit KZ-Gefangenen war an dieser Stelle durchgetrieben und jeder, der entkräftet nicht weitergehen konnte, sofort erschossen und hier in einem Massengrab verscharrt worden. Unwillkürlich stand uns wieder großes Entsetzen ins Gesicht geschrieben. Erinnerungen an den erlebten Gefangenenzug an der Bahnlinie von Schwandorf nach Amberg, wo auch Schüsse gefallen waren, kamen wieder auf.

Hier verließen wir den Schlesiertreck und überlegten anhand unserer Karte, welche Richtung wir nun nach Mähring, an Tirschenreuth vorbei, einschlagen mußten. Gegenüber der Gedenkstätte führte ein Feld- und Waldweg in östliche Richtung, dem wir folgten. Nach etwa 800 m wollten wir uns am Waldrand einen Platz für die Nacht suchen. Doch Hundegebell verriet die Nähe eines Bauernhofes, den wir tatsächlich gleich nach einem weiteren kleinen Wegstück auf einer Waldlichtung vorfanden. Wir trugen etwas Heu von der angrenzenden Wiese zum Waldrand und schichteten es zu einem Haufen als Nachtlager auf. 20 Uhr war es schon, und nach unserem heutigen Fußmarsch von etwa 32 km ließen wir uns entkräftet und ermattet in das Heu fallen und schliefen sofort ein.

Am Morgen des 14. Tages umfing uns wieder hellster Sonnenschein bei wolkenlosem, blauem Himmel. In die Stille um uns mischten sich in das Vogelgezwitscher verschiedene Geräusche vom nahen Bauerhof. Ein Hund bellte, Pferde wieherten, und Stimmen von zwei Männern, die sich offensichtlich unterhielten, hallten bis zu uns her. Wir zogen unsere Trainingsanzüge aus, zupften das Heu heraus, bewegten wie gewohnt unsere Arme und Beine zur Muskelentspannung, machten Rumpfbeugen, bis wir uns wieder erwärmt hatten und wohlfühlten. Im nahen Fischtümpel wuschen wir uns notdürftig, zogen unsere Trainingsanzüge wieder über und fuhren mit nassen Fingern kammartig durch unser langes Haar. Aus den Kaminen des nahen Bauernhauses quoll dicker Rauch vom Holzfeuer im Küchenherd. Sofort verbanden wir die aus den Kaminen aufsteigenden Rauchfahnen mit dem harzig-würzigen Duft nach verbranntem Holz mit einer gemütlichen Bauernstube, wo jetzt, zur frühen Morgenstunde, warmer Kaffee und frischgebackenes Bauernbrot mit ausgebuttertem Sauerrahm am Tisch stünden.

Mit dieser phantasievollen Vorstellung vom Leben auf dem Bauernhof steuerten wir kurz entschlossen darauf zu. Wir waren noch nicht im Hofbereich, als zur gleichen Zeit zwei Männer in Landseruniformen, aus östlicher Richtung kommend, auf den Hof zugingen. Der Hund schlug augenblicklich an, was die Männer nicht abhielt, weiterzugehen. Aus den heruntergekommenen Uniformen war zu schließen, daß sie ehemalige Soldaten der Deutschen Wehrmacht waren, die der Gefangenschaft entgehen wollten und sich deshalb in nur wenig besiedelten Gebieten bewegten. Vermutlich hatten sie das gleiche Anliegen wie wir, nämlich betteln. Ein Zusammentreffen wollten wir vermeiden, deshalb versteckten wir uns hinter einem Gebüsch nahe am Haus. Der kläffende Hund ließ die beiden nicht an die Tür herantreten. Deshalb klopften sie an der Giebelseite an ein Fenster, das eine ältere Frau nach einer Weile vorsichtig öffnete. Auf ihre Frage, was sie wollten, obwohl ihr dies wahrscheinlich ohnehin klar war, erzählten sie, daß sie aus der Tschechoslowakei geflohen seien, um dort der Gefangenschaft zu entkommen. Dann baten sie sehr höflich um etwas zu essen. Die Bäuerin gab zu verstehen, hier zu warten, bis sie etwas bringe, und schloß das Fenster.

Für uns bedeutete dies die Möglichkeit, aus unserem Versteck an das Fenster zu treten und uns zu den beiden zu gesellen. Nach einem Gruß gaben wir zu verstehen, daß wir ebenfalls wic sie unterwegs seien, aber in entgegengesetzte Richtung. Inzwischen kehrte die Bauersfrau zurück, öffnete das Fenster und reichte für jeden der beiden ein großes Stück Brot heraus sowie Wasser zum Trinken. Sie bedauerte, nicht mehr und schon gar keine Milch geben zu können, da täglich viele Flüchtlinge und Soldaten betteln kämen. Die beiden bedankten sich, und dann sah die Frau uns. Sie fragte sofort, ob wir zusammengehörten, was wir verneinten und versicherten, daß unser Zusammentreffen ein zufälliges sei. Gerührt fragte sie uns, wo wir „Kinder“ denn herkämen und wohin wir wollten. Als sie unsere kurz erzählte Geschichte hörte, schüttelte sie sorgenvoll den Kopf und meinte: „Was haben wir doch für eine schlimme Zeit!“ Sie nannte uns „arme Buben“ und sagte spontan: „Euch bringe ich ein Butterbrot und Milch“ und, zu den Männern gewandt, „ihr werdet das verstehen“. Während sie beides für uns holte, wollten wir von den Männern mehr über die Zustände in der Tschechoslowakei wissen und woher sie kämen. Sie schilderten das schlimme Vorgehen der Tschechen gegenüber deutschen Bewohnern und wie übel sie deutsche Soldaten behandelten, wenn sie welche gefangennähmen. Sie würden aus der Gegend von Karlsbad kommen, wo sie sich der Gefangenschaft hatten entziehen und verstecken können. Nur bei Nacht wagten sie die weitere Flucht nach Bayern. Eindringlich warnten sie uns davor, nach Hause zu gehen.

Wir waren über das Gehörte unsicher geworden und sehr bedrückt. Die Frau kam unterdessen wieder an das Fenster und brachte uns Butterbrot und Milch. Die beiden Männer verabschiedeten sich mit „Vergelt's Gott“ und gingen. Wir aber nahmen das Dargebotene wie ein Weihnachtsgeschenk entgegen und aßen auf einer Bank unser Frühstück. Als wir ebenfalls mit „Vergelt's Gott“ dankten und uns zum Gehen anschickten, drückte uns die Bäuerin noch zwei zusammengelegte Butterbrote, in Papier gewickelt, in die Hände mit der Bemerkung: „für den weiten Heimweg“. Die aufkommenden Zweifel über die Richtigkeit unserer Heimkehr wegen des eben Gehörten versuchte sie in ihrer Güte zu vertreiben und bemerkte, sie könne verstehen, daß wir zu den Müttern heimkehren wollten. Der große Bauernhof lag etwa 250 m abseits; er war über einen schmalen Weg zu erreichen, der bei einem Feldkreuz abzweigte, das heute noch an der Stelle steht. Dort befand sich ein Schild mit dem Hinweis auf das „Erlgut", das uns unterwegs noch lange in bester Erinnerung blieb. Dieser Tag hatte ganz besonders gut angefangen.

Nach etwa 2 km kamen wir am Dorf Lengenfeld vorbei. Wir bogen hier von der Straße in einen Weg ab, der zu einem größeren Weiher führte. Bei diesem wandten wir uns in östliche Richtung, über Wiesen- und Feldwege, und schließlich standen wir wieder an der übergeordneten Straße Tirschenreuth – Neustadt a.d. Waldnaab, nördlich von Schönficht. Von der Straßenkreuzung in Schönficht wollten wir schon einen Tag zuvor nach Tirschenreuth gelangen, was uns von amerikanischen Posten verwehrt worden war.

Wir waren noch ungefähr 100 m von der Straße nach Tirschenreuth entfernt und beobachteten zwei Männer in Zivil, mit roten Armbinden, die an der Straßenabzweigung nach Bärnau, kurz vor Tirschenreuth, postiert waren und alle Zivilisten kontrollierten. Um dem zu entgehen, überquerten wir die Straße und liefen blitzschnell auf einen Feldweg zu. Doch die beiden Männer hatten uns bereits erspäht und riefen uns zu, stehenzubleiben. Wir rannten dennoch weiter, und einer der beiden versuchte uns zu verfolgen. Als er einsah, uns nicht mehr einholen zu können, rief er laut und zornig, daß uns sicher die Amerikaner einfangen würden.

Mit langen Schritten liefen wir den Feldweg nach Osten weiter und erreichten das Dorf Matzersreuth. Dort erfuhren wir von Einheimischen, daß Männer mit roten Armbinden Antifaschisten seien und von den Amerikanern als Hilfspolizisten eingestellt worden waren. Sie mußten Kontrollen an den Zugangsstraßen nach Tirschenreuth durchführen und Verdächtige den GIs übergeben. Wir waren wieder gewarnt, besonders auf dem Weg zur Grenze mit größter Vorsicht vorzugehen, da die Amerikaner die Straßen dorthin oft zu Kontrollzwecken abfuhren und Aufgegriffene erst einmal zur Überprüfung mitnahmen. Auch hier hörten wir wieder, daß es „drüben", gemeint war die Tschechoslowakei, viele Übergriffe gegen Deutsche und deren Besitz gäbe. Von Matzersreuth ging es über Feldwege südöstlich an Großkonreuth und Poppenreuth vorbei, dann über den Poppenreuther Berg, 780 m hoch, nach Mähring, das wir östlich liegen ließen. Bis hierher hatten wir an diesem Tag erneut 14 km zurückgelegt. Von Mähring her drang das Zwölf-Uhr-Läuten, Zeit für uns, eine kurze Mittagspause einzulegen und die Butterbrote der Bäuerin vom „Erlgut“ zu verzehren.

Voller Unbehagen näherten wir uns der nach Kriegsende wieder bestehenden Grenze zwischen Bayern und der Tschechoslowakei, beobachteten aus sicherem Versteck eine Zeitlang das Grenzgebiet und hielten Ausschau nach Uniformierten. Es bewegte sich nichts, so daß wir sehr umsichtig weitermarschieren konnten. Plötzlich standen wir schon vor den ersten Häusern des Dorfes Lohäuser, nach der tschechischen Umbenennung Slatina genannt. Schreck erfaßte uns, als tatsächlich an einem Giebelfenster eine Stange mit der tschechischen Hoheitsfahne, wie wir sie von früher bis Herbst 1938 kannten, herausragte. Nach sieben Jahren symbolisierte sie jetzt, nach Einholen der schwarz-rot-weißen deutschen Hakenkreuzfahne, die einschneidende Veränderung in unserer Heimat.

Betroffen und wie angewurzelt standen wir schweigend eine Weile da; unsere Jugendträume waren somit endgültig begraben. Wir waren in ein fremdes Land zurückgekehrt, das dennoch unsere Heimat war. Der erste Einwohner von Lohäuser, den wir am Ortseingang trafen, trug eine weiße Armbinde, die uns sofort an die Hilfspolizisten von Tirschenreuth erinnerte, deren Armbinden aber rot gewesen waren. Verunsichert wollten wir ihm aus dem Weg gehen, doch der Mann blieb stehen und sprach uns im Egerländer Dialekt an, was uns die Angst nahm. Wohin wir wollten? lautete seine Frage. „Heim, zu unseren Müttern“, antworteten wir. Nachdem wir unsere Heimatorte genannt hatten, wurde auch er zutraulicher und warnte uns, auf dem weiteren Fußweg Orte direkt anzupeilen, da in jedem größeren schon ein Tscheche als Bürgermeister oder Verwalter (správce) eingesetzt sei, der als neues Vollzugsorgan willkürlich agiere. „Würde er euer habhaft, könnte es passieren, in einem Gefängnis oder Arbeitslager zu landen“, fügte er hinzu. Die Grenze entlang würden ab und zu Fahrzeuge mit Rotgardisten zu deren Bewachung fahren. In den Städten wie Marienbad (Mariánské Lázně) seien die Amerikaner stationiert, was uns sehr verwunderte und verwirrte.

Vorgewarnt verließen wir Lohäuser und bewegten uns vorsichtig auf einer schmalen, geschotterten Forststraße durch ein großes, zusammenhängendes Waldgebiet, bis wir nach langem Gehen zum Waldrand gelangten. Als wir aus dem Wald traten, sahen wir den Ort Dreihaken (Tři Sekery), der auch in unserer Karte eingezeichnet war. Wir umgingen ihn westlich und schlugen den Weg in Richtung Altwasser (Stará Voda) ein. Hier legten wir anhand der Landkarte unseren Weiterweg fest. Bis Altwasser, das wir westlich liegenlassen wollten, waren es etwa 7 km. Dann mußte die Hauptstraße Eger – Pilsen (Cheb – Plzeň) überquert und in Richtung Bad Königswart (Lázně Kynžvart) gegangen werden. Den Ort selbst wollten wir nicht direkt angehen, sondern östlich liegenlassen. Von der Grenze bis dorthin waren es 15 km.

Wir marschierten los, Orte meidend, wie man uns geraten hatte, und zogen im Wald westlich am Schloß Königswart (Zámek Kynžvart) vorbei, wo wir Amerikaner beobachteten, die es wahrscheinlich als Quartier benutzten. Nach etwa 30 km Tagesmarsch, zuletzt auf steil ansteigendem Weg, erreichten wir die Glatze (Kladská) im Kaiserwald (Slavkovský les), mit dem Jagdhaus (Lovecká chata) eines Fürsten, welches das Plateau einnahm. Wir mieden die Nähe dieser Gebäudegruppe und suchten westlich davon im Wald am Fuß des Glatzenberges eine Übernachtungsmöglichkeit. Zu essen hatten wir nichts mehr, hätten auch nicht in einem Gehöft zu betteln gewagt. Zu gefährlich schien uns dieses Unterfangen, und angesichts der nahen Heimat wollten wir keinerlei Wagnis mehr eingehen. Endlich fanden wir in dem großen Waldgebiet noch vor Einbruch der Dunkelheit eine baufällige Holzhütte, in der wir übernachteten. Ganz bewußt hatten wir uns im Nordwesten des Glatzenberges weiterbewegt, da wir vom Erdkundeunterricht her wußten, daß östlich des Glatzenberges eine Moorlandschaft liegt, die nur über Stege begangen werden konnte. Als wir uns schließlich zum Schlafen legten, hörten wir von der Straße her Geräusche vom Lastwagenverkehr und einmal auch Schüsse. Sonst blieb es in der Nacht ruhig.

Am Morgen des 15. Tages, es war noch sehr früh, wurden wir durch die Kälte geweckt. Mit ausgiebigem Frühsport erwärmten wir uns soweit, daß wir nach Besprechung der Tagestour ohne Essen und mit leeren Rucksäcken weiterziehen konnten. Der nächste größere Ort war Sangerberg (Prameny) in etwa 10 km Entfernung; ein Luftkurort

Jagdhaus eines Fürsten auf der „Glatze" bei Marienbad

mit Heilanstalt für Lungenkranke. Von hier führte die Straße 7 km nach Lauterbach (Čistá), einem Erzbergwerksstädtchen, weitere 5 km nach Schönfeld (Krásno) und schließlich noch einmal 4 km nach Schlaggenwald (Horní Slavkov), zusammen 26 km. Bis nach Hause wären noch einmal 14 km zu gehen gewesen, wie wir auf der Karte feststellten, weshalb unser heutiges Ziel Schönfeld sein sollte. Hunger quälte uns, weil wir seit früh nüchtern waren. Vor dem Weitermarsch mußten wir uns um Essen umsehen. Noch vor Sangerberg sahen wir ein einzelnes Gehöft, an das wir heranschlichen. Ziegen grasten im umzäunten Garten, und aus dem Kamin quoll Rauch. Wir beobachteten das Haus längere Zeit, bis eine Frau mit einem Kind am Arm in den Garten trat und auf das Baby einredete. Welcher Sprache sie sich bediente, interessierte uns brennend. Waren es noch deutsche Besitzer, oder hatten Tschechen das Gehöft schon übernommen? Als wir aber deutsche Laute hörten, traten wir erleichtert auf die Frau mit dem Kind zu, die jedoch wegen unseres ungepflegten Aussehens erschrak und sich zurückziehen wollte. Wir beruhigten sie, indem wir zurücktraten und ihr zuriefen, vor uns keine Angst zu haben; wir hätten nur Hunger und wollten um Brot bitten. Erleichtert und mit sichtlich aufgehelltem Gesichtsausdruck eilte sie mit dem Kind in das Haus, brachte uns Brot und etwas kalten Kaffee von der Früh. Sie erzählte, daß ihr Mann im Forst arbeite und sie tagsüber allein mit dem Kind in der Einöde Angst habe, da es in der Umgebung immer wieder zu Übergriffen von Tschechen gekommen sei. Selten verirre sich jemand hierher, weshalb sie beim Anblick Fremder sofort Angst empfinde. Nachdem sie noch wissen wollte, woher wir gekommen seien, wohin unser Weg noch führe und wir ihr kurz geantwortet hatten, dankten wir für die Bewirtung, und sie wünschte glückliche Heimkehr.

Wir zogen weiter, an Lauterbach vorbei, nach Schönfeld. Sechs Stunden waren wir unterwegs, und es war 13 Uhr geworden. Durch unser tägliches Lauftraining waren wir mit der bisherigen Wegstrekke von 22 km noch nicht ausgelastet und beschlossen, nachdem wir auch wieder zu essen hatten, die restlichen 18 km bis zu meinem Heimatort Wintersgrün (Vintířov) noch anzuhängen. Wir umgingen Schlaggenwald und stiegen den steinigen Weg im Wald hinab nach Elbogen (Loket). Nach vier Stunden erreichten wir die Stadt um 17 Uhr. Als Deutsche mußte man auf Anordnung des tschechischen Staates weiße Armbinden tragen und ging ein großes Risiko ein, ohne diese Binde erwischt zu werden. Deshalb nahmen wir uns vermehrt in acht und umgingen Elbogen. Wegen der Eger (Ohře), die die Stadt fast zur Gänze bis auf ein kleines Stück mit Zufahrtsmöglichkeit umfließt, versuchten wir, ortskundig, über das Industrieviertel an das andere Ufer der Eger zu gelangen, was uns problemlos glückte. Auf der anderen Flußseite stiegen wir oberhalb des Krankenhauses den bewaldeten Berg hoch und konnten dadurch die Straße meiden. Die 7 km bis Wintersgrün wollten wir an diesem Tag jedenfalls noch schaffen, obwohl wir sehr müde und entkräftet waren. Doch der Gedanke, der Heimat so nahe zu sein, beflügelte uns, und wir erreichten das langersehnte Ziel nach zwei Stunden.

Es war 19 Uhr, und wir beide standen überglücklich vor der Tür des Hauses, in dem meine Mutter wohnte. Mein Herz raste, und meine Hand tastete zittrig zur Glocke. Vorsichtig überzeugte sich meine Mutter vom Fenster aus, wer vor der Tür stand, denn sie war allein zu Hause; mein Vater war noch nicht aus der Kriegsgefangenschaft zurückgekommen. Mit einem freudigen Aufschrei eilte sie zur Tür, öffnete sie und stand uns mit strahlenden Augen und überglücklich gegenüber. Trotz meines verwilderten und ungepflegten Aussehens, bis auf die Knochen abgemagert, erkannte sie mich sofort, zumal sie den Augenblick meiner Heimkehr stündlich ersehnt und erwartet hatte. Sie war genauso gerührt wie wir, umarmte und drückte mich an sich; Tränen flossen überreichlich, als wir einander in die Augen sahen. Ich stellte meinen Kameraden Heinz vor, den sie ebenso herzlich willkommen hieß.

Vor lauter Freude und Glück verlor meine Mutter keinerlei Gedanken darauf, daß wir riesigen Hunger haben könnten und ein Essen bräuchten, bis ich sie bat, uns rasch etwas leicht Verträgliches und vor allem Fettarmes für unsere empfindlichen Mägen zu kochen. Heinz benützte das Bad als erster, nachdem ich ihm frische Wäsche von mir überlassen hatte. Zu meiner Mutter gewandt, deutete ich an, daß sie sich zum Kochen Zeit lassen könne, da ich vor dem Essen ebenfalls baden und mich frisch ankleiden wolle. Schließlich saßen wir beide wie neu geboren bei Tisch, noch ungläubig, ob unsere Heimkehr nur im Traum erfolgt oder Wirklichkeit geworden sei. Essen konnten wir nur wenig, dafür überstürzten wir uns mit dem Erzählen unserer Odyssee zu Fuß vom Chiemsee hierher in das Sudetenland. Wir erinnerten uns auch an unseren dritten Kameraden Hans und bedauerten, daß wir ihn krank im Krankenhaus Cham zurücklassen hatten müssen. Seine Nachricht an seine Mutter sollte gleich am nächsten Tag weitergeschickt werden. Sehr spät gingen wir schlafen, nachdem meine Mutter Betten für uns überzogen hatte. Ein Bett mit einer Matratze, einer weichen Decke und einem Kopfkissen waren wir schon lange nicht mehr gewohnt. Man sollte meinen, daß wir bleischwer in tiefsten Schlaf gefallen wären, unsere Nacht verlief jedoch sehr unruhig.

Wie in den vergangenen Tagen, standen wir nach 15tägiger „Wanderschaft" sehr früh auf, wuschen uns nacheinander, kleideten uns an. Wir fuhren an dem überreich gedeckten Frühstückstisch mit unseren Erzählungen fort, denn unsere Erlebnisse waren so zahlreich und überwältigend, daß sie aus unserem Mund förmlich nur so heraussprudelten. Doch plötzlich merkte ich, daß Heinz wie abwesend war und dann unruhig zum Aufbruch drängte. Sein Heimatort war Neudek (Nejdek) im Erzgebirge (Krušné Hory), 16 km entfernt. Rasch verabschiedete er sich von meiner Mutter und bedankte sich; ich begleitete ihn bis hinter Chodau (Chodov) und zeigte ihm den Weg nach Poschetzau (Božicany), in Richtung seines Heimatortes.

Der Abschied nach unserem langen, gemeinsamen Weg bewegte uns, und mit Tränen in den Augen schieden wir voneinander, immer wieder umblickend und zuwinkend. Ich versprach noch, den Brief von Hans auf irgendeine Weise an seine Mutter zu übermitteln. Beim Abschied eilten meine Gedanken voraus – ob wir einander jemals wiedersehen würden?

Ein unbeschreibliches Gefühl umfing mich in meinem Zuhause; von meiner überglücklichen Mutter umsorgt, genoß ich die Zeit. Schon nach zwei Tagen hatte sich meine Heimkehr im Ort herumgesprochen, und meine besten Freunde Gerfried U. und Karl Z. kamen mich am Freitag besuchen. Über viele Stunden tauschten wir unsere jeweiligen Erlebnisse am Ende des Krieges aus und fragten uns immer wieder besorgt, wie es wohl weitergehen würde. Den Brief an die Mutter von Hans brachte ich zur Post. Ob er sie erreicht hat, habe ich nie erfahren.

Die Verhaftung

An einem Dienstagabend war ich nach Hause gekommen. Zwei Tage genoß ich die Abgeschiedenheit und Ruhe daheim bei meiner Mutter. Langsam sprach sich, wie oben erwähnt, im Ort herum, daß ich von Oberbayern wieder nach Wintersgrün zurückgekommen sei. Es war Freitag, als mich meine Freunde Gerfried U. und Karl Z. zum erstenmal besuchten und wir unsere Erlebnisse austauschten. Dabei forderten sie mich auf, mit ihnen zu Tanzveranstaltungen zu gehen, die an Wochenenden in verschiedenen Gasthaussälen stattfanden. Nicht das Tanzen und die Musik stünden im Vordergrund, sondern einfach das Zusammensein und die Unterhaltung mit Gleichaltrigen und Gleichgesinnten. Ich aber fand daran nicht das geringste Interesse und wollte mein Zuhause absolut nicht verlassen, vielmehr wollte ich mich in der Abgeschiedenheit und Ruhe von den körperlichen, geistigen und seelischen Strapazen, besonders der vergangenen 14 Tage, erholen, denn ich spürte, daß ich nur dadurch wieder zu Kräften kommen konnte. Doch meine Freunde ließen nicht locker und wollten mich wieder in ihre Gemeinschaft einbinden. Schon am nächsten Tag, es war Samstag, besuchten sie mich nochmals und schlugen vor, heute abend mit ihnen zu einer Tanzveranstaltung nach Doglasgrün (Vřesová) zu kommen. Sosehr sie mich auch aufzumuntern und zu überreden versuchten, lehnte ich dieses Ansinnen strikt mit der Begründung ab, in nächster Zeit tagsüber vor allem Ruhe und fettarmes Essen, verteilt auf mehrere kleine Tagesportionen, und am Abend ein Bett zum frühen Schlafengehen zu brauchen. Niemand, der es nicht erlebt hatte, konnte sich in meine Lage versetzen und deshalb auch meine ablehnende Haltung verstehen. Zur Ruhe gekommen, wurde mir immer mehr bewußt, daß mich die Erlebnisse nicht nur körperlich, sondern auch geistig und seelisch ausgebrannt hatten. Nur in Abgeschiedenheit konnte ich die letzten Wochen verarbeiten. Mit dem verlorenen Krieg war eine Welt voll Hoffnung in mir zusammengebrochen. Keine Freude kam in mir auf, nach keinen Vergnügungen verlangte ich, eine ungeheure Leere fühlte ich in mir. Ich war körperlich, geistig und seelisch fertig. War es eine Vorahnung, die mich so bedrückte?

Am Samstag, gegen 17 Uhr, klingelte jemand an der Tür. Meine Mutter öffnete, und starr vor Schrecken sah sie zwei bewaffnete Tschechen zusammen mit einem Ziviltschechen vor ihr stehen, der in unserem Dorf gelebt hatte und während der Zeit des Dritten Reiches von niemandem behelligt worden war. Seine Frau war Deutsche, und sein ältester Sohn hatte bei der Deutschen Wehrmacht gedient. Der Ziviltscheche blieb 1938 in Wintersgrün und fungierte jetzt, nachdem er gebürtiger Tscheche war, als eine Art Bürgermeister im Ort. Auf seine kurze Frage „Ist der Sohn zu Hause?" erblaßte meine Mutter und zitterte am ganzen Körper. Nachdem ich mich im gleichen Raum aufhielt, hatte ich keine Gelegenheit, durch ein Fenster zu fliehen. Verleugnen oder auf die Frage mit „nein" zu antworten, hätte ebenso nichts mehr genützt. Schon hatten mich die drei Männer erblickt, traten näher, musterten mich und fragten nach meinem Kleiderschrank und dem sonstigen Aufbewahrungsort meiner Bücher und Schriftsachen. Ein Rotgardist mit der Maschinenpistole blieb in der Eingangstür stehen, während der andere im Rang eines Gendarmerie-Offiziers (Policejní důstojník) meine Sachen durchwühlte.

Meine Mutter verwickelte den Ziviltschechen angesichts der Durchsuchungen in ein heftiges Gespräch im Egerländer Dialekt, kannte sie ihn doch seit vielen Jahren, wobei sie immer wieder fragte, was sie in ihrer Wohnung wollten und welcher Anlaß zu einem solchen Vorgehen bestünde. Ihr Sohn, erst am Dienstagabend aus Oberbayern heimgekehrt und die Wohnung in der Zwischenzeit nicht verlassen habend, könne doch nichts angestellt haben, schrie sie aufgeregt in ihrer Ohnmacht. Der Zivilist versuchte sie mit der Behauptung zu beruhigen, dies sei nur eine Durchsuchung nach vielleicht noch vorhandenen NS-Schriften, die meine Mutter jedoch längst vernichtet hatte. Schließlich fand der Offizier zwei Kleinkaliberpatronen und ein Bild von mir in Jungvolk-Uniform, das vor etwa fünf Jahren aufgenommen worden war. Er fragte energisch in tschechischer Sprache, die der Ziviltscheche ins Deutsche übersetzte, wo sich das Gewehr zu den gefundenen Patronen befinde. Ich erklärte wahrheitsgemäß, daß ich nie ein Gewehr besessen hätte und diese Patronen noch von einem früheren Übungsschießen stammten. Die Patronen und das Bild steckte der Offizier ein und forderte mich über den Zivilisten auf, mitzukommen. Letzterer beruhigte meine fassungslose Mutter inzwischen damit, daß ich nach einem Verhör wiederkommen werde. Auf meine Frage, ob ich Zahnbürste und Nachtkleidung mitnehmen solle, verneinte er dies zur Beschwichtigung. Ich aber ahnte, daß dieser Vorgang einen schlimmeren Ausgang nehmen könnte, angesichts des Rechtsmißbrauches gegenüber Deutschen, von dem ich in den zurückliegenden drei Tagen gehört hatte und Heinz und ich bei unserem Heimweg von Bayern in die Tschechoslowakei öfter gewarnt worden waren. Meine Mutter beschimpfte den Zivilisten unter Tränen und warf ihm vor, während des Krieges ein ruhiges Leben mit seiner kleinen Landwirtschaft geführt zu haben, wohingegen ihr Mann – mein Vater – zum Kriegsdienst verpflichtet worden und in Gefangenschaft geraten sei. Bis jetzt wüßten wir nicht, wo er sich aufhalte oder ob er überhaupt noch am Leben sei. „Und jetzt nehmt ihr auch meinen einzigen Sohn mit, der niemandem etwas getan hat!" schrie sie in ihrer Verzweiflung und Hilflosigkeit. Ich beruhigte meine Mutter, denn ich befürchtete auch noch Schwierigkeiten für sie. Der Offizier sprach ebenfalls deutsch, wie sich herausstellte, als er zum Aufbruch drängte und den Abmarsch befahl, mit dem Ziviltschechen voran, mit mir in der Mitte und dem Uniformierten, der die Maschinenpistole ständig in meinen Rücken drückte, hinterher. Vor dem Haus verabschiedete sich der Offizier vom Ziviltschechen, der nach Hause ging; wir aber schlugen die Richtung nach Neusattl (Nové Sedlo) ein.

Die beiden Uniformierten nahmen mich in die Mitte; der Offizier ging rechts und der Rotgardist (příslušník SNB-esenbák) mit der Maschinenpistole im Anschlag links von mir. Ich bemerkte, wie sich bei den Häusern, an denen wir vorbeigingen, die Vorhänge zum Teil bewegten, damit man diesen Vorgang ungesehen besser beobachten konnte. Deutsche Ortsbewohner mit weißen Armbinden gingen rasch aus dem Weg, als sie die Uniformierten mit mir in der Mitte sahen. Nachdem sie nicht mit einem Auto gekommen waren, mußten wir den Weg in das etwa 3 km entfernte Neusattl zu Fuß zurücklegen.

In etwa 1 km Entfernung stand eine Gastwirtschaft, das „Bergwirtshaus" mit bäuerlichem Anwesen, dessen Name wahrscheinlich vom nicht weit entfernten Braunkohleschacht herrührte. Die Kohle wurde im Stollenbergbau und teilweise auch im Tagbau, der sich in Richtung Neusattl hinzog, gewonnen. In der Nähe des „Bergwirtshauses“ führte die Straße durch einen Eisenbahntunnel, bog dahinter etwas nach rechts ab und war von einem Straßenkontrollposten der Amerikaner nicht mehr einsehbar, der sich beim „Bergwirtshaus“ befand. Dort wurde die Straße nach Neusattl von einer anderen gekreuzt. Diese kam vom Bergwerk her und führte geradeaus weiter nach Chodau. Außerdem verlief parallel zur eben angeführten Straße, auf einem hohen Bahndamm, die Bahnlinie Eger – Karlsbad (Cheb – Karlovy Vary). Wir folgten der Straße nach Neusattl. Auf dem Weg zum Kontrollpunkt der Amerikaner wurde ich von den beiden Rotgardisten in tschechischer Sprache immer wieder mit beleidigenden und unflätigen Ausdrücken beschimpft, wie „německá svině“ („deutsches Schwein“) und anderen, die ich nicht wörtlich verstand, dabei bohrte der links von mir gehende Rotgardist den Lauf der Maschinenpistole ständig in meine linke Hüfte. Als wir uns den Amerikanern näherten, bekam ich mit, daß der rechts von mir gehende Offizier dem anderen Tschechen, kurz vor dem Kontrollpunkt, in tschechischer Sprache den Befehl gab, die Maschinenpistole umzuhängen. Der Offizier legte gleichzeitig „kameradschaftlich“ seine Hand auf meine Schulter, grüßte die Amerikaner am Posten militärisch, was diese erwiderten, und sagte in gebrochenem Deutsch, zu mir gewandt, daß ich nur zum Verhör mitgenommen würde. Dann folgten einige belanglose Worte, womit die tschechischen Uniformierten bei den Amerikanern den Eindruck verstärken wollten, ich wäre nur ein ziviler Begleiter der beiden. Als ich dieses falsche „Spiel“ durchschaut hatte, wollte ich in meiner Not die Möglichkeit nützen, den Amerikanern zu verstehen zu geben, daß ich als Fünfzehnjähriger ohne Grund Gefangener der Tschechen sei. Gleichzeitig wollte ich um Hilfe bitten, wobei mir klar war, daß dies für meine „Begleiter“ eine Provokation darstellte, die, wenn der Erfolg ausbliebe, schwere Folgen für mich haben könnte.

Diese Überlegungen gingen mir blitzschnell durch den Kopf, Einzelheiten konnten dabei nicht genauer durchdacht werden. Hastig würgte ich aus beinahe zugeschnürter Kehle mit beklemmender Stimme hilfesuchend hervor: „I am prisoner of the Czechs, please help me!“ („Ich bin Gefangener der Tschechen, bitte helft mir“). Doch die Amerikaner quittierten meinen verzweifelten Hilferuf mit lautem Gelächter und erwiderten: „You are crazy, boy“ („Du bist verrückt, Junge“). Alles lief blitzartig ab, und ich war mir nicht sicher, wieviel Englisch die Tschechen verstanden und wie sie diese Situation aufgenommen hatten. Das Gelächter der Amerikaner konnte für mich hilfreich gewesen sein, falls die beiden Tschechen nichts von den hastig hingeworfenen englischen Brocken verstanden hatten und sie für spaßig hielten. Wir verschwanden durch den Tunnel und gelangten dadurch aus dem Blickfeld des amerikanischen Postens. Eine Bemerkung und ein folgender Befehl an den Rotgardisten in tschechischer Sprache offenbarten mir rasch, daß der Offizier sehr wohl verstanden hatte. Schon trafen mich die ersten Faustschläge des Rotgardisten auf den Kopf, so daß ich taumelte, und der darauf folgende Fußtritt streckte mich vollends nieder. Ich sprang gleich wieder auf, aber das Zuschlagen wiederholte sich, so daß ich auch nicht mehr gewagt hätte, um Hilfe zu rufen. Der weitere etwa 2 km lange Weg bis zur Polizeistation in Neusattl war erfüllt von Demütigungen und weiteren Schlägen. Dabei wurde ich immer bockiger, wich den Schlägen aus und riß die Arme zur Verteidigung hoch, bis auch meine Arme von Schlägen mit der Maschinenpistole schmerzten.

Bei der Polizeistation Neusattl angekommen, wurde ich zur Tür hineingestoßen und sah, was sich hier zutrug. Im Raum waren Schlägereien an drei Gefangenen voll im Gang, die von den Hieben schon schwer zugerichtete blutverschmierte Gesichter hatten. Obwohl einer bereits am Boden lag, wurde er weiter mit Füßen getreten. Erst nach genauerem Hinsehen erkannte ich den am Boden liegenden und schwer lädierten Mann; es war der Standortführer B. der Hitlerjugend des Bezirks und in diese Funktion als beinamputierter Unteroffizier eingesetzt worden. Durch die ständigen Schläge und Fußattacken hatte er sich mit der Prothese nicht mehr aufrechthalten können und war zu Boden gegangen. Nach der Meldung des mich hierher begleitenden Offiziers nahmen die Schläger nun auch mich vor. Auf die Frage „Wo ist das Gewehr?“ und meine beharrliche Antwort „Ich habe keines“ setzte es mit einem Gummiknüppel wieder und wieder Schläge. Schmerzverzerrt versuchte ich meinen Kopf mit den Händen zu schützen. So also sah das bei meiner Mutter und später beim amerikanischen Posten verharmloste und vorgetäuschte „Verhör“ aus! Doch nach etwa einer Stunde Tortur folgte erst das richtige Verhör. Man wußte über mich genau Bescheid und konfrontierte mich immer wieder mit der Frage, weshalb ich aus Bayern in

Burg Elbogen – im Kreis die Fenster der Zelle bei der Einlieferung

die Tschechoslowakei zurückgekehrt sei, wo ich doch hätte wissen müssen, daß Werwölfe sofort verhaftet würden. „Ich bin kein Werwolf", erwiderte ich wütend. Diese vorgebrachte Anschuldigung war also der Grund für das Abführen und Hiersein, wie mir jetzt erst klar wurde. Die Tschechen schätzten mich als Werwolfführer ein, der aus Oberbayern zurückkehrt und in der Tschechoslowakei, meiner Heimat, eingesetzt werden sollte. Ich wehrte mich ständig gegen den gleichen Vorwurf und erklärte, daß es doch ganz normal sei, nach Hause zu kommen, wenn eine Schule aufgelöst werde. Jetzt verstand ich auch, weshalb der Standortführer und seine zwei Stellvertreter hier waren; ich erfuhr es im Verhör. Die Tschechen glaubten mir nicht oder wollten nicht zur Kenntnis nehmen, daß ich die beiden anderen Männer im Raum nicht kannte, wohingegen mir doch der dritte, der Standortführer, bekannt war. Ihn hatte ich zufällig einmal bei einer Veranstaltung kennengelernt.

Inzwischen war draußen vor der Polizeistation ein Lastwagen mit Rotgardisten vorgefahren. Diese hatten den Befehl, uns auf dessen Ladefläche zu schaffen. Das „Schaffen" erfolgte gegen unseren Willen und wurde mit Schikanen und Schlägen erzwungen. Den Standortführer, der sich noch immer nicht bewegen konnte, mußten wir zum Lastwagen tragen und auf der Ladefläche ablegen. Die hintere

Wand wurde hochgeklappt, drei Gardisten mit Maschinenpistolen saßen an der Wand des Führerhauses auf und hielten uns mit der Waffe in Schach. Schon ging es in rasanter Fahrt in Richtung Elbogen (Loket) ab. Wir begriffen nun, wohin wir gebracht wurden: auf die Burg Elbogen (Hrad Loket).

Dort angekommen, wurden wir im Burghof von den Wachhabenden unter wüsten Beschimpfungen und Schlägen mit Gummiknüppeln in Empfang genommen. Einer von ihnen sprach sogar Egerländer Dialekt und stand in der Beschimpfung und den Schlägen den Tschechen nicht nach. Am nächsten Tag erfuhr ich von anderen Leidensgenossen, daß es sich um einen 24jährigen deutschen Kommunisten mit dem Namen H. aus Elbogen handelte, der angeblich Widerstandskämpfer geworden war. Nachdem sich die Wachhabenden an uns gehörig ausgetobt hatten, wurden wir voneinander getrennt und auf verschiedene Zellen verteilt. Das ging nicht leise vonstatten, sondern unter viel und lautem Gebrüll, damit sich die Zelleninsassen auf das Kommen der Wachen vorbereiten konnten. Eine Zelle im 1. Stock wurde aufgesperrt, die Tür aufgestoßen, und dann erhielt ich einen solchen Fußtritt, daß ich den Zelleninsassen vor die Füße fiel, die sich, aufgeschreckt durch das Gebrüll und auf Anordnung, mittlerweile in einer Zweierreihe militärisch ausgerichtet hatten und zur Tür gewandt stillstanden. Während ich noch am Boden lag, mußten die Häftlinge einen Lobspruch auf die Tschechoslowakische Republik, Dr. Eduard Benesch und Marschall Stalin laut und in tschechischer Sprache darbringen, der lautete: „At' žije Československá republika, doktor Edvard Beneš a maršál Stalin“ („Es lebe die Tschechoslowakische Republik, Dr. Eduard Benesch und Marschall Stalin“). Ich hatte mich mittlerweile hochgerappelt und in die eine Seite der Gefangenen eingereiht. Der Wachposten rief noch auf Tschechisch: „mladá německá svině...“, („Hier habt ihr ein junges deutsches Schwein, das wir eingefangen haben und zu euch großen deutschen Schweinen paßt“). Der Posten verließ die Zelle, nicht ohne zuvor brutal auf einige Häftlinge wahl- und grundlos eingeschlagen zu haben, und sperrte wieder ab.

Bei spärlicher Beleuchtung sah ich, daß die Zelle von 23 Häftlingen „bewohnt“ und ich der 24. Mann war. Die Mitgefangenen trösteten mich, als ich stöhnte, und besahen sich voll Mitleid die Schwielen und Schürfwunden am ganzen Körper, die ich bei den Schlägereien davongetragen hatte. Auf ihre Frage, woher ich käme und weshalb ich verhaftet worden sei, erzählte ich in kurzen Zügen, daß ich erst vor wenigen Tagen von Oberbayern, wo ich eine Internatsschule besucht hatte, heimgekommen war und mir jetzt vorgehalten werde, Werwolfführer zu sein. Sie schüttelten den Kopf und schimpften auf die brutalen, unmenschlichen Tschechen. Dann machten mich die Mitgefangenen mit den Gepflogenheiten hier vertraut. So wie ich es eben erlebt hatte, mußten sie, sobald sich Schritte oder Gebrüll vom Gang her näherten, sofort in Reih und Glied antreten. Gefaßt mußte man auf Schläge, vor allem auf den Kopf, sein, den man sofort mit den Armen schützen sollte, was aber eigentlich nicht erlaubt war. Als Nachtlager diente die Strohschicht, wobei auf die beidseitig der Wand aufgeschichtete Strohlage auf dem Bretterboden hingedeutet wurde. Darauf zu liegen oder zu sitzen sei tagsüber nicht erlaubt. Jeder habe einen sehr beengten, nur in Seitenlage zu benützenden Schlafplatz. Beim nächtlichen Seitenwechsel würde der Nebenmann, der zwangsläufig ebenfalls den Seitenwechsel vollziehen müsse, unbeabsichtigt gestört. Wegen der Kühle in dem dicken Burggemäuer müsse zum Schlafen die Kleidung anbehalten werden. Das Licht werde von außen am Abend ausgeschaltet, worauf es in der Zelle stockfinster sei. Für die Notdurft war links von der Tür ein Mülleimer aufgestellt, der ohne Sichtschutz vor den Zelleninsassen benützt werden mußte. Eine andere Gelegenheit dafür gäbe es auf der Burg für die Häftlinge nicht. Schließlich stellten sich die Mitgefangenen mit ihren Vornamen vor und nannten den Ort, aus dem sie stammten. Alle waren aus dem Bezirk Elbogen. Über Berufe und politische Funktionen erfuhr ich erst nach und nach in Gesprächen untereinander sowie von den Männern selbst.

Darauf hingewiesen, daß das Licht in Kürze ausgeschaltet werde, nahmen alle Seite an Seite ihre Schlafpositionen ein, und schon war in es in der Zelle stockdunkel. Beim Liegen verschlimmerten sich meine Schmerzen, und ich stellte mich auf eine schlaflose Nacht ein. Dazu kamen bald von der einen, bald von der anderen Seite Schnarchgeräusche, Husten und Stöhnen. In dieser Nacht überkamen mich nicht endenwollende Gedanken. In welche Situation hatte man mich gebracht, gerade fünfzehn Jahre alt? Ich stellte mir meine Mutter vor, sah ihre Tränen in den Augen beim Abschied, auch sie würde keine Nachtruhe finden. Ich dachte an meinen Vater, der

Burg Elbogen – im Kreis das Fenster der Zelle für Jugendliche im runden Turm

in Gefangenschaft irgendwo in Rußland wahrscheinlich in der gleichen Lage war wie ich. An mein glückliches „Zuhause" an der Napola in Neubeuern erinnerte ich mich, an den tagelangen entbehrungsreichen und beschwerlichen Fußweg nach Hause, mit allen Schwierigkeiten beim Essen erbetteln und Nachtlager suchen, immer unter freiem Himmel und vollkommen frei, wie man sich das schöner nicht vorstellen konnte. Und jetzt? Grundlos gefangengenommen, rechtlos, wehrlos, ohnmächtig der Willkür böser Menschen ausgesetzt, die ihren Haß an Unschuldigen auslassen konnten, wie es ihnen beliebte. Würde ich diese Unfreiheit ertragen können, und würde es eine Möglichkeit geben, die Freiheit wiederzuerlangen? Solange ich mich hinter diesen dicken, steil zur Eger abfallenden Burgmauern mit vergitterten Fenstern, mit unüberwindlichen Eichentüren und zu allem entschlossenen Bewachern davor befände, war das undenkbar. Solche Gedanken quälten mich und gingen mir durch den Kopf, während ich ständig heftige Schmerzen am ganzen Körper von den erlittenen Hieben spürte. Irgendwann wurde ich vom Schlaf übermannt.

Am Morgen kam um 6 Uhr „Leben" in diese Tristesse. Alle lauschten auf Schritte im Gang und das Aufsperren der Zellentür. Die Notdurft war zu verrichten, und jeder wollte möglichst gleich an die Reihe kommen, weil diese Prozedur augenblicklich abgebrochen werden mußte, sobald lautes Geschrei vom Gang her das Kommen und anschließende Eintreten der Wachposten angekündigt hatte. Wer wollte schon in aller Früh den nackten Hintern für Schläge feilbieten? Beim Warten auf die Wachposten wurde ich weiter über den üblichen Tagesablauf informiert. Vor dem täglichen Morgenappell mit Demütigungen und Schlägen waren die Zellen zu räumen und im Burghof anzutreten. Zwei Häftlinge mußten dabei den Eimer mit den Fäkalien von der Zelle in den Hof tragen und dort in ein Loch entleeren, wahrscheinlich mit direkter Mündung in die unter dem Burgfelsen fließende Eger. Das Antreten im Burghof hatte zellenweise zu erfolgen, angeführt vom Zellenältesten. Der Kommandant hielt eine kurze Ansprache über Organisationsbelange in tschechischer Sprache, übersetzt von einem Gefangenen. Nach Beendigung dieser Formalitäten durften wir uns am Brunnen im Burghof waschen. Er war ein mittelalterliches Bauwerk, ursprünglich als einfacher Wasserbehälter gebaut. Im 15. Jahrhundert war er bis zum Niveau der Eger in eine Tiefe von 55 m vorgetrieben worden. Zellenweise wurde von Mitgefangenen Wasser aus diesem Brunnen geschöpft und zum Waschen über Hände und Köpfe der anderen geschüttet; trocknen mußte uns die Luft.

Burg Elbogen – Zugang zum Burghof nach dem ersten Tor mit Blick zum zweiten Tor

Anschließend hatten wir uns bei jedem Wetter im Burghof zum „Frühstück" anzustellen. Als „Neuling" war ich neugierig, wie das ablaufe und, vor allem, was es zu essen gab. Auf einem Tisch standen Stapel kleiner Porzellanschüsseln, von denen sich jeder nacheinander eine nahm. An der Essensausgabe mitten im Burghof wurde von zwei Mitgefangenen aus einem großen Metalltopf den in zwei Reihen angetretenen Gefangenen je ein Schöpflöffel schwarzer Malzkaffee verabreicht. Dahinter stand ein weiterer Tisch, an dem wieder zwei Häftlinge an jeden ein Brotstück von etwa 2 cm Dicke ausgaben. Die graugrüne, klebrige Brotmasse zwischen der Rinde war spintig. Im Geschäft wäre dieses Brot nicht zu verkaufen gewesen, deshalb wurde es an uns Häftlinge, „die deutschen Schweine", wie man uns nannte, „verfüttert". Der Brotteig war nicht genug getrieben, so daß das Brot beim Backen nicht aufging und später, als es aus dem Backofen gezogen wurde, in sich zusammenfiel. Als ich verdutzt auf das Brot sah, klärte mich ein Mithäftling auf, daß der tschechische „Bäcker", der das Brot geliefert hatte, zwar die Bäckerei eines Deutschen beschlagnahmt, aber nie zu backen gelernt hatte. Seit meiner Verhaftung am Abend des Vortages hatte ich nichts mehr gegessen. Hunger verspürte ich noch keinen, und das „Frühstück" konnte meinen Appetit auch nicht anregen. Angeekelt nippte ich nur ein wenig an der ungesüßten schwarzen Kaffeebrühe, und vom Brot nagte ich nur die Rinde ab – im Gegensatz zu den Mithäftlingen, die tagelang ausgehungert waren und deshalb kein Krümchen übrigließen. Danach kehrten wir sofort wieder in die Zellen zurück.

Kurze Zeit später wurde ein Häftling wieder aus der Zelle geholt. Auf meine Frage klärten mich meine Leidensgefährten auf, daß er Bauunternehmer aus Elbogen sei und jeden Morgen unter Bewachung in „sein" Baugeschäft gebracht werde. In „seinem" Büro hatte er organisatorische Anweisungen und an den Baustellen fachliche Betreuung zu leisten. Am Abend kehrte er spät unter Bewachung in die Burg zurück und brachte von draußen Informationen mit, die wir gierig aufsogen. Zu unserer Aufheiterung wußte er immer neue, treffende Witze zu erzählen.

Den ganzen Tag über mußten wir in der Zelle umherstehen, zum Nichtstun in dieser Hölle verdammt. Auf dem Stroh durften wir bei Tag weder liegen noch sitzen. Mit den vielen blau und gelb unterlaufenen Stellen an Kopf und Körper, die ich bei meinem „Verhör“ abbekommen hatte, war ich sogar froh, stehen zu können, denn Liegen oder Sitzen waren eine Qual. Im Lauf des Tages polterten auf dem Steinbelag des Ganges immer wieder Stiefel heran, anschließend drang jämmerliches Geschrei aus einer der wahllos ausgesuchten Nachbarzellen, in der Schläge fielen. Aufgeschreckt traten wir, wie befohlen, in zwei Reihen an und harrten der Dinge, die da kommen sollten.

Im Laufe des Vormittags wurden Häftlinge zu Arbeitskommandos zusammengestellt, die sehr begehrt waren, um dem trostlosen Stehen in den kalten und düsteren Zellen sowie den brutalen Schlägen zu entkommen. Zudem war man für jeden Kontakt nach draußen dankbar. Doch Neuankömmlinge waren von diesen „Vergünstigungen“ ausgeschlossen, sie mußten den ganzen Tag in der Zelle dahinvegetieren.

Gegen Mittag verspürte ich erstmals Hunger, der sich mehr und mehr steigerte. Auf meine Frage, wann es Essen gäbe, vertrösteten mich die Zellengenossen auf die abendliche Suppe aus heißem Wasser und darin gekochten kleingeschnittenen Futterrüben, ganz ohne Salz – und das jeden Tag! An diese salzlose Brühe könne man sich fast nicht gewöhnen, meinten meine Leidensgefährten, weshalb die Kommandoarbeiter außerhalb der Burg immer ein wenig Salz zu organisieren versuchten. Bei der Rückkehr von den Kommandos wurden die Häftlinge jedoch genauestens durch Abtasten nach Rauchwaren, Brot, Salz oder sonstigem kontrolliert. Die Bestrafung durch Schläge und Wegnahme, wenn jemand etwas hereinschmuggeln wollte und dabei erwischt wurde, folgten prompt.

Der erste Tag in Haft zog sich unheimlich lang hin; die Zeit verging nicht beim Nichtstun und Herumstehen. Es war die Hölle. Die Zellenwände, die Decke und der Boden wirkten heruntergekommen, schmutzig und finster, Verputz löste sich von der Decke und den Wänden, die Ritzen zwischen den breiten Fußbodenbrettern waren verdreckt. Die Mithäftlinge waren durch das ewige Nichtstun findig geworden, brachten vom Außenkommando Kirschkerne mit, versteckten sie in den Bretterfugen und holten sie zum Mühlespiel wieder heraus. Dazu waren auf der breiten Holzfensterbank dünn und unauffällig die drei Linienquadrate mit den Zwischenlinien eingeritzt. Wurde gespielt und war ein Wachposten auf dem Gang zu hören, schob man die Kerne ganz schnell in die Ecken des Fensterbrettes.

Gespräche nahmen den meisten Platz im trostlosen Zellenleben ein. Da war die Rede von den Berufen und zuvor ausgeübten Tätigkeiten der einzelnen, vom verlorenen Krieg und den Folgen, vom mutmaßlichen Grund der Verhaftung, und sorgenvoll sprach man über das Schicksal der zurückgebliebenen Frauen und Kinder. Ein alter Mann – für mich als Fünfzehnjährigen waren 40-50 Jahre alte Männer „alt" – erzählte, daß er Ortsgruppenleiter der Nationalsozialistischen Deutschen Arbeiterpartei, kurz NSDAP, in Chodau gewesen war, nach dem Krieg von den Amerikanern sofort verhaftet, nach Hammelburg gebracht und von dort im Sommer 1945 entlassen wurde. Er glaubte, mit dem Entlassungsschein von den Tschechen unbehelligt zu sein, doch schon einen Tag nach seiner Heimkehr wurde er von ihnen verhaftet und auf die Burg Elbogen gebracht.

Endlich war es Abend geworden, und es gab zu essen, nachdem die Außenkommandos zurückgekehrt waren. Auch sie bekamen trotz ihres Arbeiteinsatzes kein Mittagsessen. Im gleichen Ritual wie beim Frühstück mußte sich jeder eine Porzellanschüssel holen, in der Reihe anstellen und den eingegossenen Schöpfer voll Suppe, stehend und ohne Löffel, ausschlürfen. Seit Mittag war ich sehr hungrig, deshalb nahm ich gleich einen gehörigen Schluck aus der Schüssel. Augenblicklich würgte es mich im Hals, und ich war dem Erbrechen dieser widerlichen, salzlosen Brühe nahe. Ich konnte nicht damit rechnen, hier je etwas anderes zu bekommen, vielmehr sollte ich mich zu überwinden versuchen und immer nur wenig hinunterzuschlucken, rieten mir die Kameraden.

Angesichts dieser Zustände auf der Burg war mein nächstes Ziel, in einem Außenkommando zu arbeiten, vor allem in der Hoffnung, dort ab und zu etwas Eßbares zugesteckt zu bekommen. Zu jener Zeit wurden noch keine Deutschen aus der Tschechoslowakei ausgewiesen. Alle gingen ihrer gewohnten oder aufgezwungenen Arbeit nach; ehemalige Schüler und Studenten, die von der Schule und vom Studium bereits ausgeschlossen waren, sowie andere junge Leute arbeiteten als Bauarbeiter auf Baustellen oder als Hilfsarbeiter in Glas- und Porzellanfabriken, auch in Untertag- oder Übertag-Bergwerken. Bei Außenkommandos traf man häufig auf Deutsche, die voll Mitleid mit den abgemagerten Landsleuten von ihren Brotzeiten abgaben und auch zum Teil eigens für die Häftlinge etwas Eßbares von zu Hause mitgebracht hatten. Von Mithäftlingen wurde auch berichtet, daß Ehefrauen, Mütter und Freundinnen täglich versteckt hinter den Häusern an der Burgstraße warteten und beobachteten, wohin die Arbeitskommandos zur Arbeit geführt wurden. Von den Wachkommandos unbemerkt, schlichen sie, sobald sie einen Angehörigen erblickt hatten, der Marschkolonne hinterher, um an einer geeigneten Stelle und in einem unbewachten Moment etwas Essen zu übergeben und einige Worte zu wechseln. Daß das sehr schwierig war, erlebte ich später selbst.

Langsam erfaßte ich das „Burgleben“ in allen Einzelheiten. Häftlinge hatten Herzattacken, waren zuckerkrank, hatten Magenleiden oder Kriegsverwundungen, die aufbrachen; andere wieder hatten Schwächeanfälle durch Unterversorgung und harte Arbeit sowie physische und psychische Zusammenbrüche. Besonders betroffen waren jene Leute, die bisher in Büros oder Labors geistig gearbeitet, nie körperlich schwere Arbeit verrichtet und keinen Sport betrieben hatten. Für Kranke gab es eine Krankenstube, in der ein Mithäftling, der im Krieg als Sanitäter eingesetzt gewesen war, dem Gefangenenarzt bei seiner Arbeit half, die Leiden ohne Medikamente, so gut es ging, erträglicher zu gestalten und, wenn möglich, zu heilen. Schon der mitfühlende, menschliche Beistand half, die Schmerzen zu lindern. Auch Frauen, die Parteifunktionen innegehabt hatten oder als Wehrmachtshelferinnen tätig gewesen waren, wurden auf der Burg gefangengehalten. Außerdem waren Ärzte, Ingenieure, Baumeister, Lehrer, ehemalige Offiziere, Handwerksmeister und Arbeiter aus unterschiedlichen, berechtigten oder unberechtigten Gründen auf der Burg eingesperrt, mit oder ohne Schuldnachweis. In dieser Extremsituation lernte ich verschiedene Qualitäten von Menschen kennen: charakterlich starke und charakterlose, solche, die ihrer bisherigen Gesinnung treu blieben, und solche, die sich hinter einer Fassade oder Uniform versteckt gehalten hatten und deren wahre Eigenschaften nach Änderung der Lage offen zutage traten. Ein Beispiel machte diese Erkenntnis deutlich: als ein früherer Parteifunktionär einem Mithäftling gleich einem wilden Tier das Brot aus der Hand riß und vor dessen Augen aufaß. Über die kräftige Ohrfeige, die ihm der Beraubte sofort versetzte, kam bei den umstehenden Leidensgenossen sichtlich Freude auf. Dieser Mann verlor in meinen noch jungen Augen jegliche Achtung.

Während die einen in Außenkommandos arbeiteten und dem entsetzlichen Leben auf der Burg wenigstens tagsüber entkommen konnten, waren die anderen, auch wir Neuen, den ganzen Tag in den Verliesen eingesperrt und den Launen der Bewacher ausgeliefert. Die schlimmsten Vorgänge spielten sich ab, wenn bei ihnen Alkohol mit im Spiel war. Noch erniedrigender war es, wenn sie von zwielichtigen „Damen" besucht und wir wie Freiwild vorgeführt wurden, damit sie ihre Macht über uns Deutsche demonstrieren konnten. In den abgestumpften Gesichtern dieser Frauen war keine Spur von Mitleid für unsere physischen Qualen und existentiellen Nöte zu erkennen, vielmehr beschimpften und bespuckten sie uns.

Von einem Zellengenossen, der bereits in einem Außenkommando gearbeitet hatte, holte ich Rat, wie ich zu dieser „Vorzugsbehandlung" kommen könnte. Obwohl ich schwere körperliche Arbeit bisher nicht gewohnt war, konnte und wollte ich sie mit meiner inzwischen erfahrenen Abhärtung erbringen, um wenigstens für ein paar Stunden der Hölle des Nichtstuns, der Demütigungen und Schläge zu entkommen. Er riet mir, mit ihm zu gehen, sobald das Kommando „EPIAG" aufgerufen werde. Zwar könne er nicht garantieren, ob ich beim Abzählen als einer zuviel erkannt würde oder ob ein bisheriges Mitglied des Außenkommandos, dann überzählig, auf mich weise und verrate, daß ich als „Neuankömmling" nicht zu diesem Kommando gehöre. Wagen sollte ich es jedenfalls, indem ich sehr rasch aus den Reihen zu den Aufgerufenen liefe.

Am nächsten Tag startete mein erster Versuch, und er glückte schon auf Anhieb – auch deshalb, weil mehr Arbeitskräfte als sonst gebraucht wurden. Nach dem „Frühstück" stellten wir uns in Dreierreihen auf, zählten laut durch, was die Wachen genau verfolgten. Sofort begann der Abmarsch zum Burgtor, das zwei Wachhabende öffneten und hinter uns wieder schlossen. Wir waren eine Gruppe von dreißig Mann in zehn Marschreihen. Drei Bewacher mit Maschinenpistolen und zwei Schäferhunden begleiteten uns; ein Bewacher vorne seitlich und zwei mit Hunden hinten. Die täglich ausrükkenden Häftlinge kannten das Ritual und stimmten ein tschechisches Soldatenlied an, das sie lernen hatten müssen. Der Inhalt pries die tschechischen Soldaten, die in Pflichterfüllung das Vaterland befreit hatten. Ich summte aus Unkenntnis des Textinhaltes nur mit.

Bei den Häusern entlang der Burgstraße sah ich bereits Frauen stehen, die angestrengt die Reihen nach ihren Angehörigen absuchten und durch ihre Mimik zu verstehen gaben, daß diese gesehen wurden. Die Männer jedoch verrieten durch keine Geste, daß sich unter den wartenden Frauen Angehörige befanden. Wir marschierten durch Elbogen, über den Marktplatz hinunter zur Eger in den östlichen Ortsteil. Dort befand sich die Porzellanfabrik „EPIAG", die während oder gegen Ende des Krieges teilweise zu einem Wehrmachtsmateriallager und dazugehörender Montagehalle umfunktioniert worden war. Die Fabrik stand nun unter tschechischer Aufsicht, aber noch deutscher Leitung und mit deutschen Arbeitern. Unsere Aufgabe war, das Wehrmachtsmaterial aus den Lagerräumen zu schaffen und auf Lastkraftwagen zu verladen. Daneben lagerten auch Flugzeugzubehörteile und in Regalen neue Wehrmachtsuniformen, die zunächst aber nicht mitzuverladen waren.

Die Frauen, die unserer Marschkolonne in beachtlichem Abstand unauffällig gefolgt waren, gelangten schließlich ebenfalls bis auf das Betriebsgelände und hielten von einem Versteck aus Ausschau nach ihren Angehörigen. Die deutschen Arbeiter, die deren Absicht bereits kannten, unterstützten sie und halfen ihnen, das mitgebrachte Essen zu übernehmen und es den jeweiligen Männern zu übergeben, wenn sich eine günstige Gelegenheit bot und man nicht im Blickfeld der Wachposten war. Der Ablauf der Übergabe klappte und hatte sich mittlerweile eingespielt. Mein Zellengenosse, der mich zu diesem Kommando gebracht hatte, beauftragte seine ebenfalls wartende Frau, meine Mutter in Wintersgrün über meinen Aufenthaltsort auf der Burg Elbogen und das derzeitige Arbeitskommando zu benachrichtigen. Auf diese Weise bestünde auch für mich eine Möglichkeit, Hilfe zu erhalten. Besonders um dringend benötigtes Salz sollte sie meine Mutter bitten. An diesem ersten Tag meines Außenkommandoeinsatzes teilte ein Mithäftling spontan sein Butterbrot mit mir, das ich mir voll Genuß und überaus dankbar schmecken ließ.

Das gelagerte Material bestand zum großen Teil aus kompletten Motorradteilen für die Wehrmacht. Unter den Häftlingen befand sich ein Kraftfahrzeugmeister, der sich den Wachposten anbot, aus den lagernden Teilen und Werkzeugkisten ein Motorrad zusammenzubauen. Einer dieser Wachposten sprach deutsch, war schon etwas älter und unterhielt sich öfter mit uns Gefangenen. Dabei erfuhren wir, daß er, seine Frau und beiden Kinder in Prag wohnten und er als Justizbeamter (státní zaměstnanec) mit Erfahrung in der Gefängnisverwaltung nach Elbogen versetzt worden sei. Besonders hervorheben möchte ich, daß dieser Justizbeamte aus Prag – im Gegensatz zu den Rotgardisten – der erste humane Bewacher, aber leider nur ab und zu im Außendienst eingesetzt war, wie hier bei der Verwertung von Wehrmachtsgut; sonst war er mehr in der Verwaltung beschäftigt. Bei ihm fand der Kraftfahrzeugmeister gleich Gehör, und es wurde ihm erlaubt, für die „Burgherren“ eine Maschine zusammenzubauen. Der Bewacherbeamte hatte offensichtlich die anderen Bewacher in das Vorhaben eingeweiht, denn sie ließen die Montage auch während seiner Abwesenheit zu. Es blieb aber auch bei dieser Arbeit nicht aus, daß die Bewacher aus Langeweile, zur Abwechslung und Demonstration ihrer Macht mit Gummiknüppeln auf uns einschlugen.

Trotz solcher Widerwärtigkeiten war die Tätigkeit im Außenkommando mit einer gewissen „Freiheit“ verbunden und der bedrückenden Unfreiheit auf der Burg, dem Dahinvegetieren in den engen, dunklen und kühlen Zellen sowie den Schlägen und Erniedrigungen vorzuziehen. Während man in der Zelle seine Notdurft vor den Augen der anderen Gefangenen verrichten mußte, konnte man beim Arbeitskommando das stille Örtchen allein aufsuchen, allerdings nach vorheriger Meldung beim Posten und mit dessen Begleitung und Wache vor der Tür. Das allein war schon eine riesengroße Errungenschaft. Mitgefangene berichteten, daß die Bewacher bei einem anderen Einsatzkommando selbst das Fenster des Klosettraumes hatten zuschrauben lassen, damit über dieses keine Fluchtmöglichkeit bestand.

Am Abend war ich nach der Rückkehr vom Arbeitseinsatz trotz des Butterbrotes sehr hungrig, so daß ich notgedrungen die salzlose Suppe mit Heißhunger, aber auch mit großer Abscheu aus der Schale schlürfte. Das Leben in der Zelle war abwechslungsreicher geworden, als jeder von seinen Tageserlebnissen erzählte – der Bauunternehmer von seinen Problemen auf den Baustellen und andere von ihren Arbeiten bei den verschiedenen Kommandos. Ich hatte mich mit meinem Los abgefunden und war durch die Außenarbeit zufriedener, auch ließen meine Schmerzen von den Schindereien vor und bei der Einlieferung in die Burg allmählich nach. Darüber hinaus hatte ich Hoffnung geschöpft, daß meine Mutter, nachdem sie von meinem Aufenthalt und dem Ort des Arbeitseinsatzes erfahren hatte, bald an der Burgstraße stehen würde. Mit diesem Wunschtraum auf ein Wiedersehen kehrte Ruhe in mir ein und ließ mich in dieser Nacht, trotz des engen Strohlagers und der stickigen Luft, einen erholsamen Schlaf finden.

Der nächste Morgen verlief wie der gestrige: Aufstellung nach Abzählung, Ausmarsch aus dem Burgtor und Weitermarsch unter strenger Bewachung zum Arbeitseinsatz. Meine Augen waren sehnsüchtig auf die Häuser entlang der Straße gerichtet, wo die Frauen der Häftlinge zwischen den Gassen und Hauszwischenräumen unauffällig warteten. Überglücklich sah ich meine Mutter mit dem Fahrrad neben den Frauen stehen. Sie versuchte sofort, mich auf sie aufmerksam zu machen, was die nebenstehenden Frauen aber gleich unterbanden. Wieder folgte die Gruppe unauffällig im Abstand. Bei der „EPIAG" angekommen, hatte ich an einem Fenster Gelegenheit, kurz mit meiner Mutter zu sprechen. Besorgt sah sie sofort auf meinem Kopf die Spuren der Schläge, die ich gleich zu Beginn meiner Verhaftung abbekommen hatte. Ich versicherte ihr jedoch, daß es mir, den Umständen entsprechend, gut ginge. Sie schob mir heimlich ein mit Salz gefülltes kleines Stoffsäckchen und belegte Brote zu, die ich sofort wegsteckte. Ich dankte ihr und eilte unauffällig zu den anderen Arbeitsgenossen zurück. So verschwand einer nach dem anderen unbemerkt von den Wachposten, um die Essensgaben entgegenzunehmen und ein paar Worte zu wechseln. Auf dem Weg in die Lagerräume und zurück zum Lastwagen nahm ich jeweils einen Bissen des belegten Brotes. Mir wurde empfohlen, nichts für den Abend aufzusparen, sondern alles aufzuessen, da es schon einmal bei einer Kontrolle vor der Rückkehr des Kommandos passiert war, daß Essensreste gefunden, abgenommen und weggeworfen wurden. Aber wo sollte ich das Säckchen Salz vor dem Zugriff der Bewacher verstecken? Mir wurde geraten, es an den Schuhbändern festzubinden und dann oberhalb des Schuhs und unterhalb des Knöchels festzumachen. Wenn nämlich die Posten bei der Kontrolle an den Hosen entlang nach unten fingerten, bückten sie sich nie so weit nach unten, daß sie bis unterhalb des Knöchels tasten konnten. Gleichzeitig warnten meine Zellenkameraden, daß es auch anders kommen könne und ich dann Hiebe beziehen würde.

Täglich wurden neue Häftlinge eingeliefert. Immer wieder waren Soldaten mit offiziellem amerikanischem Entlassungsschein darunter, den die Tschechen nicht anerkannten. Sobald diese Soldaten glücklich heimgekehrt waren, wurden sie von ihnen bereits erwartet, um durch die erneute Festnahme Rache üben zu können. Ich erinnerte mich gut an einen solchen Fall. Ein junger Tscheche, der aus Neusattl stammte und dessen Vater in der dortigen Glasfabrik ein aufsichtsführender Glasmacher war, hatte unter seinem eingedeutschten Namen U. bei der Deutschen Wehrmacht gedient, sich in einer Bewährungskompanie profiliert, war dadurch unter den Befehl von Otto S. gekommen und soll, wie er berichtet hatte, an der Befreiung des Duce teilgenommen haben. Dieser junge Mann war aus der amerikanischen Gefangenschaft geflohen, kam zu seinem Vater nach Hause, wurde von ihm an die Tschechen verraten, noch in der gleichen Nacht verhaftet und auf die Burg Elbogen gebracht. Dort wurde er so zusammengeschlagen, daß wir ihn erst nach Tagen wiedererkannten, nachdem sein Gesicht abgeschwollen war. Er wurde in eine Dunkelzelle im tiefsten, untersten Felsenverlies der Burg geworfen.

Wenige Tage später wurde ein Liliputaner eingeliefert, der sich angeblich öffentlich über die Verhältnisse in der Tschechoslowakischen Republik geäußert hatte. Er wurde durch Schläge so fürchterlich zugerichtet und anschließend ebenfalls so lange in eine der berüchtigten Dunkelzellen gebracht, bis sein Aussehen den Blicken der anderen Häftlinge wieder zumutbar war und nicht auf erlittene Qualen schließen ließ.

Derartige Geschehnisse drangen natürlich durch die Arbeitskommandos nach draußen. Außerdem nahm das Prügeln der Häftlinge in den Zellen zum Teil solche Formen an, daß die Schreie der Gequälten sogar unten in der Stadt Elbogen gehört wurden, wie man uns bei den Außenarbeiten erzählte. Von der deutschen Bevölkerung wurden den Amerikanern immer wieder diese Vorkommnisse und Zustände auf der Burg zur Kenntnis gebracht. Um sie bei den Kontrollen zu täuschen, wurde das Wegsperren in Dunkelzellen tief unten im Burggemäuer ganz bewußt vollzogen – so war nichts vorzufinden, das ein Eingreifen notwendig hätte werden lassen. Außerdem waren die Kontrollen in der Burg von den Amerikanern kurzfristig anzumelden, worauf die Wachposten jegliche Blutspuren noch schnell vertuschen konnten. Aus Unkenntnis der baulichen Anlage fanden die amerikanischen Kontrolleure auch keinen Zugang zu diesen tief im Fels versteckt liegenden Verliesen.

Eine dieser oberflächlichen Kontrollen habe ich selbst miterlebt. Wir wurden in den Burghof getrieben, mußten die Oberkörper freimachen, damit die Amerikaner beim Durchschreiten der Häftlingsreihe diese begutachteten konnten. Die Hose mußte niemand herunterlassen, sonst wären Spuren von Schlägen in zum Teil schlimmem Ausmaß offenbar geworden. Die Tschechen hatten sich durch frühere Erfahrungen bei Kontrollen bei Schlägen mittlerweile auf diese unteren Körperpartien konzentriert. Nur einige wenige Beanstandungen wurden von den Kontrolleuren vorgebracht. Sehr enttäuscht war ich persönlich, daß sie sich nicht um uns jüngste Häftlinge gekümmert hatten, nie nach dem Grund unserer Verhaftung gefragt und ihm nachgegangen waren. Verantwortungsbewußt wurden diese Kontrollen ganz gewiß nicht durchgeführt, denn während meiner dreimonatigen Anwesenheit auf der Burg erlebte ich nur eine Kontrolle – und die nur auf Veranlassung der deutschen Bevölkerung.

Die warmen Sommertage wichen immer mehr dem unwirtlicheren Herbst. Unsere leichte Kleidung, die wir seit der Verhaftung bei Tag und Nacht trugen, war durch die Arbeitseinsätze sehr verschmutzt und verschlissen. Wie ich schon von meinem Arbeitskommando in der „EPIAG" beschrieben habe, waren dort in Regalen auch Militäruniformen gelagert. Deshalb entledigte sich der eine und andere seiner abgetragenen leichten Sommerkleidung und suchte sich aus dem Lagerbestand eine neue und wärmere Uniform des Heeres oder eine schwarze für Panzersoldaten aus. Ich schloß mich an und wählte eine schwarze Uniform mit Überfallhose und einer kurzen, nur bis zur Hüfte reichenden schwarzen Jacke. Meine Wahl fiel allein wegen der Paßform auf die schwarze Uniform. Die ebenfalls zu lange Überfallhose konnte durch einen Stoffriegel in der Länge variiert werden, die Jacke hingegen paßte genau. Für den Kleidungswechsel nützte ich die Zeit der Anwesenheit des humanen Justizbeamten-Bewachers aus Prag, bei dem man am ehesten erhoffen konnte, daß er ein Auge zudrückte.

An diesem Tag war auch das Motorrad aus den Lagerteilen fertiggestellt. Die Tschechen besorgten Treibstoff, und der Kraftfahrzeugmeister startete die Maschine, die sofort ansprang. In den Gesichtern der Bewacher zeigte sich zum erstenmal ein breites Grinsen. Als erster probierte der Staatsbeamte aus Prag die Maschine aus, dann folgten die anderen Posten. Hocherfreut und begeistert lobten alle den KFZ-Meister und gaben ihm spontan Zigaretten. So erlebten wir endlich einmal einen entspannten Nachmittag, bekamen keine Prügel und, was ganz wichtig war, es wurde uns erlaubt, von unseren Angehörigen ganz offen Essen in Empfang zu nehmen. Am Abend marschierten wir und die Bewacher zufrieden zur Burg zurück, und der Justizstaatsbeamte fuhr dort stolz mit dem Motorrad vor.

Am nächsten Morgen erlebten wir im Burghof eine Auseinandersetzung zwischen den Bewachern. Man konnte sich nicht einigen, wer heute das Motorrad fahren durfte. Der humane, von Prag abgeordnete Staatsbeamte saß bereits darauf, und vier andere Bewacher hielten die laufende Maschine vom Start zurück. Schließlich wurde der auf der Maschine Sitzende heruntergeholt, und der unsympathischste Bewacher übernahm sie. Am nächsten und auch an den folgenden Tagen war der Staatsbeamte nicht mehr zu sehen. Von da an hatte der brutalste Bewacher, ein Rotgardist, angeblich ehemaliger KZ-Insasse, auf der Burg das Sagen. Bei unseren folgenden Außeneinsätzen waren die Frauen nach wie vor aufopfernd bemüht, täglich und bei jedem Wetter nach Elbogen mit dem Fahrrad oder zu Fuß zu unserem Einsatzort zu kommen, um den Angehörigen mit Essen weiterzuhelfen. Meine Mutter kam fast jeden Tag, aber nicht immer mit Erfolg, da die Bewacher neuerdings wieder jeglichen Kontakt und die Essensübergabe unterbanden. Schließlich nahm ihr ein Tscheche sogar das Fahrrad weg, so daß sie die 7 km lange Wegstrecke nach Hause zu Fuß zurücklegen mußte. Bald ging auch die Arbeit in der „EPIAG“ zu Ende.

Die Arbeitseinsätze wechselten in Zukunft ständig. Eines Tages wurde eine Gruppe von etwa dreißig Mann, zu der auch ich gehörte, auf einen offenen Lastwagen verladen und durch die Stadt in Richtung Schlaggenwald (Horní Slavkov) gefahren, wo wir bei der Porzellanfabrik Haas & Czjzek absitzen mußten. Anschließend mußten wir uns in einem Treppenhaus auf den Stufen so verteilen, daß wir vom Lastwagen bis zum Dachboden eine Kette bildeten. Am

Arbeitseinsatz bei der Firma Haas & Czjzek in Schlaggenwald. Aufnahme Mai 2004

Dachboden lagerten aus Wehrmachtsbeständen Zinnplatten, etwa 50 x 30 cm groß und ca. 5 cm dick. Diese Platten mußten wir von Hand zu Hand von oben nach unten durchreichen und auf dem Lastwagen stapeln. Sobald einer beladen war, kam ein anderer, und so weiter. Wohin die sehr schweren Platten befördert und zu welchem Zweck sie gebraucht wurden, erfuhren wir nicht. Die Bewacher hatten sich auf den Geschossen so verteilt, daß sie die Häftlinge von oben bis unten im Blick hatten. Dabei standen sie auf den Zwischenpodesten der sehr hohen Geschosstreppen. Von den Hauptpodesten der einzelnen Geschosse gingen Türen zu den Porzellanarbeitsräumen weg. Ab und zu schauten Arbeiter und Arbeiterinnen neugierig aus dem Spalt einer geöffneten Tür, nachdem sie erfahren hatten, daß wir Häftlinge der Burg Elbogen seien. Den unmittelbar neben den Türen postierten Häftlingen wurden rasch ein Stück Brot oder etwas anderes Eßbares zugesteckt, wenn der Wachposten gelangweilt an das offene Fenster des Zwischenpodestes trat und sich eine Zigarette ansteckte.

Unvermittelt erinnerte ich mich an ein Mädchen namens E. aus meinem Heimatdorf, das in dieser Porzellanfabrik zur kaufmännischen Angestellten ausgebildet wurde. Noch in Gedanken, wurde ich von meinem Nebenmann angesprochen, ich solle weiter nach oben auf das Podest wechseln, da dort jemand nach mir gefragt habe. Ich wechselte einige Stufen unauffällig nach oben und ein anderer nach unten, ohne daß das ständige Weiterreichen der Platten gestört oder gar unterbrochen wurde. Die Tür wurde einen Spalt breit geöffnet, und ein Mann forderte mich leise auf, in einem unbeobachteten Augenblick in den Raum zu kommen. Als sich der Posten auf dem Zwischenpodest wieder gelangweilt abdrehte, aus dem Fenster sah und rauchte, signalisierten mir die Nebenleute, die entstehende Arbeitslücke unauffällig zu füllen. Die Tür öffnete sich nur wenig, und ich zwängte mich in den Raum. Dort erkannte ich sofort das Mädchen aus meinem Heimatort wieder, das mir ein Päckchen überreichte. Die dabeistehenden Männer drängten mich hinter Holzwolleballen an der Außenwand, damit ich in diesem Versteck die Brotzeit in Ruhe essen konnte. Trotz meiner Aufregung freute ich mich riesig über das Butterbrot mit Wurstauflage. Ich bedankte mich bei den im Raum Anwesenden und bat gleichzeitig, einen Blick in das Treppenhaus zu werfen, ob ich mich unbemerkt wieder einreihen könne. Be-

Burg Elbogen – Tür der Zelle für uns Jugendliche, z. Zt. verschlossen

vor ich den Arbeitsraum verließ, bat mich ein weiterer Mann, einen anderen Mithäftling, den er von zu Hause kannte, hereinzuschicken, sobald die Tür einen Spalt geöffnet würde. So wurden vier Mann nacheinander abgespeist, bis der Posten doch noch die immer wieder entstehenden Lücken in der Transportkette bemerkte. Zum Glück befand sich keiner von uns mehr in diesem Raum, als er auf das Hauptpodest trat und unvermittelt in den Raum sah. Er ermahnte die Belegschaft, die Tür nicht zu öffnen, und stellte sich demonstrativ davor, so daß unsere Nahrungsquelle unterbrochen war.

Ein neues Arbeitskommando zu einem Eisenbahneinsatz folgte. Welche Arbeit uns dort erwartete, erfuhren wir erst, als wir auf dem Bahnhof Neusattl vom Lastwagen getrieben wurden. Wir mußten aus einem Werkzeugwaggon Krampen entladen, die unten keine Spitzhacken, sondern Metallplatten von 6 cm Breite und 2 cm Dikke hatten. Mit geschulterten Geräten marschierten wir im „Gänsemarsch" hintereinander entlang der Bahngleise in Richtung Chodau. Nach etwa 1 km mußten wir uns paarweise aufstellen, wobei beide versetzt einander zugekehrt standen. Ein deutscher Eisenbahner, zu erkennen an der weißen Armbinde, erklärte uns, daß abwechselnd, jeder von seiner Seite aus, mit dem Krampen Schottersteine unter die hölzernen Bahnschwellen treiben sollte. Das Schlagen müsse im Rhythmus erfolgen, wobei er am Anfang das Kommando geben werde. Die Wachposten standen die ganze Zeit mit Maschinenpistolen dabei, um eine Flucht zu verhindern. Bald merkte ich, schwere körperliche Arbeit bislang nicht gewohnt, daß dieses Schlagen meine gesamte Kraft erforderte und mich trotz meiner körperlichen Abhärtung sehr beanspruchte.

Bei diesem Eisenbahneinsatz waren wir tagelang gefordert, bis wir uns dem „Bergwirtshaus" näherten, das ich im Zusammenhang mit meiner Verhaftung schon erwähnt habe und wo immer noch die Amerikaner einen Kontrollposten unterhielten. Daneben befand sich der in diesem Bereich sehr hohe Bahndamm, der von dem Tunnel durchquert wurde, durch den ich nach der Verhaftung auf dem Weg nach Neusattl geführt worden war. Die Amerikaner am Kontrollposten, in unserer unmittelbaren Nähe, waren Zeugen unserer rüden Behandlung durch die Bewacher, die mit Maschinenpistolen bewaffnet waren, doch sie kümmerten die Schinderei der deutschen Häftlinge und die ausgeteilten Schläge überhaupt nicht. Am Abend in die

Burg zurückgekehrt, fiel ich abgearbeitet um neun Uhr in das Stroh, obwohl das zu dieser Zeit noch nicht erlaubt war.

Am nächsten Tag arbeiteten wir uns mit den Krampen bis an das Bahnwärterhaus auf der linken Seite der Bahnlinie Richtung Chodau heran. Dort lebte ein früherer Schulkamerad aus der Volksschule mit seinen Eltern und zwei Schwestern. Sein Vater war Tscheche polnischer Nationalität, der mit einer Deutschen verheiratet war und beim Anschluß an das Dritte Reich die deutsche Staatsbürgerschaft angenommen hatte, damit er bei der Bahn weiterarbeiten konnte. Sein Sohn Ewald war politisch aufgeschlossen, gehörte zum Jungvolk und wurde Jungenschaftsführer. Seine beiden blonden Schwestern, die älter waren als er, sammelten am Bahnwärterhaus viele Adressen von deutschen Soldaten, die diese in Vorbereitung des Rußlandfeldzuges „Barbarossa" aus vorbeifahrenden Zügen geworfen hatten. Ich wußte, daß die mir bekannte Familie dort noch wohnte und freute mich schon erwartungsvoll auf etwas Eßbares. Die Fenster des Häuschens waren an diesem sonnigen Herbsttag weit geöffnet. Als ich die Mutter von Ewald bei der Gartenarbeit sah,

Wie in der Schaudarstellung für Burgbesucher schliefen wir aufgereiht

Zelle für jüngere Häftlinge – hochliegendes Zellenfenster

grüßte ich sie laut mit ihrem Namen. Sie blickte auf, erkannte mich gleich wieder und rief Ewald aus dem Haus.

„Schau, welch schöne braune Gesichtsfarbe Karl hat, und du, Ewald, bist so blaß!“ rief sie ihrem Sohn entgegen, als er aus dem Haus trat und ganz überrascht war, mich hier im Arbeitseinsatz unter Häftlingen zu sehen. War ihre Anspielung auf meine Gesichtsbräune zynisch oder schadenfroh? fuhr es mir durch den Kopf. Ewald grüßte verlegen, doch rasch nahm die kurze Unterhaltung ein jähes Ende, als ein Posten meine Arbeitsunterbrechung und Unterhaltung mit Bahnbediensteten bemerkte. Mit einem Gummiknüppelhieb wurde ich zurück in den Arbeitsrhythmus getrieben. Etwas zu essen konnte ich mir nicht mehr erhoffen.

Eines Tages trat eine Änderung ein; der Grund dieser Maßnahme war uns unerklärlich. Wir jüngeren Häftlinge wurden zu sechst in eine Zelle im tieferen Bereich der Burg umquartiert. Diese Zelle und andere in ihrer Umgebung waren nur über eine steinerne, schmale und steile Wendeltreppe in gebückter Haltung zu erreichen. Die kleine Fensteröffnung lag sehr hoch oben und war zum Öffnen nicht erreichbar. Es roch feucht und modrig, der Verputz war infolge der Feuchtigkeit von den Steinen gefallen, die Decke bildete ein dürftig verputztes Steingewölbe. Das Strohlager auf dem Ziegelsteinboden war dünn aufgestreut. Ab sofort wurden wir nicht mehr zu großen Außenkommandos, sondern zu Sonderaufgaben eingesetzt.

An einem Samstag wurde ich aus der Zelle gerufen und in die Stadt zu einem tschechischen Ehepaar in eine beachtlich große und sehr schöne Wohnung gebracht. Dort wurde ich zu Putzarbeiten eingesetzt. Während ich die Eichenparkettböden und die Fliesen im Bad mit einem feuchten Lappen zu reinigen hatte, anschließend den mit Stein belegten Flur und die Treppe schrubben mußte, unterhielt sich der Posten recht angeregt mit dem Ehepaar und trank mit ihm ein Bier. Scheinbar war es ein Freundschaftsdienst, seinen Bekannten am Samstag kostenfrei eine deutsche „Putzhilfe“ beizustellen.

Eines Abends wurden ein junger Kamerad und ich von zwei Posten abgeholt und in die Stadt zu einem Haus gebracht, vor dem am Straßenrand ein großer Haufen Braunkohle lag. Mit Eimern mußte die Kohle zu einem Lichtschacht getragen und über eine Rutsche in den Keller geschüttet werden. Die beiden Posten vertrieben sich ganz ungeniert die Zeit mit zwei vorbeikommenden deutschen Mädchen, die sich nicht zierten und sich deren Annäherungen gefallen ließen. Unsere Verachtung dafür ließen wir uns zwar nicht anmerken, doch wir störten ständig ihr Beisammenstehen, indem wir mit den rußigen Eimern knapp an ihnen vorbeistreiften. Erst nach 22 Uhr waren wir fertig und wurden zur Burg zurückgebracht. Im Hof schöpften wir aus dem Brunnen Wasser, wuschen uns den Kohlenruß von den Armen und dem Gesicht und wurden anschließend wieder in das tiefe, dunkle Verlies gesperrt.

Seit fast drei Monaten war ich nun auf der Burg Elbogen inhaftiert, nicht mehr verhört oder gar angeklagt worden. So erging es auch den Mithäftlingen, und nichts deutete darauf hin, daß sich in absehbarer Zeit etwas ändern würde. Doch ich hatte mich getäuscht.

Internierungslager Tschemoschna

An einem Morgen im Oktober 1945 wurden wir Internierte auf der Burg Elbogen – und wie wir später erfahren haben, gleichzeitig auch die Internierten im Lager Neurohlau – gegen 4 Uhr früh überraschend durch Kommandos und Sirenengeheul geweckt. Innerhalb einer Dreiviertelstunde, um 4.45 Uhr, hatten wir auf dem Burghof und zur selben Zeit die Gefangenen in Neurohlau auf dem Appellplatz abmarschmäßig nach Aufrufung der Namen anzutreten. Für das übliche und ärmliche „Frühstück" war die festgelegte Abmarschzeit reichlich bemessen. Gepäck hatten wir keines, denn jeder besaß nur, was er am Leib trug. Der Abmarsch erfolgte noch bei Dunkelheit, ohne jeden Hinweis auf das Ziel, um bei der Bevölkerung kein Aufsehen zu erregen. In beiden Lagern, Burg Elbogen und Neurohlau, waren etwa 150 Mann aufgerufen worden, wobei Ältere ab siebzig sowie Kranke und Frauen in Elbogen zurückbleiben mußten.

Für die Bewachung waren zwanzig Rotgardisten (SNB-Soldaten) abgestellt, die mit Schlägen und Demütigungen nicht sparten. Zehn von ihnen waren mit Pistolen bewaffnet, hatten jeweils einen Scheinwerfer umgehängt und führten Schäferhunde an der Leine, die anderen zehn trugen Maschinenpistolen. Der Marsch von der Burg Elbogen und vom Lager Neurohlau aus, von Hundegebell begleitet und von Wachposten angetrieben, führte in scharfem Tempo in Richtung Chodau an der Bahnlinie Eger – Karlsbad. Elbogen ist etwa 7 km und Neurohlau ca. 6 km von Chodau entfernt. Während des Marsches spekulierten wir noch darüber, daß man uns in das Internierungslager Neurohlau verlegen würde, das ein größeres Aufnahmevermögen als die Burg hatte und wohin schon früher Verlegungen erfolgt waren. Spätestens nach dem Erreichen der Stadt Chodau und dem Einschwenken in Richtung Bahnhof wurde uns jedoch klar, daß ein Abtransport mit dem Zug erfolgen würde. Beide Marschgruppen von den verschiedenen Internierungslagern trafen etwa um 6 Uhr ein. Abseits vom Bahnhof stand ein Güterzug mit sechs Viehwaggons bereit, in welche die etwa 300 Internierten, getrennt in „Elbogener" und „Neurohlauer", getrieben wurden. Die Schiebetüren wurden nach der äußerst raschen Verladung von außen verriegelt. Dichtgedrängt und zusammengepfercht standen wir in den nur mit Lüftungsschlitzen ausgestatteten Waggons und hatten schlimme Vorahnungen, wohin die Fahrt wohl gehen würde. Eine Dampflokomotive kuppelte innerhalb weniger Minuten mit einem kräftigen Stoß an, der uns noch stärker gegeneinanderdrückte und woraus wir auf die Fahrt in Richtung Karlsbad schließen konnten. Die Wachposten waren in einem Personenwaggon an den Zug angekuppelt, wie wir erst später gesehen haben.

Der Zug hielt irgendwo einmal an, wurde rangiert, blieb länger stehen und fuhr wieder weiter. Die bange Frage im Waggon gipfelte immer wieder nach dem Wohin. Durch die Lüftungsschlitze fiel etwas Tageslicht ein; es war kalt, verbrauchte Luft erschwerte das Atmen, Hunger und Durst plagten uns, kein Austreten war möglich. In solch extremen Lebenssituationen zeigen sich die wahren Charaktere. Es wurde genörgelt, geschimpft, laut gelitten, sich selbst bejammert, die Schuld an dieser Situation anderen zugeschoben, die politisch größeren Einfluß und es verstanden hatten, rechtzeitig das

Bahnhof Tschemoschna bei Pilsen –
Verladung der Internierten zu den Arbeitseinsätzen

Weite zu suchen. Müdigkeit und große Verzweiflung machten sich breit. Stunde um Stunde verging; durch die Luftschlitze fiel kein Tageslicht mehr, es war finster geworden.

Gegen 21 Uhr hielt der Zug erneut an. Im regen Treiben waren Kommandos und Hundegebell zu hören. Draußen in der Nacht wurden Vorkehrungen getroffen, die etwa zwanzig Minuten in Anspruch nahmen. Plötzlich wurden die Waggontüren mittels Hammerschläge entriegelt und die Türen aufgeschoben. Grelles Scheinwerferlicht blendete, und Kommandos forderten uns auf, die Waggons schnellstens zu verlassen und geradeaus zu laufen. Über Baumstümpfe eines gerodeten Teiles des Waldes stolpernd, von Hunden und Wachposten angetrieben, erreichten wir einen geschotterten Platz, der zwischen drei Baracken lag und an dessen Ecken Scheinwerfermaste standen. Dort waren in hufeisenförmiger Anordnung weitere Wachen postiert. Wir erkannten Wachtürme und einen hohen Stacheldrahtzaun, sahen den noch auf dem Bahngleis stehenden Zug, den wir kurz zuvor verlassen hatten, und Uniformierte, die den Stacheldrahtzaun am Gleis wieder schlossen. In tschechischer Sprache forderte man uns auf, in Dreierreihen anzutreten, getrennt in „Elbogener" und „Neurohlauer". Tschechisch verstanden nur die älteren Internierten, die in Gymnasien oder Bürgerschulen diese Sprache erlernt hatten. Nach dem Antreten, von Scheinwerfern angestrahlt, so daß wir nur wenig erkennen konnten, trat der Lagerkommandant mit einem Dolmetscher vor uns und erklärte, daß wir uns im Internierungslager Tschemoschna bei Pilsen (Internační tábor Třemošná u Plzně) befänden, wo wir als „deutsche Schweine", so seine Bezeichnung, zu harter Arbeit eingeteilt und politisch umerzogen würden. Sollte einer die Flucht wagen, würde er sofort erschossen und seinen Gefährten harte Strafmaßnahmen drohen. Der umgebende Stacheldrahtzaun sei elektrisch geladen, und jede Annäherung an ihn bedeute Schüsse aus den Wachtürmen. Dann übergab er das Kommando an einen deutschen Lagerobmann, der die weitere Aufklärung über das bevorstehende Lagerleben vornahm. Er stellte sich als Mitgefangener vor, der bei Pilsen als Oberst der Wehrmacht von den Amerikanern gefangengenommen und den Tschechen übergeben worden sei. Er trug noch die Wehrmachtsuniform, jedoch ohne Rangabzeichen und ohne Adler. Nur an den Jackenspiegeln war die ursprüngliche Offiziersuniform zu erkennen.

Bahnhof Tschemoschna – im Vordergrund Teil des Geländes des Internierungslagers. Aufnahme Mai 2004

Außer den fünf Mannschafts- und einer Küchenbaracke stand eine weitere Baracke für uns Neuangekommene zur Verfügung, die in dieser Nacht, noch ohne Dach, unsere Behausung war. Es wurde befohlen, früh um 5 Uhr am Appellplatz anzutreten, nachdem wir zuvor um 4.30 Uhr durch Sirenengeheul geweckt würden. Nach der Ausgabe des „Frühstücks“ waren um 6 Uhr Aufstellung zu den Arbeitskommandos und Abmarsch. Eine weitere Anweisung für uns Neuangekommene lautete, daß in der Nacht jede Bewegung außerhalb der Baracke untersagt sei.

Nach diesen Anweisungen des Lagerobmannes zogen sich die Wachposten zurück, sobald der letzte Internierte die dachlose Barakke betreten hatte. In der nur aus vier Wänden bestehenden Baracke IV suchten sich die Mitgefangenen aus meinem Heimatort Wintersgrün, ich von der Burg Elbogen, alle anderen aus dem Lager Neurohlau Plätze an einem Kanonenofen zu sichern, denn es war Oktober und in der Nacht sehr kalt. Im einzelnen waren das Dr. Hans H., Franz P., Franz Sch., alle drei von der Schlämmerei und ehemalige SA-Leute, sowie Oberlehrer Josef Z. und, aus Doglasgrün (Vřesová), Josef L. und Hans L. (Hannesenhans sein Hausname), beide 18 und 21 Jahre alt und SS-Angehörige, die sich zu uns Wintersgrünern gesellten, da sie mich kannten. Dr. H. hatte drei rohe Kartoffeln in seiner Hosentasche, die auf der Ofenplatte gebraten und an die siebenköpfige Runde verteilt wurden, wodurch sich unser Hunger noch vergrößerte. Wie gewohnt, sprach ich die älteren Herren von etwa 40 bis 50 Jahren mit „Sie" an. Doch schnell klärte mich Oberlehrer Z. auf, der mich in der Grundschule unterrichtet hatte, wobei er auch im Namen der anderen sprach, daß Dr. H. jetzt für alle der Hans sei und er der Josef, dann waren da zwei mit dem Namen Franz, alle in der gleichen mißlichen Lage, in der kein Altersunterschied und kein Titel mehr zählten. Zu meinem großen Bedauern blieb die Gruppe der Wintersgrüner nicht lange beisammen, denn Hans H., Franz P., Franz Sch. sowie Josef Z. kamen schon nach wenigen Tagen in ein Bergwerk nahe Rokizan (Rokycany), während Josef L., Hans L. und ich in Tschemoschna bleiben mußten oder konnten – was besser war, wußten wir nicht.

Die dachlose Baracke war etwa 42,50 Meter lang und 12,5 m breit. Die Außenwände waren wegen der fehlenden Innenwände abgesteift. Zwei Kanonenöfen standen darin, die mit Abfallholz beheizt wurden, das von Mitgefangenen bei Rodungsarbeiten am Vortag gesammelt worden war. Den etwa 300 Neuangekommenen sollten die Öfen in dieser kalten Nacht Wärme spenden. Es kehrte keine Ruhe ein, weil Bekannte aus dem jeweils anderen Herkunftslager wieder einander trafen und Gespräche austauschten. Andererseits herrschte um die Öfen ein ständiges Kommen und Gehen der übernächtigen und durchgefrorenen Gefangenen, die sich immer wieder einfanden und die anderen ablösten.

Das Sirenengeheul um 4.30 Uhr war für uns eine „Erlösung", konnte man sich doch wieder im Freien bewegen und dadurch die Muskeln erwärmen. Das Aufstellen am Appellplatz erfolgte nach Baracken, die als Block I und so fort bezeichnet wurden. Von vier angetretenen Barackenbelegschaften waren drei schon länger im Lager, dazu kamen wir „Neuen". Auch eine kleine Gruppe von Frauen war im Lager und, wie wir später erfahren haben, auch Tschechen, die mit den Deutschen während der Zeit des Protektorats kollaboriert hatten und deshalb verhaftet worden waren. Diese wurden nicht zu Arbeitskommandos verpflichtet.

Wie bereits erwähnt, lag der Appellplatz zwischen drei Baracken. Die beiden gegenüberliegenden belegten Internierte, und die an einer Seite querstehende Baracke war die Küchenbaracke. Die Blockältesten waren die jeweiligen Barackensprecher; sie meldeten dem deutschen Lagerobmann die Anzahl der Internierten, Soll- und Ist-Stand sowie die Kranken. Krankmelden konnte man sich nur mit mindestens 40° Fieber, was von einem internierten deutschen Arzt festgestellt werden mußte. Ein Fehler durfte ihm dabei nicht unterlaufen, da ein Wachposten im Beisein dieses Arztes die Temperatur später noch einmal nachprüfte.

Der wachhabende tschechische Posten übernahm die Meldung, woraufhin der einreihige Abmarsch zu den beiden Essensausgabeschaltern der Küchenbaracke erfolgte. Blechnäpfe standen aufgereiht vor den Schaltern, in die jedem ein Schöpfer Malzkaffeeersatz, wie auch auf Burg Elbogen, gegossen wurde, ohne Zucker und selbstverständlich ohne Milch. Brot gab es in der Früh nicht mehr, da dieses bereits am Vorabend durch den Stubenältesten ausgegeben worden war. Wir „Neuen" sollten das Brotaufteilen erst am Abend erleben. Am ersten Tag erhielten wir die Brotscheibe am Ausgabeschalter der Küche und wurden deshalb am ersten Morgen im Lager Tschemoschna als Letzte zum Essenfassen aufgerufen. Die auswärtigen Arbeitskommandos hatten Vorrang. Der Morgenappell und das Essen, stehend auf dem Appellplatz eingenommen, nahmen höchstens eine halbe Stunde in Anspruch, und von 5.30 Uhr an erfolgte der Aufruf zu den verschiedenen Arbeitskommandos, wie Aufräumarbeiten in Pilsen, Arbeiten beim Straßenbau, in der Forst- und Landwirtschaft, in Industrie- und Handwerksbetrieben, beim Wasserkommando und Barackenbau. Auf die Kommandos soll später genauer eingegangen werden. Pünktlich um sechs Uhr hatten die auswärtigen Kommandos das Lager verlassen, und im Lager ging das Barackenbaukommando an die Arbeit.

Jetzt waren wir „Neuen" an der Reihe. Wie allen Lagerinsassen, wurden uns die Haare ganz kurz geschoren und unsere Kleidungsstücke mit Leuchtfarbe gekennzeichnet, in Form von 5 cm breiten, aufgemalten Streifen an der Seite der Jackenärmel entlang, von der Schulter bis zum Ärmelende. Auf dem Rücken der Jacke war, ebenfalls 5 cm breit ein „i", für Internierte, aufgemalt, so daß wir von weitem auch bei Nacht erkannt werden konnten. Die „Neurohlauer" waren schon kahlgeschoren im Lager angekommen und wurden deshalb als erste „bemalt", bei den „Elbogener" war es umgekehrt. Nach Beendigung dieser Prozedur wurden die Kennummern ausgegeben und auf die Kleidung aufgedruckt. Durch die zwangsweise Namensablegung und Nummernzuteilung hatte man seine Identität verloren. Ich war nur mehr eine Nummer geworden, die Nummer 1308, was ich nie mehr vergessen habe.

Am ersten Tag wurden wir dem Barackenbaukommando zugeteilt, bestehend aus etwa dreißig Mann, geführt von einem ebenfalls internierten Bauingenieur. In der Gruppe befanden sich Angehörige des Arbeitsdienstes und Handwerker aller Sparten. Die etwa 300 Hinzugekommenen wurden von den tschechischen Wachposten nach SS-Angehörigen, Parteifunktionären, SA-Leuten, Bauberuflern, Geschwächten und Jugendlichen durchforstet. Bei allen Vorgängen waren stets tschechische Wachposten anwesend, wobei Internierten Funktionen übertragen wurden, die sie in deren Namen auszuführen hatten. Die Posten hatten die auswärtigen Kommandos zu überwachen und im Lager Wache zu halten. Bei allen ihren Tätigkeiten beschimpften sie uns, schlugen mit Gummiknüppeln ein, traten und bespuckten uns, trieben bei der Arbeit an, erniedrigten uns bis auf das Äußerste und fügten uns tagtäglich seelische und körperliche Schmerzen und Grausamkeiten zu. Die vorangegangene Aussortierung der Internierten hatte den Zweck, bestimmten Gruppen besonders harte und erniedrigende Arbeiten zuzuweisen: SS- und SA-Leute zum Schlagen von Rammpfählen, dem „Pilotenschlagen", Parteifunktionäre zur „Latrinenarbeit", Leute mit Bauberufen zum eigentlichen „Barackenbau", andere zu Schleppdiensten, Geschwächte, Ältere und ich als Jüngster zum „Schlackenkommando". Später mußte ich aber noch am eigenen Leib erfahren, daß Angehörige der Hitlerjugend auch in diesem Lager einer besonderen Behandlung unterzogen wurden. Bei der Vorauswahl war dies noch nicht geschehen, weil zuwenig Häftlinge für die Zwangsarbeiten vorhanden waren. Was die einzelnen Arbeitsfunktionen bedeuteten, wird anschließend erläutert.

Zunächst mußten wir mit allen Kräften dafür sorgen, daß unsere Baracke bis zum Abend soweit fertiggestellt war, daß wir nachts wenigstens ein Dach über dem Kopf hatten. Dazu waren die Barackenmittel- und Trennwände aufzustellen, damit die Dachbretterbinder im Abstand von etwa einem Meter aufgesetzt werden konnten. Alle diese Arbeiten waren in Handarbeit und ohne jedes Transportgerät zu erstellen, was viel Zeit, Kraft und Arbeitseinsatz erforderte. Bis zum

Abend waren die Dachelemente aufgebracht, nur die Abdichtung mit Pappe fehlte noch, zum Glück regnete es nachts nicht. Die Baracke IV hatte 16 Räume, auch Buden genannt, von je 5 m mal 5 m, acht Räume an jeder Längsseite und einen 2,50 m breiten Mittelgang. Ich war später in der Bude 8 untergebracht. In jedem Raum wurde ein Kanonenofen aufgestellt, der von den Häftlingen mit Holz aus den Rodungsflächen zu beheizen war. Am ersten Abend hatten wir in der dachlosen Baracke die sehr intensive Wärmeausstrahlung dieser Kanonenöfen zu schätzen gelernt.

Das „Pilotenschlagen" bestand darin, in den gerodeten Waldboden unten zugespitzte Rundhölzer mit Durchmesser von etwa 15 cm und einer Länge von etwa 1,5 m mit schweren Schlegeln so in den Boden zu rammen, daß sie Halt fanden und oben auf eine einheitliche Höhe abgestimmt werden konnten. Der Abstand der Piloten untereinander betrug etwa 2,5 m. Als Fundamente der Baracke wurden anschließend die tragenden Kanthölzer aufgelegt und befestigt, welche die Böden und Wandelemente der Baracke zu tragen hatten. Zu diesen schweren Arbeiten wurden die ausgesonderten SS- und SA-Leute eingesetzt, die aus unterschiedlichen Berufen kamen, schwere körperliche Arbeit nicht gewohnt und wegen der mangelhaften Ernährung im Lager sehr geschwächt waren. Trotzdem schikanierten die Wachposten die Pilotenschläger, trieben sie immer wieder zur Schnelligkeit an und schlugen zu, wenn sie, entkräftet, den Schlägel nicht mehr rasch genug hochgebracht hatten oder die Schläge danebentrafen. Diese Grausamkeiten erfolgten bis zum Umfallen einzelner Häftlinge. Mit kaltem Wasser wurde ihr Kopf dann solange übergossen, bis sie das Bewußtsein wiedererlangt hatten und die Arbeit fortsetzen konnten. Dieses berüchtigte „Pilotenschlagen" begann in den folgenden Tagen zur Errichtung neuer Baracken. Die Einteilung nach Häftlingsnummern war bereits am ersten Tag nach der Ankunft vorgenommen worden. Doch vorab waren alle Neuankömmlinge mit der Fertigstellung unserer Baracke beschäftigt.

Am Abend des ersten Tages wurden die 300 „Neuen" auf die einzelnen Räume verteilt. Dies übernahm ein Internierter, der uns als Barackenältester vorgestellt wurde und das Lagerleben schon länger kannte. Es waren, wie bereits geschildert, in einer Baracke 16 Räume vorhanden, jeder von ihnen mit dreißig Mann belegt. Betten in irgendeiner Form gab es noch nicht. Der Ofen stand neben dem Eingang und wurde mit dem gesammelten Rodungsholz beheizt. Das Ofenrohr führte nach oben durch die Decke und das Dach, wobei die Durchgänge wegen Brandgefahr der Barackenelemente mit Blech verkleidet waren. Ebenso schützten Bleche die Holzmittelwand hinter dem Ofen und den Holzboden, auf dem der Ofen stand.

Am Abend wurde durch den Barackenältesten der Raumsprecher bestimmt, in seine Tätigkeit eingewiesen und die Häftlingsnummern notiert. Für jeden Raum wurde ein Tisch herbeigeschafft, auf dem zwei Brotlaibe angeliefert wurden, die der Budenälteste in dreißig Scheiben schnitt und an die dreißig Mann als Tagesration für den nächsten Tag verteilte. Es war ohne Waage eine fast unlösbare und schwierige Aufgabe, aus zwei Brotlaiben, zusammen 5 kg schwer, für jeden der Budenbewohner eine etwa gleich schwere Scheibe konisch abzuschneiden, deren Gewicht wir mit 160 g errechnet hatten. Keiner wollte angesichts der ohnehin kargen Ration benachteiligt werden, und jeder war bedacht, daß kein Stück Brot schwerer oder leichter war. Niemand hatte einen Behälter zum Aufbewahren des Brotes. In die Jackentasche gesteckt, erlebte die Ration den nächsten Tag oft nicht, weil der Hunger allgegenwärtig war.

Waschen konnte man sich nur in der „Latrine“. Sie war zentral im Lager aufgestellt, in der Nähe des Appellplatzes. In der Mitte bestand sie aus einem Barackenteil mit zwei Türen. Zwischen diesen war in einer Länge von etwa 10 m eine doppelte Blechrinne mit darüber verlaufender Wasserleitung aufgestellt, von einem Brunnen gespeist, mit doppelseitigen Wasserhähnen im Abstand von etwa 50 cm. An den beiden Seiten der Blechrinne war in einer Entfernung von 2 m ein längslaufendes Rundholz in Sitzhöhe angebracht. Im Abstand von etwa 45 cm war die Außenwand der Baracke aufgestellt. Der Barakkenboden ging von der Außenkante des Rundholzes bis zur gegenüberliegenden Außenkante des nächsten Rundholzes durch. Die jeweils verbleibenden 45 cm bis zur Außenwand der Baracke hatten keinen Boden. Diese Längsöffnung von je 10 m ließ eine etwa 2 m tiefe und 2,5 m breite Grube sichtbar werden. Die beidseitigen Senkgruben dienten als Jauchegruben, die auch in den über die Barackenwände vorstehenden Teilen offen waren. Penetranter Gestank in und außerhalb der Latrine rührte von dem im offenen Graben geführten Oberlauf-Abwasser her. Auf dem Rundbalken saßen die Gefangenen mit heruntergelassenen Hosen, in den Stoßzeiten dicht aneinander-

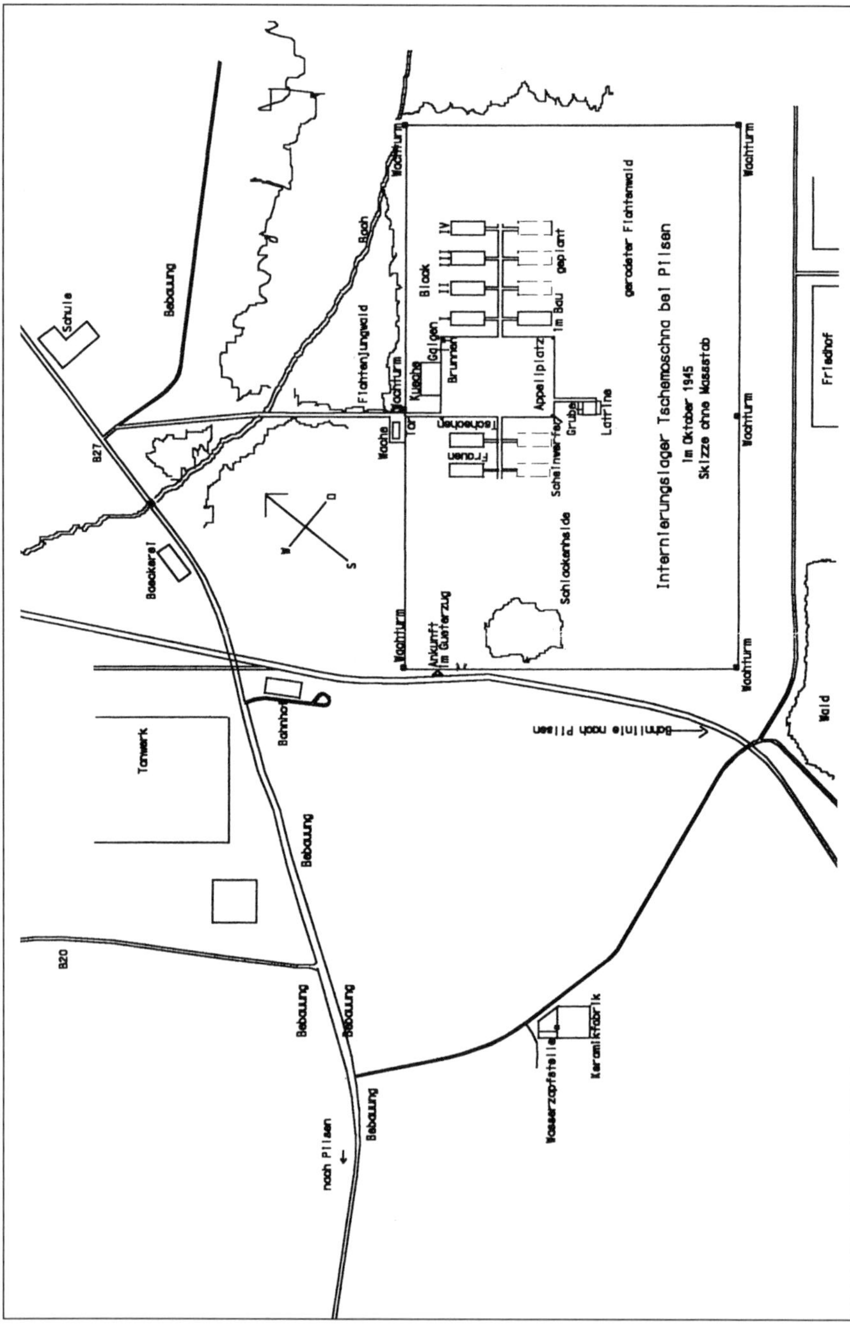

Plan des Internierungslagers Tschemoschna

gereiht, während sich andere Gefangene gegenüber notdürftig wuschen. Es gab keine Handtücher, keine Seife, keine Zahnbürste, natürlich auch keine Zahnpaste und kein Haarwaschmittel. In der Früh reichte die festgesetzte Zeit für das Waschen und Austreten keineswegs. Anhand meiner Häftlingsnummer 1308, die tschechischen Gefangenen und Frauen im Lager abgezogen, schätzte ich die Zahl der Latrinen- und Waschgelegenheitsbenutzer durch die Barackenanzahl auf etwa 1.000 Mann.

Daß die Gegebenheiten weder für das Waschen noch für die Benützung der Latrine ausreichten, läßt sich leicht nachvollziehen. Auf dem Balken fanden gleichzeitig zwanzig Mann Platz (10 m : 0,50 m), und ebenso gleichzeitig konnten sich an der gegenüberliegenden Seite zwanzig Mann waschen, also insgesamt vierzig Mann. Setzte man fünf Minuten für das Waschen und die Latrinenbenützung für diese vierzig Mann an, so ergaben sich für 1.000 Mann 125 Minuten (1000 : 40 = 25 x 5 Minuten). Statt der errechneten 2 Stunden und 5 Minuten wurden nur 30 Minuten, also rund der vierte Teil, davon gewährt (von 4.30 bis 5.00 Uhr). Demnach konnte nur jeder vierte Mann den Waschraum und die Latrine benützen, die anderen mußten dies auf den Abend verschieben oder beim Arbeitskommando irgendwie erledigen. Erst später wurde eine zweite Latrine gebaut.

Wo sich die tschechischen Gefangenen und die Frauen wuschen, ist mir nicht bekannt. Dem Latrinenkommando, das sich aus NS-Parteifunktionären rekrutierte, war befohlen, den Inhalt beider Gruben von 10 m Länge und 2,5 m Breite mit Kalk und Chlor zu bedecken und anschließend mit Schöpfern und Schaufeln in ein bereitstehendes Jauchefaß zu schaffen. Das gefüllte Faß mußte anschließend mittels eines Karrens von vier Mann an jeder Deichselseite, mit Seilen vorgespannt, weggezogen werden. Die Räder waren mit Stahl beschlagen und sanken durch das Gewicht zum Teil tief in den morastigen Weg ein. Die Wachposten trieben die Gefangenen mit Gummiknüppeln um so mehr an, je tiefer die Räder eingesunken waren. Der Entleerungsplatz lag am Rand des Lagerbereiches an einem vorbeifließenden Bach. Die Bevölkerung von Tschemoschna hat dieses „Schauspiel" vom Lagerzaun aus mehrmals täglich miterlebt und die Internierten dabei zum Teil mit Hohn und Spott überhäuft.

Das Barackenbaukommando mußte am zweiten Tag die angelieferten Stockbetten in die Buden der fertiggestellten Baracke schleppen. Außer dem am Vortag bereits aufgestellten kleinen Tisch und Ofen erhielt jede Bude 21 Betten, die, dreifach übereinander aufgestockt, sieben Stockbetteneinheiten ergaben. Dazwischen verblieb jeweils ein Gang von 50 cm Breite auf die Bettlänge von 2 m. Drei Stockbetten waren an der einen Seite, wo auch der Ofen und der Tisch standen, vier Stockbetten standen auf der anderen, durch einen 1 m breiten Mittelgang getrennt. An dessen Ende, genau gegenüber der Eingangstür, war das einzige Fenster des Raumes in die Außenwand eingebaut. Für dreißig Mann standen also nur 21 Bettplätze zur Verfügung. Die untersten sieben Betten mußten gezwungenermaßen doppelt belegt werden und dazu noch zwei Betten in der mittleren Bettetage. Gerechtigkeitshalber führten wir das Rotationsverfahren ein, damit jeder in den „Genuß" der Doppelbelegung kam. Wegen der Enge einigten sich auch die Bettpartner, daß der eine die Füße beim Kopf des anderen hatte und umgekehrt. Unvorstellbar dicke Luft war zu ertragen, bedingt durch die viel zu kleine Stube, das einzige kleine Fenster sowie durch unsere ungewaschene Kleidung und mangelnde Körperpflege. Die Betten wurden mit Stroh bis zum Rand aufgefüllt. Die lichte Raumhöhe betrug etwa 2,70 m, so daß die unterste Bettetage in 45 cm, die mittlere in 135 cm und die oberste in 225 cm Höhe lag. Das Gedränge beim Aufstehen auf einer Gangfläche von 50 cm x 200 cm wurde zum Alptraum; manche wichen auf den Mittelgang aus, doch auch hier drängten sich die Mitgefangenen. Der Ofen im Raum wurde am Abend nur kurz beheizt, da sonst an Schlafen bei einer Belegung mit dreißig Mann nicht zu denken war. Für diese stand ein Luftraum von nur 67,50 cbm zur Verfügung (5 m x 5 m x 2,70 m Höhe). Nur der Budenälteste durfte Streichhölzer zum Anheizen bei sich haben, über deren Verbrauch Rechenschaft abzulegen war, so er neue anforderte. Wenn man bedenkt, daß zum Entfachen des Feuers im Ofen nicht immer ein Streichholz ausreichte, war das reinste Schikane. Vorgeschoben wurde jedoch, eine Kontrolle über die Menge der Streichhölzer wegen Brandgefahr durch Rauchende haben zu müssen. Wer aber hatte schon Zigaretten? Betten für Kranke wurden im Mittelgang jeder Baracke aufgestellt.

Allmählich nahm das Lagerleben für die Neuen Gestalt an. Da die auswärtigen Kommandos tagsüber nicht im Lager waren und erst gegen 18 Uhr zurückkamen, wurde das „Mittagessen" für alle kurzerhand auf den Abend verschoben. Jeden Abend herrschte von 18 bis 18.30 Uhr das übliche Gedränge beim Waschen und an der Latrine, wie am Morgen auch, von 18.30 Uhr bis 19 Uhr wurde wieder blockweise, nach entsprechender Aufstellung, das Essen an den Schaltern der Küchenbaracke ausgegeben. Es bestand aus einer warmen Brühe mit gekochten Futterrüben und manchmal spärlichen Karottenschnipfeln, ohne Salz wie auf Burg Elbogen und im Lager Neurohlau. Der Schöpfer Brühe im Blechnapf wurde im Stehen geschlürft, da keine Löffel ausgegeben wurden. Um 19 Uhr begann der Abendappell, das bedeutete blockweises Antreten, mit der Meldung des Blockältesten, daß alle vollzählig von den Kommandos zurückgekehrt seien, obwohl dies bereits am Lagertor durch lautes Abzählen der Gefangenen festgestellt worden war. Das nochmalige Zählen durch die Budenältesten diente der wichtigen Endkontrolle, wie sich später noch herausstellen sollte.

Nun begannen die üblichen Beschimpfungen. Nach Vortreten einer Reihe musterten die Posten jeden einzelnen, nahmen sich den einen und anderen vor, schlugen ihn grundlos und traten mit Schaftstiefeln auf ihn ein. Wir wurden dabei durch Scheinwerfer angestrahlt, so daß man nicht erkennen konnte, wann das Unheil auf einen selbst hereinbrach, doch der Schatten des Postens kündigte es an. Gab es keine besonderen Vorkommnisse, endete diese tägliche Pein gewöhnlich um 20 Uhr, nachdem wir in Sprüchen der Tschechoslowakischen Republik, Präsident Dr. Eduard Benesch und Marschall Stalin huldigen hatten müssen.

In die Baracken zurückgekehrt, begann die Brotverteilung für den nächsten Tag, was angesichts des dürftigen Abendessens und ungestillten Hungers eine Pein war, denn das Brot sollte nicht sofort verzehrt, sondern für den nächsten Tag aufgespart werden. Der allabendliche Austausch unter Mitgefangenen über die verschiedenen Arbeitskommandos, über die Beobachtungen und Erfahrungen mit den Wachposten baute uns entweder ungeheuer auf oder ließ alle Hoffnungen fahren. Zum Teil wurden verschiedenste Gerüchte und Nachrichten von draußen mitgebracht, wenn es hieß, das Bäderdreieck Karlsbad – Marienbad – Franzensbad solle internationalisiert werden, was Euphorie und freudige Zuversicht auslöste. Tiefe Depressionen und dunkle Vorahnungen hingegen lösten Nachrichten aus, denenzufolge wir nach Rußland verlagert werden sollten. Das

Thema „Aussiedlung“ kam ebenfalls zur Sprache. Bei der damit verbundenen Familienzusammenführung wäre eine Entlassung aus dem Internierungslager zu den ausgesiedelten Familien möglich. Ein Wunschtraum! Konkretes wußte niemand, da entsprechend sichere Quellen nach draußen fehlten und glaubhafte Nachrichten sehr spärlich waren. Glücklicherweise gab es bei uns einen Budenältesten aus dem Erzgebirge, der seinen Humor in der mißlichen und aussichtslosen Lage nicht verloren hatte und mit witzigen Beiträgen und lustigen Erzählungen die Stimmung aufheiterte und uns sogar zum Lachen brachte. Der Abend verging rasch, und um 21 Uhr waren alle Lichter zu löschen. Große Müdigkeit ließ uns trotz der teilweisen Zweifachbelegung der Betten und der stickigen Luft bald zur Ruhe kommen.

Ich erinnere mich hier, daß sehr bald nach Fertigstellung der Baracke für uns Neuangekommene ein tschechischer Gefangener in unsere Bude kam. Als Grund für seine Einquartierung gab er die ständigen Querelen unter den internierten Tschechen in deren Baracke an, so daß er sich schließlich vom Lagerobmann in die deutsche Baracke verlegen hatte lassen. Dieser Tscheche gab an, Professor aus Prag zu sein; er sprach sehr gut deutsch, mußte, wie die anderen Tschechen, nicht arbeiten und durfte Post und Pakete empfangen. Ich als Jüngster profitierte von den Paketinhalten, solange er bei uns einquartiert war, die größtenteils aus Nahrungsmittel bestanden. Es war jedoch nur eine kurze Zeit. Wir vermuteten sehr bald, daß er bewußt bei uns eingeschleust worden war, um die internierten deutschen Gefangenen auszuhorchen.

Der größere Teil der Barackeninsassen wurde nun auf andere Kommandos verteilt. Es blieb dabei, daß Handwerker für den Barakkenbau zur Verfügung standen, daß SS- und SA-Angehörige zum „Pilotenschlagen“ weiter eingesetzt wurden, daß das Latrinenkommando wie bisher besetzt war. Ich kam mit älteren Gefangenen zum „Schlackenkommando“. Bei diesem Arbeitsbereich mußten Schlakkenrückstände aus der Industrie, die im Randbereich des Lagers auf einem riesigen Haufen gelagert waren, mit Loren auf Gleisen zu den Barackenbaustellen gefahren werden. Zwischen die geschlagenen Piloten wurde die Schlacke von der Oberkante des bestehenden Geländes bis wenige Zentimeter unter die vorgesehenen Fußbodenbauelemente der später zu errichtenden Baracken eingebracht. Sinn und

Zweck der Auffüllung war, Feuchtigkeit und Kälte vom Barackenboden abzuhalten und so eine gewisse Wärmedämmung zu erzielen.

Zu einer Lore waren zwei Gefangene eingeteilt. Auch einige Frauen, zu denen wir bisher keinen Kontakt hatten, waren bei diesem Kommando dabei. Mir wurde eine junge zugeteilt, die schätzungsweise etwa sechs bis sieben Jahre älter war als ich. Gespräche waren kaum möglich, weil die Zeit genau vorgeschrieben war und wir ständig von den Wachposten beobachtet und zur Arbeit angetrieben wurden. Es kam dennoch eine Gelegenheit, bei der mich meine Arbeitskollegin fragte, woher ich käme, wie alt ich sei und weshalb ich verhaftet worden war. Nachdem sie von mir erfahren hatte, daß ich aus dem Kreis Elbogen komme, fünfzehn Jahre alt und Schüler einer Napola gewesen sei, bedauerte sie meine Lage sehr, die auch die ihre war. Sie nannte ihren Namen, Gudrun, und fügte nach etwas Zögern hinzu: Gudrun H. Sichtlich überrascht, fragte ich ungläubig: „Die Tochter unseres Gauleiters H.?“ – „ Ja, das bin ich.“

Das erste Mal seit meiner Inhaftierung empfand ich Freude. Mir gefielen ihre Gestalt und Einfachheit, ihr Ausdruck in gepflegter Schriftsprache und die Gelassenheit, ihr Schicksal zu ertragen. Die Unterhaltung war nur in kurzen Stichworten möglich, mit ständigen Unterbrechungen durch die harte Arbeit und die steten Beobachtungen durch Wachposten. Ich spürte Mitleid in ihrer Frage, ob ich ihren Vater für meine Lage verantwortlich erachtete? Er war schließlich der Mann gewesen, der sich der „Deutschen Frage“ in der Tschechischen Republik angenommen und für den Anschluß an das Deutsche Reich gekämpft hatte, nachdem sein politischer Kampf für die Selbstbestimmung der Deutschen in der Tschechischen Republik keine Früchte getragen hatte. Ich beruhigte sie damit, daß ich mich selbst verantwortlich fühle und versicherte im Gegenzug, daß ich Mitleid mit ihr habe, zumal sie so viel Schmähungen und Erniedrigungen über sich ergehen lassen mußte, ihren Vater in Pilsen verloren und nicht wußte, wohin man ihre Mutter gebracht hatte. Von ihr erfuhr ich, daß in der Frauenbaracke auch Frauen mit ihren jugendlichen Töchtern gefangengehalten wurden, deren Männer und Väter im Lager Tschemoschma waren und keinen Kontakt zu den Familienangehörigen haben durften. Sie sprach das Beispiel des Musikinstrumente-Fabrikanten an, wenn ich mich richtig erinnere, mit dem

Namen F. aus Graslitz (Kraslice), dessen Frau und Tochter im Lager gefangengehalten wurden, nur aus dem Grund, damit die Enteignung unbehindert durchgeführt werden konnte. Den mitgefangenen Fabrikanten lernte ich später bei einem anderen Kommando selbst kennen. Ich freute mich schon auf den nächsten Tag, denn es blieb bei dieser Einteilung, so daß ich wieder zusammen mit Gudrun H. arbeiten durfte. Doch ab diesem Tag hatten wir einen anderen Bewacher als am Vortag, mit einem mongolischen Einschlag und finsterer Mimik.

Hier muß ich in eine Vorgeschichte auf der Burg Elbogen rückblenden. Als Gefangener dort gehörte ich zu einem Arbeitskommando, das in einer Porzellanfabrik lagernde Wehrmachtsartikel, wie Motorrad- und Autozubehörteile, zu verladen hatte. Dort lagerten in Regalen auch Wehrmachtsuniformen. Bei diesen Arbeiten wurde meine leichte Sommerkleidung, in der ich verhaftet worden war und die ich jeden Tag trug, schmutzig und verschlissen. Außerdem war sie für den Aufenthalt in dem unterirdischen, kalten und feuchten Burgverlies viel zu dünn; dazu standen kühlere Herbsttage bevor. Deshalb hatte ich die Möglichkeit genutzt, mir eine dort lagernde Uniform aus Wehrmachtsbeständen als Ersatzkleidung zuzulegen. Bei günstiger Gelegenheit zog ich meine alte Kleidung aus und in jugendlichem Leichtsinn, ohne eventuelle Folgen bedenkend und ahnend, eine schwarze, enggeschnittene und warme Panzeruniform über. Lieber schwitzen als in der Nacht frieren, hatte ich gedacht. Hinzu kam, daß alle anderen Uniformen zu groß waren und nur diese eine paßte. Sie trug ich, als wir von Elbogen nach Tschemoschna verfrachtet worden waren, und wurde hier mit weißer, besonders greller Leuchtfarbe mit Streifen am Arm und einem „i“ auf dem Rücken bemalt, wie bereits beschrieben.

Dem „Mongolen“ mißfielen die gelegentlichen Gespräche mit meiner Arbeitskameradin Gudrun H., und ich merkte, daß ihm auch meine schwarze Uniform nicht behagte. Denn plötzlich rief er „tankystická svině“ („Panzerschwein“) und schlug mit einem Gummiknüppel auf meinen Kopf und Rücken ein. Ich riß die Arme hoch, um den Kopf zu schützen, was ihn noch mehr in Rage brachte, so daß er weiter auf mich einschlug, bis ich mich wie bewußtlos zusammenfallen ließ. Nach einigen weiteren Fußtritten ließ er von mir ab. Mitgefangene gossen, wie üblich, einen Eimer Wasser, das sie aus einem Brunnen geschöpft hatten, über meinen Kopf, um die (vorgetäuschte) Bewußtlosigkeit zu beenden. Ich bewegte mich und schüttelte das Wasser ab; mein ganzer Körper schmerzte, und nur unwillig verrichtete ich die Arbeit bis zum Abend. Beim Waschen sah ich auf meinem Oberkörper die geschwollenen Striemen von den Hieben, und blaue Flecken deuteten sich an. Mitgefangene, die mich sahen und denen ich von den Prügeln des Oberwachmeisters (četař) Singulä, so wurde er genannt, erzählte, rieten mir, das Kommando so rasch als möglich zu wechseln, da dieser Singulä, wenn er sich einmal auf einen Gefangenen „eingeschlagen“ hatte, diesen bekanntlich täglich weiter „behandle“. Aber wie sollte ich das Kommando wechseln, wenn für Neuangekommene ein Außenkommando noch nicht zugelassen war? Die Kapos der Kommandos scheuten sich, Leute, die sie noch nicht kannten, zu Außenarbeiten mitzunehmen, denn angeblich hafteten sie mit ihrem Leben, falls ein Gefangener von seinem Kommando floh. Ein Wechsel innerhalb des Lagers war, ausgenommen das Latrinenkommando, nur innerhalb des Barackenbaukommandos möglich.

Zunächst stand mir eine lange Nacht mit brennenden Rückenschmerzen bevor. Ich lag hellwach, Gedanken über meine schlimme Lage quälten mich, und mir wurde bewußt, als Fünfzehnjähriger schuldlos der Willkür dieser Bestie Singulä ausgeliefert zu sein, was mich keine Ruhe finden ließ. Gleich am nächsten Morgen, vor der Einteilung der Arbeitskommandos, schilderte ich dem Kapo des Barackenbaukommandos meine Lage und bat um Zuteilung einer anderen Aufgabe. Das gelang mir, und ab sofort arbeitete ich mit einem Spengler zusammen, der Schutzbleche an die Holzelemente der Baracken, unter und hinter den Öfen, anbrachte. In einer provisorischen Bude wurden die Bleche mittels Scheren zugeschnitten und in den einzelnen Räumen montiert. Diese Tätigkeit erfolgte größtenteils abgeschirmt im Barackeninneren, fern von den Bewachern, so daß ich zwei Wochen lang in Ruhe gelassen wurde.

Eines Abends erfuhr ich von den Schlackenarbeitern, daß der angetrunkene Bewacher Singulä immer wieder „Kde je tank?“ („Wo ist Panzer?“) gerufen habe. Schaudern und Schrecken überfielen mich, wo doch mein Körper die erlittenen Prügel soeben einigermaßen verkraftet hatte bis auf blaue, sich allmählich grün und gelb verfärbende Flecken am Rücken. Es kam der Tag, an dem die Rohrkamine über Dach zur regensicheren Abdichtung Blechmanschetten erhalten mußten. Diese Arbeiten erfolgten in Zusammenarbeit mit einem Dachdecker im Freien, von überallher einsehbar. Meine Aufgabe war, ein Feuer in der Nähe der Bude, in der das Blech zugeschnitten wurde, zu schüren und darüber ein mit Teer gefülltes Faß zu erhitzen. Der verflüssigte, heiße Teer wurde in einen Metalleimer geschöpft und über eine Leiter auf das Barackendach gebracht. Mit einer Bürste bestrich ich die Pappe um das Kaminrohr herum mit Teer, um dann die Blechmanschette über das Kaminrohr zu stülpen und festzukleben.

Es dauerte nur zwei Tage, bis mich der Bewacher, Oberwachmeister Singulä, wiederentdeckt hatte. Mit dem Dachdecker hatte ich soeben ein neues Teerfaß vom Materiallager zur Feuerstelle gerollt, als ich von hinten den Ausruf „tank" („Panzer") hörte. Singulä verpaßte mir einen Fußtritt von hinten, so daß ich über das Teerfaß fiel und Schläge mit dem Gummiknüppel verspürte. Weiter eindreschend, trieb er mich zum Kapo des Barackenbaukommandos und beschimpfte diesen brüllend in tschechischer Sprache über meine Versetzung zu einer anderen Tätigkeit. Der Kapo, ein deutscher Bauingenieur, der tschechisch sprach, erklärte mir dann eingeschüchtert, daß ich ab sofort bei den Piloten-Schlägern eingesetzt werde und ich mich am Abend bei der Bewacherbaracke melden solle. Ich ahnte, was mir bevorstand, und bangte dem Kommenden entgegen.

Beim Pilotenschlag-Kommando entschied am Nachmittag der Kapo, mich nicht beim Schlagen einzusetzen, sondern beim Halten der Piloten, bis diese nach den ersten Schlägen im Erdreich stehenblieben und nicht mehr umkippten. Er hatte erkannt, daß ich viel zu schwach war, den schweren Schlegel so hoch zu heben, um den Piloten mit Wucht in das Erdreich zu rammen. Das Halten des Piloten war nicht ungefährlich, da die Schläge der geschwächten Gefangenen nicht immer präzise auf dessen Mitte trafen. Nicht selten wurde der Rand getroffen, so daß Holz absplitterte oder der Schlegel nicht selten neben dem Piloten niedersauste. Einen Verletzten gab es bereits, der, an der Hand getroffen, so erhebliche Verletzungen davontrug, daß die Hand gequetscht und der Handknochen gebrochen war. Solche Verletzungen wurden in keinem Krankenhaus behandelt, sondern vom mitgefangenen Arzt, so gut es ohne Medikamente, mit vorhandenem Pflaster und Verband, ging. Jeder fürchtete diese schlimme Möglichkeit, verletzt oder krank zu werden.

Bei diesen gefährlichen Arbeiten passierte es auch eines Tages, daß mein Zeigefinger der linken Hand, unmittelbar unterhalb des Nagels, verletzt wurde. Nach zwei Tagen war mein Finger an dieser Stelle angeschwollen und tobte; nach weiteren zwei Tagen sah ich beim Waschen an der Innenseite des linken Armes einen dünnen roten Strich, der vom Finger bis in Schulterhöhe verlief. Diese bedrohliche Verfärbung hatte die Achselhöhle noch nicht erreicht. Von der Teilnahme an einem Feldscherkurs (der Feldscher ist ein militärischer Arzthelfer; schon im Mittelalter wurde ein Sanitäter so benannt) an der Napola wußte ich, daß dieses Symptom eine beginnende Blutvergiftung andeutete und sofort ärztlicher Hilfe bedurfte. Große Angst überwältigte mich an diesem Abend, wußte ich doch, daß mir im Lager ohne Medikamente kaum geholfen werden konnte. In meiner Not holte ich Rat vom mitinternierten Arzt, der mir immer wieder eiskalte Wickelauflagen an der Arminnenseite während der Nacht empfahl. Die Wunde selbst versorgte er mit einem Pflaster. Mehr konnte er für mich nicht tun, da ich auch nicht 40° Fieber hatte. Er wies mir ein Bett für Kranke auf dem Barackengang zu. Somit konnte ich nachts, ohne die anderen im Schlaf zu stören, immer wieder lauwarm gewordene gegen eiskalte Wickel ersetzen. Mit dem Eimer, der zum Wiederbeleben zusammengeschlagener oder vor Erschöpfung ohnmächtiger Gefangener immer bereitstand, schöpfte ich am Abend eiskaltes Wasser aus dem Brunnen, nahm mein Unterhemd als Wickel, tauchte es in das kalte Wasser, wrang es aus, legte es über den linken Arm und wechselte den Wickel, sobald er lauwarm geworden war. Bis zum Morgen hatte sich der rote Strich nicht weiter in Richtung Achselhöhle ausgebreitet, was der Arzt als positive Entwicklung ansah. Nach weiteren drei Nächten mit gleichen Anwendungen war ein deutliches Abklingen zu erkennen und nach einer Woche die bedrohliche Verletzung zum Glück vergessen.

Einmal pro Woche ritten der tschechische Lagerkommandant und ein Zivilist auf Pferden durch das Lager und besichtigten den Fortschritt beim Barackenbau. Dabei besprach der Zivilist mit dem deutschen Kapo vom Pferd aus die Baumaßnahmen und den Baufortschritt. Der Kapo klärte uns später auf, daß es sich bei dem Zivilisten um einen tschechischen Architekten aus Pilsen handelte, der das Lager geplant und die Bauleitung durchgeführt hatte. Der Kapo wies vor den beiden immer wieder darauf hin, daß der Baufortschritt abhängig von der Muskelkraft der Mitgefangenen sei. Diese Bemerkung blieb jedoch ohne Erwiderung. Während dieses Besuches hielten sich die Bewacher merklich zurück.

Am Abend jenes Tages, an dem mich Singulä „wiederentdeckt" hatte, ging ich nach dem Essenfassen mit gemischten Gefühlen langsam zum Lagertor, wo ich mich mit Nr. 1308 beim Wachhabenden zu melden hatte mit dem Hinweis, daß ich zum Oberwachmeister Singulä kommen solle. Sich nicht zu melden, hätte am nächsten Tag noch schwerwiegendere Folgen gehabt. Der Wachhabende grinste, da er diesen Vorgang schon öfter erlebt hatte und auch wußte, was diese Meldung bedeutete. Er rief seinen Kameraden von der Wache herbei und wechselte mit ihm einige Worte, von denen ich nur Singulä verstand. Auch dessen Gesicht verzog sich zu einem breiten Grinsen. Die Baracke der Wachhabenden und der Kommandantur lag außerhalb des Stacheldrahtzaunes, durch einen Weg getrennt, unmittelbar gegenüber dem Lagertor. Es wurde geöffnet; die Maschinenpistole auf mich gerichtet, kam der Befehl „pochod" („marsch")! An der Giebelseite der Baracke führte eine Treppe zum Mittelgang hinauf. Ich öffnete die Tür und betrat den Flur. Der Posten führte mich weiter zum Raum von Singulä. Ich grüßte in tschechischer Sprache, wie es uns befohlen worden war, mit „dobrý večer, četaři Singulä" („Guten Abend, Oberwachmeister Singulä") und stand dabei stramm. Er rief einen Namen in den Flur, während der Posten, der mich abgeliefert hatte, die Baracke verließ. Ein anderer Posten mit rotem Gesicht betrat den Raum, und sofort kam mir eine Alkoholfahne entgegen. Der Ofen glühte, und es war sehr warm. Ein Bett stand an einer Wand, auf dem ein weißer Pelzmantel aus Wehrmachtsbeständen lag, den die Posten schon in dieser Jahreszeit, zusammen mit den Pelzlederstiefeln, ebenfalls aus Wehrmachtsbeständen, trugen. Ein Tisch mit zwei Stühlen stand in der Raumecke.

Singulä setzte sich auf einen von ihnen, drehte den Strahl einer Tischlampe direkt auf mich und begann laut zu fragen: „Du SS-Panzer?" Auf mein „nein" erhielt ich vom anderen Posten die erste Ohrfeige, die mich umriß. Die Frage wiederholte sich mehrere Male, und immer erhielt ich eine Ohrfeige. Dann mußte ich den Oberkörper freimachen. Ich wußte, daß nun die in die Achselhöhle eintätowierte Blutgruppe, wie bei SS-Angehörigen üblich, gesucht wurde. Daß ich keine hatte, gab mir Hoffnung. Auf die Frage, weshalb ich dann diese Uniform trage, erwiderte ich, daß ich keine andere hätte. Weshalb ich im Internierungslager wäre, lautete die nächste Frage. Wahrheitsgetreu erwiderte ich, daß ich das nicht wüßte, worauf mich mehrere Ohrfeigen ermahnten, einfach „Hitlerjugend“ zu sagen. Tatsache war jedoch, daß ich seit der Zeit meiner Verhaftung und Verbringung auf die Burg Elbogen und später nach Tschemoschna bis zu diesem Augenblick keinem Verhör mehr unterzogen worden war. „Warum du gelogen?“ brüllte mich Singulä in gebrochenem Deutsch an. Ich blieb stumm. Nun mußte ich auch die Hosen herunterlassen und mich über den zweiten Stuhl beugen. Schon begann der Posten, mich mit dem Gummiknüppel auf den blanken Hintern zu schlagen. Zuvor wurde ich noch aufgefordert, auf Tschechisch nach jedem Hieb von eins bis zehn mitzuzählen. Nachdem mir dies in der Aufregung und Ermangelung der Sprachkenntnisse nicht gleich vollständig gelang, erhielt ich solange Prügel, bis es klappte. Das Blut war mir in den Kopf geschossen, wozu die Hitze im Raum noch beitrug, und nachdem ich mich aufgerichtet hatte, wankte und stürzte ich. Noch benommen, stand ich auf und hatte Mühe, mich wieder anzuziehen.

Die „Behandlung“ schien gelaufen. Der Posten, der die Schläge auszuführen hatte, holte die Maschinenpistole und führte mich zum Lagertor zurück. Singulä rief mir nach: „Hitlerschwein, bis morgen!“ Inzwischen war es etwa 19.30 Uhr geworden, die Gefangenen waren zum Abendappell angetreten, und der Stubenälteste hatte dem Blockältesten gemeldet, daß die Nr. 1308 fehle, da diese sich bei der Wache hatte melden müssen. Der Blockälteste hatte diese Meldung bereits abgegeben, als ich schmerzverzerrt und kreidebleich vom Wachposten vorgeführt wurde. Alle wußten sogleich, was mit mir geschehen war. Ich gliederte mich in meine Abteilung ein und wartete das Ende des Appells ab. Dann begab ich mich unter Schmerzen zum deutschen Lagerobmann und bat ihn, mich bei der Einteilung am Morgen in ein Außenkommando einzugliedern, damit ich tagsüber aus dem Sichtfeld des Singulä käme. Vor dem Rückweg in die Baracke zog ich mich noch in den Wasch- und gleichzeitigen Latrinenraum zurück, um meine gesamte Körperrückseite mit Wasser zu kühlen. Der Andrang nach dem Schlußappell war immer sehr groß, doch angesichts meiner durchgemachten Tortur wurde mir rasch Platz an der Wasserrinne verschafft, in der ich sitzend das Wasser über Rücken und Hintern laufen lassen konnte.

An diesem Abend trösteten mich meine Stubenkameraden lang und fürsorglich. Auf dem Mittelgang der Baracke waren für Kranke, besonders mit Ansteckungsgefahr, wie Grippe, Einzelbetten aufgestellt. Nachdem ich in dieser Nacht vor Schmerzen sicher kaum liegen, geschweige denn schlafen konnte und jede Berührung, bedingt durch die Enge der Betten, dies noch verschlimmerte, ich auch nicht in die zweite oder gar dritte Ebene der Stockbetten hinaufsteigen konnte, rieten mir meine Kameraden, in einem der Krankenbetten zu schlafen. Der Stubenälteste verständigte den deutschen Arzt, damit dieser bei Schwierigkeiten mit den Wachen Bescheid wußte.

In dieser schlaflosen Nacht drehte sich das Gedanken-Karussell schnell, themenreich und im Kreis. Am meisten bewegte mich das Schicksal eines jungen, etwa 20jährigen Mitgefangenen, der im Lager mit eingebrannten SS-Runen auf der Stirn umherirrte und Narrenfreiheit genoß, da er nicht mehr bei Sinnen war. Gefangene, die schon längere Zeit im Lager verbringen mußten, wußten zu berichten, daß dieser Gefangene aus dem Gefängnis „Bory" in Pilsen kam, wo man ihn zu dem gemacht hatte, was er jetzt war: nämlich irr und nicht mehr zurechnungsfähig. Meine Gedanken blieben auch bei dem Galgen auf dem Appellplatz hängen, an dem, wie uns immer wieder eingebleut wurde, Flüchtende, die wieder eingefangen worden waren, vor allen erhängt wurden. Auch diese Grausamkeit war schon in einer längeren Zeremonie beim Abendappell begangen worden, wie Mithäftlinge erzählten, die dies zuvor bereits erlebt hatten.

Meine Lage schien mir plötzlich aussichtslos, weil kein Ende des Lagerlebens und der Torturen zu erkennen war. War sie einen Fluchtversuch, auch angesichts des angedrohten Lebensendes am Galgen, nicht doch wert? Welchen Sinn hatte ein solches Leben im Lager überhaupt noch für mich? Daß jemals einer aus dem Lager entlassen worden wäre, war nicht bekannt. Ich erinnerte mich an einen Gefangenen, der abends sehr schweigsam bei uns gesessen war, sich nicht an aufmunternden oder auch pessimistischen Gesprächen beteiligte, sich nur selten in klaren Gedanken zur Sache äußerte, die seine Intelligenz erkennen ließen, und der mehr war als er schien. Schließlich ließ er den tschechischen Kommandanten wissen, daß er als Physiker in Peenemünde an den V-Raketen gearbeitet hatte und nun für die Russen arbeiten möchte. Es dauerte nicht lange, und er wurde von ihnen abgeholt. Ob es wirklich die Freiheit war, die er erhoffte, ist anzuzweifeln, vielleicht richteten sich seine Gedanken nur darauf, möglichst rasch dem trostlosen Lagerleben zu entrinnen. Gedankenvoll und schmerzreich verging diese Nacht. Meine Hoffnung war jetzt nur die, in ein Außenkommando zu kommen.

Für das Arbeitskommando Pilsen wurden täglich etwa 300 Mann benötigt. Nach Aufruf dieses Kommandos durch den deutschen Lagerobmann rannten die mit Häftlingsnummern registrierten Männer aus den Reihen der Blockaufstellung in die Mitte des Appellplatzes und formierten sich in Fünferreihen zum Abmarsch. Ich lief mit zu dieser Kommandoaufstellung und reihte mich ein. Der Lagerobmann hatte meine Häftlingsnummer am Abend notiert, so daß ich für dieses Kommando registriert war. Die Gefangenen zählten laut ab, und nach Übereinstimmung mit der Registrierung erfolgte der Abmarsch. Die Wachposten standen am Lagertor, mit Maschinenpistolen bewaffnet, in Begleitung zweier Schäferhunde und mit Scheinwerfern ausgerüstet, da es Ende November um 6 Uhr früh noch finster war. Zwölf Bewacher waren beiderseits der Kolonne in Abständen von zehn Gefangenenreihen angetreten und setzten sich mit der Kolonne in Bewegung. An jeder Seite von ihr entstand somit ein Abstand von zehn Gefangenenreihen, je Reihe 1 m breit. Die Strecke bis zur Bewacherbaracke war durch Scheinwerfer ausgeleuchtet. Vom Lagertor bis hinter die Bewacherbaracke zog sich niederes Nadelgehölz hin, das unmittelbar an die Zufahrtsstraße, auf der wir abmarschierten, heranreichte. Nach etwa weiteren 300 m mündete die Zufahrtsstraße zum Lager in die Hauptstraße des Ortes Tschemoschna. Die Kolonne bog jedoch nach links ab und marschierte in Richtung Bahnhof, wo bereits die Güterwaggons für uns Gefangene und ein Personenwaggon für die Wachposten bereitstanden. Wie bei unserem Transport von Chodau nach Tschemoschna mußten wir im Eiltempo die Waggons besteigen, selbstverständlich durch Hiebe der Wachposten angetrieben. Die Türen wurden von außen verriegelt, und dann fuhr nach Ankuppeln einer Lokomotive der Zug in Richtung Pilsen ab. Ich verspürte bei jeder Bewegung und jedem Stoß Schmerzen in meinem Rücken, die sich bis zu den Oberschenkeln zogen. Aber schon die Genugtuung, das Lager für einen Tag hinter mir zu lassen, ließ alles wieder erträglicher sein.

Nach einer Fahrt von rund 20 bis 30 Minuten hielt der Zug auf einem Abstellgleis des Güterbahnhofs in Pilsen; die Türen wurden geöffnet, wir sprangen, zur Eile angetrieben, heraus, formierten uns zur Marschkolonne und marschierten zu einem Gebiet, das in Schutt und Asche lag. Die Schuttberge zwischen den Ruinen, durch Bombardements am Ende des Krieges entstanden, mußten wir beseitigen. Die losen, sperrigen Bauteile, wie Holzbalken, Bretter, Stahlteile, waren auszusortieren, während Bagger den herausgeräumten Schutt aufnahmen und auf Lastkraftwagen verluden. Die Bagger- und Lastwagenfahrer waren Ziviltschechen. Die Ruinenhaufen befanden sich zwischen zwei Straßen und waren durch noch intakte Gebäudeblökke begrenzt. Das Gebiet war übersichtlich, so daß sich die Wachposten auf die begrenzenden Straßen und je einer mit den Hunden an den Gebäudeblöcken postierten. Die Arbeit war sehr schwer, und nur in einer Trümmernische, hinter die man abtauchen konnte, war eine Verschnaufpause gegönnt. Da ich mit meinem lädierten Rücken nicht mehr sitzen konnte, war die kurze Ruhepause nur bäuchlings möglich. Meine Ausrede bei der Beobachtung durch Wachposten wäre gewesen, daß ich aus den Trümmern etwas hervorziehen hatte wollen. Die ziviltschechischen Bagger- und Lastwagenfahrer hatten sich an den Anblick der Gefangenen gewöhnt und unterließen Mißhandlungen, wie dies nach Berichten der Mitgefangenen früher oft der Fall gewesen war. Vorbeigehende blieben an der Straße stehen, schauten schadenfroh den Gefangenen bei der harten Arbeit zu und beschimpften sie mit Zurufen, wie „německá svině“ („deutsche Schweine“) oder „SS-svině“ („SS-Schweine“); sie bespuckten uns sogar, wenn wir in der Nähe der Straße das sperrige Material lagerten. Ab und zu fielen auch Steine, die die Gefangenen oftmals verletzten, was aber niemanden kümmerte. Trotz aller Widrigkeiten und der schweren Arbeit bescherte uns dieses Außenkommando eine gewisse Freiheit anstelle der Hölle des deprimierenden Lagerlebens, eingesperrt hinter Stacheldraht, wo man nur das Piloten-Schlagen und manchmal den vorbeifahrenden Zug hörte. Doch hier spürte man das freie Leben, hörte frohe Laute und das Lachen der Kinder.

Auch deutsche Passanten gingen an uns vorbei, zu erkennen an den weißen Armbinden. Ab und zu ließen sie unauffällig etwas Eßbares fallen, das von den dankbaren Gefangenen noch vor den Spendern geteilt und mit Heißhunger gegessen wurde. Auch Zigaretten ließen sie fallen, für die Raucher ein Hochgenuß, so daß an einer Zigarette mehrere Mitgefangene süchtig nacheinander zogen. Schwierig war die Beschaffung von Zündhölzern, die, nur kontrolliert vom Budenältesten, zum Feuermachen im Stubenofen verwaltet wurden. Die Posten beobachteten solche „Fundsachen" unterschiedlich; die einen traten mit den Füßen darauf, andere stießen sie weg. Gefangenen wurden Eßsachen, wenn sie sich danach bückten, aus der Hand geschlagen; selbst deutsche Passanten, die ein Päckchen für die Gefangenen „verloren hatten", wurden geprügelt. Es gab aber auch andere Posten, die sich abwandten und wegsahen. Als Gefangener entwickelte man sehr rasch ein Gespür für den Charakter des Bewachenden. Bei manchen merkte man ein gewisses Mitgefühl mit unserer schlimmen Lage, was jedoch sehr selten war.

Die Dämmerung war bereits um 17 Uhr hereingebrochen. Die Pfeifen der Posten schrillten als Zeichen, die Arbeit abzubrechen und sich zum Abmarsch in Fünferreihen zu formieren. Die abgestellten Waggons wurden bestiegen, verschlossen, und die Fahrt ging zurück nach Tschemoschna. Beim Durchmarsch durch das Lagertor mußte von den Gefangenen bis zum letzten Mann laut durchgezählt werden. Daß dies nicht immer reibungslos verlief, erlebte ich nach einigen Tagen im Außenkommando. Verantwortlich für die Meldung an den Wachhabenden am Tor war der Kommandokapo. Die Posten selbst, die uns nach Pilsen und zurück begleitet hatten, drehten nach Erreichen des Lagertores ab und marschierten zu ihrer Baracke.

Eines Abends, in den ersten Dezembertagen des Jahres 1945, wurde durch den Budenältesten überraschend an jeden Gefangenen eine Postkarte ausgegeben. Mit dieser konnte man seine Angehörigen vom Aufenthaltsort Tschemoschna benachrichtigen, jedoch in tschechischer Sprache, was uns als Bedingung vorgegeben wurde. Karten in Deutsch wurden vom zensierenden Lagerkommandanten, der nicht Deutsch konnte oder dies nur vorgab, nicht weitergeleitet. Bei der ersten Möglichkeit, mittels einer Postkarte den Angehörigen ein Lebenszeichen zu geben, ging keiner die Gefahr ein, daß seine Karte nicht weitergeleitet würde, sondern versuchte mit Hilfe der anderen Internierten, seine Benachrichtigung auf Tschechisch zu geben. Als Absender durften der Vor- und Zuname genannt werden, allerdings zusammen mit der Häftlingsnummer. Als Anschrift war anzugeben: „Internační tábor Třemošná, Blok IV, 8. bouda“ („Internierungslager Tschemoschna, Baracke IV, 8. Bude“). Damit konnte der Kartenschreiber vom zensierenden Lagerkommandanten identifiziert werden.

Jemanden zu finden, der die Karte auf Tschechisch schreiben konnte, war schwierig. In unserer Bude gab es einen Radiotechniker, der uns schon früher einmal hatte wissen lassen, daß er, mit Namen Lorenz, für die Firma Schaup ein Radio entwickelt hätte und dieses Radio deshalb „Schaup-Lorenz“ heiße. Ob das der Tatsache entsprach, konnte niemand nachprüfen. Jedenfalls konnte dieser Lorenz in tschechischer Sprache schreiben und war als Dolmetscher sehr gefragt. Nachdem beinahe alle seine Hilfe in Anspruch nehmen mußten, zog er die Übersetzung meiner Karte vor, als Jüngstem in der Bude, wie er sich ausdrückte, weil er wüßte, wie eine Mutter zu Hause um ihren Sohn bange und sehnlichst eine Nachricht erwarte. Am 8. Dezember 1945 wurde diese Karte geschrieben, über den Budenältesten beim Blockältesten abgegeben und zur Zensur weitergeleitet. Meine Mutter, überglücklich über diese Postkarte, nahm sie bei der Aussiedlung mit und zeigte sie mir später. Die Karte trug das Abkürzungszeichen des Zensierenden in Rotschrift und eine rote Querlinie über das Schriftstück als Zeichen der Zensur.

Im Pilsen-Kommando arbeitete ich bis Weihnachten. Auf welchen Wochentag der Heilige Abend im Jahr 1945 fiel, ist mir nicht mehr bekannt. Als wir abends von der Arbeit zurückgekehrt waren, sahen wir auf dem Appellplatz eine aufgestellte Fichte. Es schneite leicht. Der Ablauf des Lagerlebens gestaltete sich wie an jedem Tag – mit dem Unterschied, daß beim Abendappell nur der deutsche Lagerobmann anwesend war. Die tschechischen Wachposten hielten lediglich die Wachtürme besetzt und ließen die Scheinwerferkegel rundum schweifen. Das Essen unterschied sich an diesem Tag nicht von dem an anderen Tagen. Es wurde bekanntgegeben, daß am 1. Weihnachtfeiertag nicht gearbeitet werde und wir uns, außer zum Morgenappell, in den Buden aufzuhalten hätten. Bewegungen zum Waschraum mit der Latrine seien erlaubt. Außerdem werde es am 1. Weihnachtsfeiertag ein Mittagessen geben. Um 12 Uhr sei block-

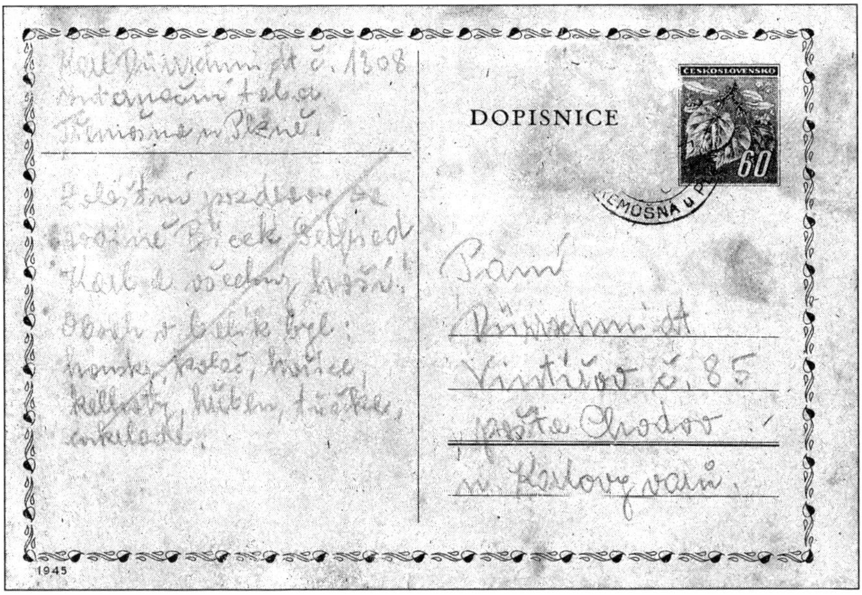

Karl Bürschmidt č. 1308
Internační tábor
Třemošná u Plzně

DOPISNICE

ČESKOSLOVENSKO 60

TŘEMOŠNA U P…

Paní
Bürschmidt
Vintířov č. 85
pošta Chodov
u Karlových Varů

1945

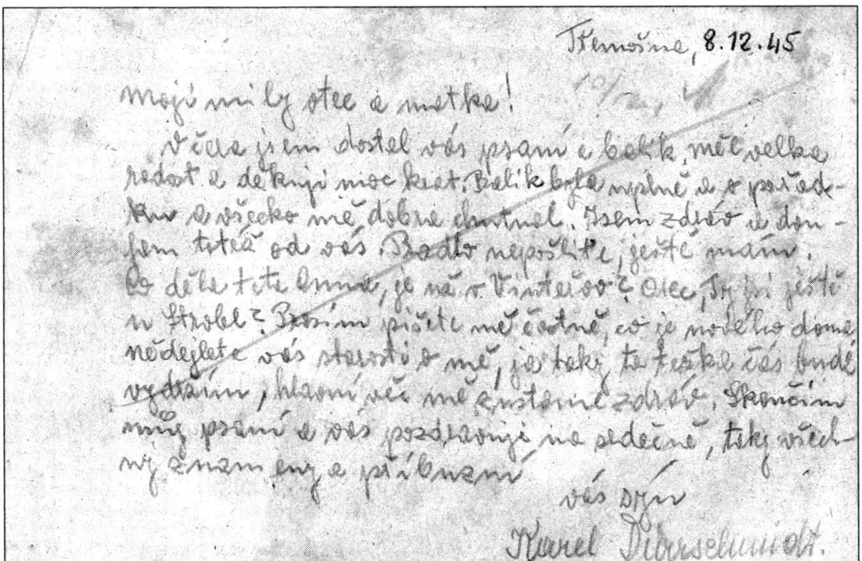

Třemošna, 8.12.45

Moji milý otec a matko!

Včera jsem dostal váš psaní a balík, měl velké radost a děkuji moc krát. Balík byl úplně v pořádku a všecko mě dobře chutnal. Jsem zdráv a doufám taky od vás. Radlo neposílejte, ještě mám. Co dělá teta Anna, je na v Vintířově? Otec, byl jsi ještě v Strobl? Prosím pište mě častně, co je nového doma nedejte vás starosti o mě, je taky ta těžké čas bude vydržím, hlavní věc mě úplně zdráv. Skončím můj psaní a vás pozdravuji na srdečně, taky všech my známé a příbuzné

váš syn

Karel Bürschmidt.

Karte aus dem Internierungslager Tschemoschna an die Mutter mit Zensur der Lagerleitung weise zum Essenfassen anzutreten. Der Ablauf am Abend sei wie an jedem Tag. Einen 2. Weihnachtsfeiertag gäbe es nicht.

Am Abendappell des Heiligen Abends nahmen auch die Frauen und die tschechischen Gefangenen teil. Der deutsche Lagerobmann gab noch bekannt, daß heute der Appell erst um 21 Uhr beendet sei und sich die Gefangenen bis dahin zwanglos auf dem Appellplatz aufhalten dürften. Dann hieß er uns, gemeinsam das Weihnachtslied „Stille Nacht, heilige Nacht" anzustimmen, was viele mit Tränen in den Augen und zittriger Stimme durchstanden; einige weinten hemmungslos und beruhigten sich lange nicht. Gefangene, die weibliche Familienangehörige im Lager hatten, rannten aufeinander zu, umarmten und küßten sich weinend. Auch ich spürte beim Sprechen einen „Knoten" im Hals, suchte in der Menge Gudrun H. und wünschte ihr „Frohe Weihnachten", was sie erwiderte und mich sogleich umarmte, wie ich es mich trotz meines Verlangens nie getraut hätte. Sie wollte wissen, wie es mir die ganze Zeit ergangen sei, seit wir uns zuletzt beim Schlackenkommando getroffen hatten. Ich erzählte ihr von der Demütigung in der Postenbaracke und von dem Verständnis des deutschen Lagerobmannes, mich dem Außenkommando Pilsen zuzuteilen. Seit dieser Zeit hätte ich Ruhe vor diesem brutalen Singulä gehabt.

Sehr schnell, zu schnell war es 21 Uhr geworden, und die Sirene heulte kurz auf. Gudrun umarmte mich, wünschte mir noch einmal frohe Weihnachten und Gesundheit im neuen Jahr 1946. Mit Tränen in den Augen drehte sie sich rasch um und ging weg. In den Buden mußte das Licht heute erst um 24 Uhr gelöscht werden. Ich suchte innerhalb der Baracke in einer anderen Bude einen Bekannten auf, den ich von Doglasgrün her kannte. Er war Fähnleinführer des Fähnleins 9 im Bann 611 Falkenau gewesen und damals als Freiwilliger zur Waffen-SS eingezogen worden. Das Fähnlein 9 umfaßte außer meinem Heimatort Wintersgrün noch Littmitz, Deutschbundesort und Doglasgrün.

Josef L. und sein SS-Kamerad Hans L. (Hannesenhans), wenig älter als Josef, stammten aus Doglasgrün. Hans war im Rußlandfeldzug verwundet worden und hatte einen Arm amputiert. Er war mit Herta P., einer Wintersgrünerin, verlobt, wie er mir sagte. Wir unterhielten uns über unsere Heimatorte und die Erlebnisse während des Krieges, waren deprimiert über unsere jetzige trostlose Lage, und vertraulich stellten wir Überlegungen an, wie man dem unerträglichen Lagerleben entfliehen könnte. Josef wurde als ehemaliger SS-Angehöriger zum Piloten-Schlagen herangezogen, was mit dem Wintereinbruch und Bodenfrost immer schwieriger wurde. Hans hatte man trotz seiner Armamputation zu Trag- und Hebearbeiten eingesetzt, wobei er die Lasten zwischen dem verbliebenen Armstumpf und seiner Brust geklemmt trug. Auch er berichtete von ständigen Schlägen, denen er besonders ausgesetzt war. Mit verhaltener Stimme sprachen wir unter größter Vertraulichkeit von Flucht. Jeder Gefangene, ob Mitwisser oder nicht, mußte Repressalien für die gesamte Gemeinschaft der Gefangenen befürchten, sobald einem die Flucht gelang oder nur zu flüchten versuchte und wieder eingefangen wurde. Es gab bereits Fälle, in denen Mitgefangene solche Gespräche denunzierten – mit schweren Folgen für jene, die den Gedanken an eine Flucht nur hatten anklingen lassen. Durch diese Begegnungen und die Zeit füreinander verging der Heilige Abend des Jahres 1945 sehr schnell.

Zum Morgenappell am 1. Weihnachtsfeiertag mußten wir erst um 7 Uhr antreten. Nach dem „Frühstück", das sich in nichts von dem an anderen Tagen unterschied, mußte heute nur das Wasserkommando zur Arbeit antreten. Wir anderen hatten an diesem Tag mehr Zeit als sonst für eine umfassende Körperpflege, doch der Waschraum war in diesen Dezembertagen sehr kalt, zumal es durch die Latrinenöffnungen an beiden Seiten durchzog. Dennoch wuschen wir die Unterwäsche und trockneten sie an Schnüren, die wir um die Öfen gespannt hatten. Ausnahmsweise gab es heute, wie angekündigt, ein „Mittagessen". Eine riesige Überraschung wurde uns um 12 Uhr geboten, als wir zum Essenfassen beim Schalter antraten. Es gab nicht die übliche salzlose Wassersuppe mit ein paar Futterrübenschnipsel, sondern gedünstete Karotten mit geschälten, zerkleinerten und gekochten Kartoffelstückchen – wahrlich ein Weihnachtsfestessen und ein Hauch von Menschlichkeit! Ohne Löffel war es schwierig, die Karotten und Kartoffeln aus den Näpfen zu essen, so daß wir mit den Fingern nachhalfen.

Der freie Nachmittag mußte zum Inordnungbringen der Kleidung, so weit es möglich war, zum Wäschewaschen und -trocknen verwendet werden. Zum Abendessen gab es Kaffee und eine Extraportion Brot, außer der Ration für den nächsten Tag. Um 21 Uhr wurde das

Licht gelöscht; es war Zeit zum Schlafen, morgen war wieder Arbeit angesagt. So war Weihnachten 1945 unter Traurigkeit und Schwermut vergangen, etwas vermindert durch die zugestandene Arbeitsruhe und die Gespräche mit anderen Mitgefangenen, in relativer Freiheit und ohne Bewacher, was sehr wohltuend war. Bei der „Kleidungspflege" an diesem freien Tag besah ich auch meine Halbschuhe näher, die ich seit der Verhaftung trug und die inzwischen durchgetreten und zum Teil aufgerissen waren, so daß Kälte und Nässe eindrangen und mein Wohlbefinden beeinträchtigten. Mitgefangene wußten, daß Holzschuhe im Austausch gegen die alten, nicht mehr benutzbaren Schuhe ausgegeben wurden. Sie stammten aus deutschen Beständen für Kriegsgefangene. Die Meldung für die Holzschuhe ging über den Stubenältesten, an den Lagerobmann und dann weiter an den Blockältesten, der die alten Schuhe einsammelte und Holzpantoffeln ausgab. Sie bestanden aus 5 cm dicken Holzsohlen, auf denen etwa 1 cm über dem Boden aus Kunstleder geformte Schuhkappen mit Nägeln befestigt waren. Innen waren sie mit einem filzigen Futterstoff ausgekleidet. Anstelle von Socken wickelte man jeden Fuß in einen Stofflappen, der mit zwei Stofflappenecken um den Fuß gebunden wurde. Ich erinnerte mich an Kriegsgefangene, die solche Holzpantoffeln trugen und damit laut klappernd dahinschlurften. Am nächsten Tag zeigten mir ältere Mitgefangenen, wie die Stofflappen richtig um die Füße zu wickeln waren, damit sie beim Laufen nicht drückten. Auch das Gehen mußte geübt werden, was anfangs nicht leicht fiel, da sich die Sohlen nicht abbiegen ließen und die Füße nur locker in den Pantoffeln, ohne jeden Halteriemen, steckten. Nur ein Dahinschlurfen war damit möglich.

Nach Weihnachten wurde ein neues Kommando zusammengestellt, zu dem nur Häftlinge aufgerufen wurden, von denen bekannt war, daß sie zu Hause Familienangehörige hatten, auf die man bei einer Flucht des Gefangenen zurückgreifen konnte. Es wurde auch darauf hingewiesen, daß die Posten Schußbefehl hätten, falls sich ein Häftling aus dem Sichtfeld der Bewacher begeben würde. Bei der Zusammenstellung kam die Postkartenaktion vor Weihnachten zuhilfe, denn unter den Ausgewählten waren nur solche, die eine Karte, adressiert an die Frau, Mutter oder Familie, geschrieben hatten. Es wurden etwa dreißig Häftlinge benötigt, die in den Wintermonaten im Forst arbeiten sollten. Jetzt waren uns auch die Vorsichtsmaßnahmen beim Zusammenstellen dieses Kommandos klar, denn die Arbeiten waren in einem weitläufigen Wald des Staatsforstes durchzuführen. Dieses Kommando wurde am Morgen als erstes aufgerufen, weil Häftlinge aus verschiedenen Kommandos aussortiert worden waren. Erst nachher rief man zu den übrigen Kommandos auf.

Dann fuhr ein ehemaliger deutscher Wehrmachtslastwagen vor, mit einer Luke auf dem Führerhaus und einem darauf montierten Maschinengewehr. Durch diese Luke hielt ein Wachposten die Häftlinge in Schach. Während dieser mit einem dicken Pelzmantel, Pelzmütze und Pelzstiefeln bekleidet war, saßen wir Häftlinge auf der offenen Ladefläche des Lastwagens zusammengekauert in der winterlichen Kälte. Ein weiterer Wachposten saß im Lastwagen. Die Fahrt ging in Richtung Norden zu einem Waldgebiet mit höherem Baumbestand. Von einem Forsthaus aus begleiteten uns, vorausfahrend, zwei Förster mit einem Kleinlastwagen, auf dem Werkzeuge geladen waren. Als wir das Einsatzgebiet erreicht hatten, hieß es absitzen.

Einer der Förster wies uns in Deutsch in unsere Aufgabe ein, während sich die beiden Wachposten hinter uns postierten und die Maschinenpistolen auf uns richteten. Trotz dieser Drohgebärden war es für mich persönlich eine große Erleichterung, daß der grausame Bewacher Singulä nicht dabei war. Die bereits markierten hohen Fichtenbäume waren zu fällen, die Äste direkt am Stamm abzuhacken und, je nach Durchmesser, als Brennholz, in Meterstücke zersägt, zu lagern und zu stapeln; die kleineren Äste sollten an einer Lichtung aufgeschichtet und verbrannt werden. Der zweite Förster erläuterte dann, nachdem kein Waldfachmann unter uns war, das Fällen eines Baumes. Der Baumstamm sei unten keilförmig an jener Seite einzuschneiden, nach der er fallen sollte. Erst dann dürfe der Einschnitt auf der anderen Seite des Stammes erfolgen, wobei das Fallen mittels Keile unterstützt werde.

Nach diesen Erklärungen wurden die Werkzeuge ausgegeben; je zwei Mann erhielten eine Zugsäge, andere Äxte und Stahlkeile. Eine kleinere Gruppe, zu der ich gehörte, wurde zum Zersägen der Äste, zum Herausschleifen und anschließenden Aufschichten der kleineren Äste auf der Waldlichtung zusammengestellt. Es dauerte nicht lange, bis der Ruf „Vorsicht“ ertönte, sobald sich ein Baum zur Seite neigte und zu Boden fiel.

Das Arbeitsgebiet wurde durch das Fällen der Bäume für die Bewacher täglich übersichtlicher. Sie hielten sich etwas abseits und rauchten ständig – zum Leidwesen der Raucher unter den Gefangenen, bei denen sich die Lust aufs Rauchen unerträglich steigerte. Nur wenig Schnee bedeckte den gefrorenen Waldboden, und es war kalt. Während die Bewacher, wie erwähnt, in Pelzmäntel gehüllt waren, Pelzstiefel, Pelzmützen und Pelzhandschuhe trugen, waren wir ohne zusätzliche wärmende Kleidung ausgestattet. Jetzt bewährten sich die Holzschuhe mit den dicken Holzsohlen, die von unseren Füßen die Kälte vom gefrorenen Waldboden und Schnee fernhielten. Das Gehen auf dem unebenen Boden mit den vielen Baumstümpfen und umherliegenden Ästen war aber sehr eingeschränkt.

Bald waren so viele kleinere Äste auf der Lichtung gestapelt, daß der Förster sie mit Benzin übergoß und anzündete, für uns eine willkommene Wärmequelle, an der sich auch die Baumfäller ab und zu zum Aufwärmen einfanden. Daß sich keiner zu lange am Feuer aufhielt und sich wieder an die Arbeit machte, dafür sorgten die Bewacher mit ihren lauten und befehlenden Rufen. Ein Wohlgefühl umfing mich in der würzigen Waldluft beim Duft des frischgefällten Holzes und beim Geruch des Holzfeuers. Die Geräusche der Sägen und Äxte erinnerten mich an frühere Zeiten, als ich zusammen mit Freunden durch die umliegenden Wälder meines Heimatortes gestreift war und das Sägen und Einschlagen an unsere Ohren drang. Durch die Arbeit in frischer Waldluft wurde mein Hungergefühl fast unerträglich, und mein Magen fing laut zu knurren an, obwohl ich gewohnt war, erst abends zu essen.

Ganz erstaunt waren wir, als der Förster mit einem Wachposten einige Worte wechselte, zum Fahrzeug ging und einen kleinen Sack mit rohen Kartoffeln hervorholte. Vom großen Feuer ein wenig abseits wurde ein kleineres entfacht, in dessen Glut die Kartoffeln geschüttet und gebraten wurden. Mich als Jüngsten beauftragte der Deutsch sprechende Förster, dafür zu sorgen, daß sie nicht verbrannten, sondern in der Glut nur schmorten. Wie oft hatten wir als Kinder im Herbst auf den abgeernteten Äckern Kartoffelfeuer geschürt und die nachgegrabenen Kartoffeln gebraten! Auf Anraten des Försters sollte ich eine dieser von der Glut gebräunten Kartoffeln probieren, ob sie schon gar sei. Mein Appetit wurde vom Duft des Kartoffelfeuers immer mehr angeregt, und der Heißhunger steigerte sich noch beim

Kosten. Nach meiner Meldung, daß die Kartoffeln durchgebraten seien, erfolgte ein Pfiff des Postens, worauf der Förster befahl, die Arbeit einzustellen und zum Feuer zu kommen. Jeder erhielt zwei Kartoffeln, und alle drängten sich um das Feuer zum Wärmen.

Nach einer Pause von etwa 30 Minuten wurden wir zum Weiterarbeiten aufgefordert. Die Förster und einer der Bewacher hatten sich in den Kleinlaster zu einer Essenspause zurückgezogen. Ein anderer stand beim Feuer und sicherte inzwischen die Häftlingsgruppe ab. Nach einer Viertelstunde wurde er zu einer Pause abgelöst. Während dieser wurden wir Häftlinge vom deutschen Kapo beschworen, in seinem Interesse wegen der persönlichen Haftung und um die gute Arbeitsatmosphäre nicht zu gefährden, keinen Fluchtversuch zu unternehmen. Einer aus unserer Gruppe bedankte sich auf Tschechisch bei den Förstern, was diese aufmerksam und erfreut aufnahmen. Durch ihre Anwesenheit herrschte ein humaner Umgang untereinander. Vor Einbruch der Dämmerung wurden die Arbeiten beendet, das Werkzeug geladen und der Lastwagen zur Rückfahrt in das Lager bestiegen. Als wir am Abend vom Leben in diesem Kommando erzählten, fühlten wir Neid aufkommen.

Am nächsten Tag war zum Holzrücken ein Pferdegespann mit einem Ziviltschechen eingesetzt, das die Baumstämme nacheinander zur Forststraße herauszog, wo sie bis zum Abtransport lagerten. Die eigentliche Holzfällerarbeit und das Abtrennen der Äste vom Baumstamm mit Hilfe der Axt waren eine sehr schwere Arbeit. Bedingt durch das wenige und kalorienarme Essen im Lager, erlitt öfter einer der Holzfäller einen Schwächeanfall und brach zusammen. Beim ersten Mal wurde er von einem Posten mit dem Stiefel getreten und aufgefordert, sofort aufzustehen und weiterzuarbeiten. Doch sofort wirkte ein Förster auf ihn ein, dies zu unterlassen, was auch geschah. Daß der Förster diesen Einfluß ausüben durfte, lag wohl daran, daß er mindestens doppelt so alt wie die Bewacher und mit dem tschechischen Lagerkommandanten durch die Einsatzverhandlungen bekannt war. Den Förstern ging es in erster Linie darum, eine hohe Arbeitsleistung der Häftlinge zu erzielen, was ihnen durch ihr humanes Auftreten auch gelang. Sie wiesen uns in die Arbeit ein, sie selbst waren mit dem Vermessen und Auflisten des Holzes beschäftigt. Die Äste für Brennholz wurden in Stapel von 2 m Länge, 1 m Breite und 2 m Höhe aufgeschichtet.

Eines Abends nach der Waldarbeit kamen meine beiden Bekannten Josef L. und Hans L. zu mir in die Bude und baten, in den Barackengang hinauszukommen, wo man ungestörter sprechen könne. Sie erinnerten mich an das Gespräch an Weihnachten und sagten zu mir leise und im Vertrauen: „Morgen ist es soweit, gehst du mit?" Ich wollte Näheres über ihr Vorgehen wissen und erfuhr, daß sie ihre Verlobten nach Tschemoschna „bestellt" hatten. Dieses „Bestellen" war mittels einer von Josef eingesparten Weihnachtspostkarte erfolgt. In der von Hans Anfang Dezember abgeschickten Postkarte wurde der Verlobten von Josef ausgerichtet, daß es ihm gut gehe. Auf der jetzt verschickten Karte hatten sie erwähnt, daß sie bei dem großen Außenkommando in Pilsen arbeiteten und das Lager um 6 Uhr früh verließen. Die Verlobten sollten Kleidung mitbringen, die sie dringend benötigten. Verschlüsselt wurden Termin und Treffpunkt an der Lagerzufahrt im Wald angegeben. Beide hofften, daß die Mädchen den Sinn des „Bestellens und Besuchens" verstehen und am Waldrand, in der Jungkultur, warten würden. Die Postkarte war von einem Kriegsgefangenen aus dem Lager geschmuggelt und unterwegs aufgegeben worden. Dies war nur möglich, weil er täglich von Amerikanern im Lager abgeholt und nach Pilsen gebracht wurde, wo er als Dolmetscher fungierte.

Als ich dies gehört hatte, stand ich wie angewurzelt da, war im Moment sprachlos und empfand Neid wegen dieser guten Entwicklung für Josef und Hans. Zu einer Flucht meinerseits fehlte mir jedoch Zivilkleidung ohne Leuchtschrift-Kennzeichnung. Josef und Hans weihten mich noch kurz in ihre Planung ein. Beide arbeiteten beim Barackenbaukommando innerhalb des Lagers, wollten früh das Abzählen des Pilsen-Kommandos abwarten und sich ihm dann rasch, kurz vor dem Abmarsch, anschließen. Da ich bei diesem Kommando bereits gearbeitet hatte und genau wußte, wie sich die Bewacher formierten, schilderte ich die Einzelheiten, die ich kannte, und stimmte mit den beiden überein, daß der beste Fluchtweg hinter der Bewacherbaracke war, wo der niedrige Nadelholzbewuchs bis an den Weg heranreichte. In diesem Bereich gab es keine Lagerbeleuchtung mehr. Ich wünschte den beiden noch Glück für ihr Vorhaben, bevor wir uns möglichst unauffällig trennten, damit bei den Mitgefangenen am nächsten Tag nicht der Verdacht aufkam, daß ich informiert worden wäre. Für mich war es eine lange und schlaflose Nacht, mit Selbstvorwürfen, diese Gelegenheit vertan zu haben.

Beim Appell am Morgen beobachtete ich den Aufruf zum Pilsen-Kommando sehr genau und war innerlich äußerst aufgewühlt. Noch während des Abzählens liefen die beiden zum Ende des Zuges. Sie zählten nicht weiter; die Zahl 300 stimmte, und der Abmarsch begann. Meine Aufregung steigerte sich immer mehr, bis das Kommando das Tor verlassen hatte. Sollte die Flucht nicht gelingen, würden sofort Schüsse fallen, Geschrei der Posten wäre zu hören, und unmittelbar danach würde die Sirene aufheulen. Weitere Kommandos wurden aufgerufen, und es dauerte für mich eine Ewigkeit, bis zuletzt das Waldkommando an der Reihe war. Erst jetzt trat bei mir die innere Ruhe wieder ein, denn nun hatte ich die Gewißheit, daß den beiden die Flucht aus dem Lager gelungen war. Augenblicklich bereute ich zutiefst, nicht mitgetan zu haben. Ab sofort richteten sich meine Gedanken auf das Geschehen am Abend. Bei der Rückkehr des Pilsen-Kommandos konnte beim Abzählen nichts bemerkt werden, da Josef und Hans nicht mitgezählt und für dieses Kommando nicht numerisch gemeldet waren. Ihr Fehlen würde also erst beim Abendappell offenbar, wenn der Stubenälteste dem Blockältesten und dieser dem Lagerobmann gemeldet hatte, daß beide vermißt wurden.

Beim Abendappell um 19 Uhr war es soweit. Sogleich heulte die Sirene auf, und innerhalb kürzester Zeit erschien der tschechische Lagerkommandant mit allen Bewachern, die nicht gerade beim Tor waren oder auf den Wachtürmen saßen. Als die Nummern der Fehlenden bekannt waren und sich noch herausstellte, daß es ausgerechnet SS-Leute waren, brach die Hölle los. Alle Häftlinge müßten solange am Appellplatz ausharren, bis sich jener gemeldet habe, der von der geplanten Flucht gewußt hatte, wurde ausgerufen. „Wo ist der Kapo des Barackenbaukommandos? Weshalb wurde das Fehlen der beiden Gefangenen tagsüber nicht eher gemeldet?“ Der deutsche Kapo, Bauingenieur vom Beruf, ebenfalls Häftling, in seinem Bereich aber leitend, trat vor und wurde, bevor er überhaupt etwas sagen konnte, brutal niedergeknüppelt. Nachdem er durch die Mißhandlungen zusammengebrochen war, mußten Gefangene Brunnenwasser heranschleppen und über seinen Kopf gießen. Als er noch immer nicht zur Besinnung kam, ließ man ihn in der Kälte unbeachtet liegen. Dann mußten alle SS-Leute vortreten und sich im Abstand von etwa 1,5 m aufstellen. Die Bewacher zogen einzeln über sie her, prügelten heftig auf sie ein und traten sie mit Füßen. Es war im Februar, als wir noch um Mitternacht auf dem Appellplatz standen und jämmerlich froren. Die Peiniger ließen nicht locker und wollten den oder die Mitwisser herausfinden. Trotz meines schlechten Gewissens angesichts der unaufhörlichen Schläge auf die SS-Leute meldete ich mich nicht, denn dies wäre mein sicherer Tod gewesen. „Geteiltes Leid ist halbes Leid", schoß es mir durch den Kopf, während ich weiter um mein Leben bangte. Auch wenn ich nichts von diesem Fluchtunternehmen gewußt hätte, wäre es zu dieser grauenvollen Nacht gekommen. Durch die Reihen der übrigen Gefangenen gingen Posten und schlugen wahllos zu. Als mich Singulä sah, trat er mir näher und rief: „Panzer! Nicht SS?" Er hatte mich bei einer „Sonderbehandlung" in seinem Postenraum schon einmal auf die bei der SS übliche Tätowierung in der Achselhöhle untersucht und wußte von daher, daß ich nicht dazugehörte. Dennoch fragte er wieder, und als ich mit „nein" antwortete, schlug er wie eine Bestie auf mich ein. Mit Brunnenwasser übergossen, kam ich nach einiger Zeit zusammengefroren zu und erhob mich, noch benommen, langsam. Damit hatte ich den anderen gegenüber für mein Schweigen gebüßt – und war noch am Leben.

Dies war der Zeitpunkt, ab dem ich nur mehr an Flucht dachte. Diese Nacht durften wir erst um 2 Uhr früh in die Baracken schlafengehen, soweit ein Schlaf nach dem Erlebten und, völlig durchgefroren, überhaupt möglich war.

Zur Flucht der beiden Häftlinge im Februar 1946 möchte ich hier folgendes einfügen: Von meinen beiden Bekannten, Josef L. und Hans L., wurden mir Einzelheiten ihres Fluchtverlaufes viele Jahre später, bei einem Flüchtlingstreffen der Sudetenländer, erzählt. Am Tag vor der eigentlichen Flucht waren die beiden Freundinnen mit dem Zug nach Tschemoschna angereist, hatten in Rucksäcken Kleidung verstaut und auch weiße Armbinden genäht, die Deutsche zu tragen hatten. Bei der Abfahrt in Chodau waren bereits vier Fahrscheine mit Rückfahrscheinen gelöst worden, damit am Zielbahnhof in Tschemoschna und bei der Rückkehr in Chodau kein Verdacht beim Kontrolleur aufkam. Es sollte aussehen, als ob zu viert ab- und auch wieder angereist werden würde. Nach der Ankunft der beiden etwa 18 und

20 Jahre alten Mädchen in Tschemoschna sahen sie sich die Umgebung des Lagers an, vor allem den Zufahrtsweg, an den an einer Seite die beschriebene Fichten- und Kiefernjungkultur heranreichte. An dieser Zufahrt lag an der nicht bepflanzten Seite auch die Bewacherbaracke mit Sitz der Lagerkommandantur. Die beiden Mädchen vermuteten hier im Jungwald, zwischen dem Zufahrtsweg und einem Bach, die Stelle, an der sich ihre beiden Freunde aus der ausrückenden Marschkolonne entfernen und im Dickicht untertauchen wollten. Nach einer schlaflosen Nacht in einer Unterstellhütte gingen sie noch bei Dunkelheit, gegen 5.30 Uhr früh, zu dem Jungkulturwäldchen und versteckten sich hier. Etwa um 6 Uhr hörten sie aus dem Lager die Kommandoaufrufe, und gleich danach begann der Abmarsch der verschiedenen Kolonnen aus dem Lager, begleitet von Wachposten, von denen einzelne Schäferhunde an der Leine mitführten, die die Gruppen mit wildem Bellen zusammenhielten. Nachdem es nach dem Abmarsch der Kolonnen am Weg wieder ruhig geworden war, lauschten die Mädchen angestrengt auf Geräusche aus dem Niederholz. Sie hörten den von Ästen herabfallenden Schnee und bald auch schlurfende Tapser auf dem gefrorenen Waldboden. Diese Geräusche konnten auch von Waldtieren verursacht worden sein, deshalb verhielten sie sich noch immer ruhig.

Plötzlich hörten sie Geflüster und dann auch Worte in unserem heimischen Dialekt. Es mußten die beiden Freunde sein, und es war Zeit, sich bemerkbar zu machen. Leise, im Flüsterton, nannten sie die Vornamen ihrer Freunde, doch kein Laut kam zurück. Wieder flüsterten sie „Josef" und „Hans", da waren sich die Flüchtenden des Zusammentreffens mit ihren Freundinnen sicher. Schon standen sie einander, nach Überqueren des Baches, gegenüber und fielen sich überglücklich in die Arme. Doch keine Minute des Verweilens war erlaubt, man mußte schnellstmöglich vom Lager weg in den nächstgrößeren Wald in östlicher Richtung gelangen. Dort, in dessen Schutz, etwa 500 m vom Lager entfernt, wechselten die beiden Freunde eiligst ihre Gefangenenkleidung gegen die im Rucksack mitgebrachten Zivilkleider und versteckten die Lagerkleidung mit dem Leuchtschriftaufdruck, zusammen mit den Holzpantoffeln, im Dickicht. Dann streiften sie sich die weißen Armbinden über, an die ebenso wie an die Strickmützen gedacht worden war, um die kahlgeschorenen Köpfe zu verbergen.

Der nächste Zug fuhr um 8.15 Uhr von Tschemoschna nach Chodau ab. Nach kurzer Beratung gingen sie auf einem Weg in Richtung Bahnhof, kamen am Friedhof vorbei, wo sie, an einem Grab stehend, den hell werdenden Morgen abwarteten. Schauder überlief die ehemaligen Gefangenen, als sie die Wachtürme des Lagers mit den Scheinwerfern sahen, die das Gelände ausleuchteten. Gegen 7.45 Uhr gingen sie behutsam den Weg weiter, unauffällig, wie zwei Liebespaare eingehakt und eng aneinandergedrückt, zum Bahnhof. Hier warteten Leute auf den Zug, der sie nach Pilsen zur Arbeit bringen sollte. Er traf pünktlich ein, und die vier suchten sich ein freies Abteil. Dort mimten sie wieder verliebte junge Leute. Als der Kontrolleur das Abteil betrat, streckte ihm eines der Mädchen die Fahrkarten zum Lochen entgegen. Er stellte sofort die zwei nicht gelochten Fahrkarten fest und fragte nach dem Grund, worauf sich das Mädchen unwissend stellte, seine Schulter hochzog und sich gleich wieder ihrem Freund zuwandte. Der Kontrolleur murmelte unverständlich auf Tschechisch etwas vor sich hin, lochte sowohl die beiden Karten für die Hinfahrt als auch alle vier Karten für die Rückfahrt und ging weiter. Ein gefährlicher Augenblick, der gut vorüberging! Weitere Schwierigkeiten gab es nicht mehr. In Chodau von Karlsbad her angekommen, gingen alle vier an der Bahnlinie zurück in Richtung Totenmann und weiter zum „Bergwirtshaus", das ich bei der Beschreibung meiner Verhaftung schon erwähnt habe. Hier in der Nähe wohnte eines der Mädchen bei seinen Eltern. Man verständigte von dort aus noch die Mutter von Josef in Doglasgrün, woher auch seine Freundin stammte. Nachdem die beiden Paare ihre Rucksäkke mit dem Nötigsten gepackt hatten, flohen sie noch in derselben Nacht nach Bayern.

Als ich die genauen Umstände der Flucht bei unserem Wiedertreffen in Bayern hörte, saßen wir lange zusammen, tauschten unsere Erlebnisse aus und waren überglücklich über unsere wiedergewonnene Freiheit. – Doch nun zurück zum Bericht über das Lagerleben.

Mein Gesicht war, wie bei vielen anderen auch, durch Striemen entstellt, als wir am frühen Morgen zum Appell anzutreten hatten. So vergingen die Wintermonate Januar und Februar mit Waldarbeiten. Einen schwereren Unfall gab es beim Holzfällen, als ein Häftling von einem beim Aufschlagen zurückschnellenden Baumstamm getroffen wurde. Ein Bein wurde sosehr geprellt, daß er am nächsten Tag nicht mehr weiterarbeiten konnte und eine Ersatznummer für ihn aufgerufen werden mußte. Die Arbeiten im Wald gingen Ende Februar zu unserem Bedauern zu Ende, da die Fällarbeiten nur während des Bodenfrostes durchgeführt werden konnten. Wir wurden anderen Kommandos zugewiesen. In der Zwischenzeit hatte ich wieder einige Tage beim Barackenbaukommando gearbeitet, wo immer noch großer Bedarf an Leuten bestand. Nachdem fast täglich neue Transporte mit Internierten eintrafen, mußte man diese Barackenbauarbeiten zügig vorantreiben.

Es war Anfang März, als Anfragen von Handwerkern und Privatleuten eingingen, die sich Häftlinge zu den verschiedensten Arbeiten ausleihen wollten. Meist brauchte man dazu nur einzelne, zuverlässige Leute, für die auch keine Bewachung nötig war. Eines Morgens rief mich der deutsche Lagerobmann zu sich und teilte mir mit, daß in den nächsten Tagen ein Internierter gebraucht werde, der in Privatgärten die Erde in den Gemüsebeeten umgraben solle. Absolute Zuverlässigkeit war gefordert, und eine Flucht dürfe unter keinen Umständen versucht werden, da nur Zivilpersonen die Bewachung ausübten und bei einer Flucht die Verantwortung mit allen Konsequenzen zu tragen hätten. Ich schloß aus Erfahrung im Forstkommando auf eine humane Behandlung und versicherte, mich an das gegebene Versprechen zu halten. Der Lagerobmann kannte mich und auch meine Nummer von früheren Arbeitseinsätzen, zu denen ich mich persönlich bei ihm gemeldet hatte.

Bevor ich um 8 Uhr abgeholt wurde, mußte ich mich mit Aufräumarbeiten beschäftigen. Der Zivilist war etwa 40 bis 50 Jahre alt, groß und kräftig; wie ich erst später gesehen habe, trug er auch eine Pistole. Am Lagertor wurde ich noch einmal ermahnt, keinen Fluchtversuch zu starten. Der Tscheche sprach gebrochen Deutsch. Wir verließen das Lager zu Fuß und gingen in östliche Richtung, am Ortsrand von Tschemoschna entlang, bis ein Waldrand sichtbar wurde. Hier standen verstreut einige Häuser, von Gärten umgeben. In einem dieser Gärten begann meine Arbeit. Dazu stellte man mir einen Spaten, eine Harke und einen Eisenrechen bereit. Das seit der Ernte im Herbst brachliegende große Gemüsebeet, auf dem noch verfaultes Kartoffelkraut und andere verdorrte Unkräuter lagen, war umzugraben. Zuvor mußten die Kräuter entfernt, die Steine aufgeklaubt, der Boden umgestochen und der Humus zum Schluß ebengerecht werden. Mein „Bewacher" saß hinter einem Fenster des angrenzenden Wohnhauses und verrichtete an einem Tisch Schreibarbeiten. Ab und zu ließ er sich im Garten sehen und gab Anweisungen.

Als am Mittag die Sirene der Tonfabrik im Ort heulte, wurde ich auf eine überdachte Terrasse mit Tisch und zwei Stühlen gerufen. Der „Bewacher" brachte aus dem Haus einen Topf mit dampfenden Pellkartoffeln, stellte ihn auf den Tisch und sagte, zu mir gewandt, daß ich jetzt essen solle. Gerührt von der Freundlichkeit, dankte ich auf Tschechisch „děkují" („danke"), wusch meine Hände an der Gartenwasserleitung und setzte mich auf einen der Stühle. Mein Appetit wuchs mit dem Schälen der Kartoffeln, und endlich konnte ich mich daran sattessen. Der Mann fragte nach meinem Alter. Sechzehn Jahre würde ich im April, antwortete ich. Weiter wollte er wissen, seit wann ich interniert sei, woher ich käme und weshalb ich im Gefangenenlager wäre. Wahrheitsgetreu erwiderte ich, daß ich nichts angestellt habe und mir bislang auch nicht gesagt wurde, warum ich verhaftet sei. Ein Grund könne möglicherweise die Zugehörigkeit zur Hitlerjugend gewesen sein, die aber für jeden deutschen Jungen Pflicht war. Er glaubte mir nicht und warf ein, wenn dem so wäre, müßten ja alle Jungen in meinem Alter im Internierungslager sein. Das Gespräch endete abrupt, als seine Frau ihn an das Telefon rief. Zuvor dankte ich noch einmal und setzte die Arbeit fort.

Um 17 Uhr wurde ich in das Lager zurückgebracht. Eine volle Woche verbrachte ich bei Gartenarbeiten, auch in den Nachbargärten. Dort erhielt ich zu Mittag ebenso gedämpfte Kartoffeln, was wahrscheinlich abgesprochen war. Die Bewachung war locker und wurde nicht mehr so ernst wie am ersten Tag genommen. Gelegentlich kamen auch Kinder und Jugendliche in die Gärten, die mich mit der schwarzen Uniform und den aufgemalten Leuchtzeichen offensichtlich für einen „Verbrecher" hielten und mich mißtrauisch, aus entsprechender Entfernung, musterten. Auch einige tschechische Worte riefen sie mir zu, die ich aber nicht verstand. Mir gefiel die Arbeit in relativer Freiheit, ich legte mich tüchtig ins Zeug und dachte nicht im geringsten an eine Flucht. Daß eine solche von hier, trotz meiner relativen Freiheit, aussichtslos sei, war mir klar, würde doch das Fehlen des Häftlings sofort bemerkt und nach umgehender Meldung an das Lager eine Großfahndung in der näheren und weiteren Umgebung in Gang gesetzt werden. Wie sollte ich auch mit meiner weithin sichtbaren, auffällig bemalten Kleidung bei Tag untertauchen und mit Holzpantoffeln fliehen?

Eines Tages kam ein etwa gleichaltriges Mädchen in den Garten, die Tochter meines derzeitigen „Bewachers". Sie lächelte mir im Vorbeigehen zu und grüßte. Nach einer Woche hatte ich die Arbeiten erledigt. Zum Abschied erhielt ich in diesem Haus Wurstbrote und Kaffee. Die gesamte Familie – der Mann, seine Frau und die erwähnte Tochter – war anwesend und erkundigte sich über meine Eltern und welche Schule ich besucht hätte. Ich erwähnte nur das Gymnasium in Karlsbad, an dem ich gewesen war, bevor ich in die Internatsschule Neubeuern gewechselt hatte. Sie wünschten mir eine baldige Entlassung, weil sie überzeugt waren, kein „Verbrecher" und auch kein „böser Deutscher" zu sein. – Jeden Abend nach meiner Rückkehr von der „Gartenarbeit" hörte ich bittere Klagen über ständig fortgesetztes Prügeln bei den Bauarbeiten. Sofort erfüllte mich wieder große Angst, zumal ich mehr als zwei Monate keine Schläge mehr bekommen hatte.

Mein zuverlässiges Verhalten bei der Gartenarbeit, bei eingeschränkter Bewachung durch die Privatleute, hatte den deutschen Lagerobmann überzeugt. Die großen Außenkommandos benötigten eine bedeutende Anzahl an Bewachern; dazu vergrößerte sich die Zahl der Internierten ständig, so daß der tschechische Lagerkommandant froh war, bei Einzeleinsätzen, wie der Gartenarbeit, keinen eigenen Bewacher abstellen zu müssen. Es trat offensichtlich zu Tage, das Tschemoschna ein Sammellager mit laufend Neuzugängen war, von dem aus Kommandos in Kohleabbaugebiete, landwirtschaftliche Kolchosen und in verschiedene Industrieanlagen verlegt wurden. In Zeiten von großen Anlieferungen von Internierten und weniger Verlagerungen von Häftlingen mußte die Bewachung dennoch immer gewährleistet sein.

Im „Wasserkommando" war eine Arbeitskraft ausgeschieden; aus welchen Gründen, erfuhr ich nicht. An einem Sonntag wurde ich vom Lagerobmann, nachdem die Gartenarbeiten abgeschlossen waren, diesem Kommando zugeteilt, bei dem jeder gern arbeitete, obwohl man an allen Tagen der Woche, auch am Sonntag, im Einsatz war. Trinkwasser für die Lagerküche mußte aus einer Fabrik herbeigeschafft werden, weil das im Waschraum des Lagers vorhandene Wasser aus einem Brunnen geschöpft wurde und sich als Trinkwasser nicht eignete. Für die Heranführung des Trinkwassers stand ein Wassertank zur Verfügung, mit den Abmessungen von 80 cm Durchmesser und 4 m Länge, so daß man ein Fassungsvermögen von 2.000 Litern errechnen konnte (0.40 x 0.40 x 3,14 x 4,00 = 2.000 l). Der Tank war auf einen Wagen mit Stahlrädern montiert. An dem Waagebalken unter der Deichsel, unmittelbar an der Vorderseite des Wagens, war beidseitig je ein geflochtenes Hanfseil befestigt, das uns zum Ziehen des Wagens diente. Vier Mann an jeder Seite hielten das Seil mit beiden Händen fest, hoben es über ihre Schultern und zogen den Wagen. Mit Wasser gefüllt, waren einschließlich des Gewichts des Wagens und des leeren Tanks etwa 4 Tonnen zu bewegen. Jeden Tag mußten fünf Fuhren Trinkwasser, also etwa 10.000 Liter, herangeführt werden. Damals waren etwa 1.500 Internierte im Lager, die pro Mann 6,67 Liter Koch- und Spülwasser verbrauchten. Begleitet wurden wir von einem Bewacher, mit einer Maschinenpistole und einem Gummiknüppel ausgerüstet. Das Arbeitstempo mußte nach den Vorgaben der erforderlichen Wassermenge erfolgen.

Als „Neuer“ wurde ich von der „alten Besetzung“ des Kommandos zunächst sehr kritisch beobachtet. Weshalb dem so war, wurde mir beim ersten Transport klar. Der Weg zur Tonfabrik betrug vom Lager etwa 2 km. Mit leerem Tank wurde er in etwa 30 Minuten bewältigt, das Füllen des Tanks nahm 30 Minuten in Anspruch, der Rückweg mit vollem Tank dauerte 45 Minuten, und das Entleeren bei der Küche war mit 30 Minuten anzusetzen, so daß für eine Tankfüllung etwa 135 Minuten vergingen, für fünf Fuhren 675 Minuten, das sind 11 Stunden und 15 Minuten, rund 12 Stunden Arbeitszeit. Die Restzeit von 45 Minuten verstanden die bisher zum Wasserkommando gehörenden Internierten bestens einzuteilen.

Der Weg zur Fabrik führte über Ortsstraßen. Dabei konnte es gar nicht anders sein, als daß die tschechische Bevölkerung in irgendeiner Form Anteil an diesem Gespann nahm. Ungewöhnlich war, Menschen statt Pferde vorzuspannen, um den schweren Wagen zu ziehen; ungewöhnlich war auch der „Kutscher“ mit Maschinenpistole statt Peitsche. Er mußte manchen Spott über sich ergehen lassen, wie Tschechisch sprechende Kommandomitglieder verstanden. Wir „Zugpferde“ wurden auf das Übelste beschimpft, der Wachposten mußte sogar angreifende Tschechen von uns abhalten. Innerhalb des Kommandos aber herrschte, wie mir bereits am ersten Tag auffiel, ein entspanntes Verhältnis zwischen dem Bewacher und den Internierten. Den Grund dafür konnte ich im Lauf der Zeit aus der Zusammensetzung der Gruppe erkennen, zu der ein Tschechisch sprechender Zahnarzt, ein Apotheker, ein Arzt, ein Lehrer, drei Fabrikanten, davon ein Musikinstrumente-Unternehmer aus Graslitz, den ich schon erwähnt habe, gehörten; ich kam als „Neuer“ hinzu.

Worauf begründete sich dieses erträgliche Verhältnis? Die „Zugpferde“ starteten immer wieder den Versuch, mit dem „Kutscher“ während der Fahrt tschechisch zu sprechen, mit Ausnahme in der Nähe des Lagers und im Lager selbst. Sie erkundigten sich über die Entwicklung im Land in wirtschaftlicher und politischer Hinsicht. Ferner wollten sie wissen, wie er zu dieser Tätigkeit gekommen sei, und was er dabei empfinde. Bei der Fabrik schließlich angekommen, mußten wir einen Schrank an deren Außenwand öffnen, den auf einer Rolle aufgerollten Wasserschlauch herausziehen, oben in die Tanköffnung stecken, ihn mit dem Tankdeckel einklemmen oder mit einem Band anbinden, damit er nicht plötzlich heraussprang. Ich bekam den Auftrag, genau zu beobachten, wann der Tank gefüllt sei, und dann den Wasserhahn rasch wieder zuzudrehen.

Nach einigen „Wasserfahrten“ konnte ich die Zeitdauer ziemlich genau einschätzen. Die anderen sieben „Pferde“ standen in der Nähe des Pförtnerflachbaus umher und unterhielten sich. Der Bewacher aber verschwand im Pförtnerhaus, wo in einem zweiten Zimmer eine Telefonistin saß. Die sieben mahnten mich eindringlich, keinen Fluchtversuch zu unternehmen, indes der Bewacher bei der Telefonistin weilte. Vom Pförtner erbaten sie eine tschechische Tageszeitung, die zwar meist vom Vortag, aber für Informationen viel wert war. Die folgenden Diskussionen aufgrund der Zeitungsberichte waren für mich interessant und aufschlußreich. Am Abend in der Bude fand ich mit meinen Neuigkeiten großen Zuspruch; alle scharten sich um mich, und ich konnte mit meinem Wissen glänzen.

Nach dem Füllen des Tanks klopfte einer an das Fenster der Telefonistin, und der Bewacher erschien sichtlich glücklich. Dieses Vertrauen untereinander war die Grundlage des guten Verhältnisses. Schikanen gab es keine. Das anfängliche Mißtrauen mir als Neuem gegenüber war mir jetzt verständlich geworden. Im Lauf der Zeit genoß ich als Jüngster auch die Zustimmung und Beachtung der anderen vom Kommando.

Doch einmal vergaß ich beim Zuhören der interessanten Unterhaltung das Zeitmaß, so daß der Tank überlief. „Depp!" rief einer, was mich sehr beleidigte und worauf ich mich verbal wehrte. Gleichzeitig sah ich aber meinen Fehler ein, der nicht mehr vorkommen sollte, und entschuldigte mich. Im Lager stellten wir den Tank so vor der Küchenbaracke ab, daß die Entleerungsöffnung genau vor der Tür war, von der aus die acht Mann unserer Gruppe eine Kette bis zu den zu füllenden Wasserbehältern bildeten. Sie wurden vom Wassertank in etwa 30 Minuten gefüllt, indem wir die vollen und leeren Blecheimer fortwährend von Mann zu Mann weiterreichten.

In der Lagerküche arbeiteten nur Internierte. Sie waren den ganzen Tag über mit den Vorbereitungen der riesigen Mengen an „Abendessen" beschäftigt, nachdem die Arbeiten für das „Frühstück" abgeschlossen waren. Zu ihren Aufgaben gehörte auch, die Blechnäpfe zu waschen und für das nächste Essen wieder bereitzustellen. Kapo dieses Küchenkommandos war ein kleiner rühriger deutscher Wehrmachtskoch, der nebenbei noch Zeit fand, kleine Anhänger aus Messing mit der Aufschrift „Tschemoschna 1945" zu gravieren. Woher er die Messingplättchen und den spitzen harten Stahlstift zum Gravieren bezogen hatte, war mir nicht bekannt. Tschechen belieferten die Küche mit Rüben für die Suppe und Brot, die der Küchenkapo übernahm. Vielleicht lief die Materialversorgung für die Messingandenken über diese Lieferanten. Selbstverständlich waren diese Erinnerungsstücke nur mittels tschechischer Kronen zu erwerben; der Preis war mir nicht bekannt, zumal ich keinen Gedanken an einen Kauf verschwendet hatte. Im Verlauf meiner Tätigkeit beim Wasserkommando bemerkte ich auch einen regen Zigarettenhandel in dieser Küche. Woher die Gefangenen des Wasserkommandos Geld hatten, nachdem von zu Hause keine Pakete oder Geld geschickt werden konnten, wurde mir bald offenbar. Einige der Mitgefangenen nahmen vom Portier der Fabrik verdeckt Geld in Empfang, das deren Angehörige entweder bei ihm in der Fabrik hinterlegt oder an seine Privatadresse geleitet hatten, so meine Vermutung. Daß für diesen nicht ungefährlichen Dienst für den Portier eine Entschädigung abfiel, war mir ebenso klar.

Das alles waren die Gründe der Vertraulichkeit, des anfänglichen Mißtrauens gegenüber einem Neuen im Wasserkommando und auch der Beliebtheit dieses Kommandos, obwohl an allen Werk- und Sonntagen die Arbeit zu erbringen und man auf der Straße den Gehässigkeiten mancher tschechischer Passanten ausgesetzt war. Ich jedenfalls wurde nach kurzer Zeit in die eingespielte Gruppe integriert.

An der Straße, die wir vom Lager zur Fabrik passierten, befand sich eine kleine Bäckerei, die über einige Stufen nach unten zu erreichen war. Ich war sehr erstaunt, als der Zahnarzt nach einem kurzen Wortwechsel mit dem Bewacher die paar Stufen zur Bäckerei hinunterlief, gleich wieder mit einem eingepackten Brotlaib zurückkam und diesen auf dem Wagen deponierte. Beim Portier wurde das Brot gelagert, geteilt und jeden Tag ein Stück davon an uns abgegeben. Für diese zusätzliche Ration, die es öfter gab, waren wir dem Mitgefangenen sehr dankbar.

In der Lagerküche standen kleinere Behälter mit Karotten und Kartoffeln, die wir mit Wasser aufzufüllen hatten. Für wen diese bestimmt waren, entzog sich meiner Kenntnis, jedenfalls nicht für uns Häftlinge, die wir tagaus, tagein eine ungesalzene Wassersuppe mit wenig Futterrübenschnipseln vorgesetzt bekamen, mit Ausnahme am 1. Weihnachtsfeiertag, was ich nicht vergessen habe. Beim Aufgießen mit Wasser fiel es mir am Anfang schwer, mich zurückzuhalten, doch irgendwann hatte ich keine Skrupel mehr, griff jedes Mal in den Behälter mit den Karotten und klaute ein oder zwei Stück davon, die ich in meiner Hosentasche verschwinden ließ. Beim Füllen des Wassertanks im Fabrikshof nagte ich die Karotten verstohlen. Welches Wohlgefühl ich dabei empfand, kann ich nicht beschreiben. Seit meiner Verhaftung konnte ich erstmals wieder frisches Gemüse genießen. Für meine Zähne und das Zahnfleisch, die keine Bürste und keine Zahnpaste mehr gepflegt hatten, war es sicher sehr wertvoll. Daß ich den ständigen Nahrungs- und Vitaminmangel in meiner Wachstumszeit als Fünfzehnjähriger dennoch gesundheitlich gut überstanden habe, verdankte ich meiner Meinung nach diesen Karotten.

So vergingen die Tage im Wasserkommando in guter Atmosphäre. Doch eines Tages, nachdem der Bewacher den Zahnarzt vorgewarnt hatte, wir davon informiert und darauf gefaßt waren, drosch unser Bewacher vom Wasserkommando vor der Bewacherbaracke mit dem Gummiknüppel auf unsere Rücken ein, beschimpfte uns und trieb uns zu größerem Tempo an. Er hatte unserem „Sprachrohr“, dem tschechisch sprechenden Zahnarzt, erklärt, daß der Oberwachmeister Singulä sein humanes Verhalten gerügt und ihm die Versetzung in ein anderes Kommando angedroht hatte. Das wäre ihm schon wegen der mehrmaligen Treffen mit der Telefonistin in der Fabrik nicht gelegen gekommen. Deshalb erhielten wir immer wieder einmal Prügel, die jedoch nur auf den Rücken zielten und nicht besonders rüde waren.

Neben der Fabrik verlief eine Erschließungsstraße, auf der sich Bewohner von Tschemoschna bewegten, Männer, Frauen mit Kindern, Schulkinder und Jugendliche. Überaus überrascht war ich, als eines Tages auch das Mädchen entlangging, bei dessen Eltern ich im März Gartenarbeiten hatte verrichten müssen. Sie war erstaunt, mich in diesem Fabrikshof zu sehen, lächelte und winkte mir unauffällig zu, was ich mit einer unmerklichen Handbewegung erwiderte als Zeichen, sie erkannt zu haben. Neugierig hielt ich Ausschau, ob sie am nächsten Tag wieder vorbeigehen würde. Sie kam und schob durch den Zaun etwas in Papier Verpacktes. Ich rief auf Tschechisch „danke“ und winkte ihr kurz zu, indes sie flott weiterging. Ich bückte mich und holte das Päckchen vom Zaun hervor, wickelte es aus und ließ mir das mit Wurst belegte Brot schmecken.

Inzwischen war es Anfang Mai 1946 geworden, und das tägliche trostlose Einerlei nahm für mich, mittlerweile 16 Jahre alt, seinen Lauf. Das Wasserkommando lief in der bisherigen Art weiter, ebenso wurden ständig neue Baracken gebaut, da mehr neue Gefangene hinzukamen als abtransportiert wurden. Irgendeine Änderung unserer Misere durch eine glückliche Fügung war nicht abzusehen. Die Informationen aus der tschechischen Zeitung waren bezüglich der immer mehr einsetzenden Vertreibung der deutschen Bevölkerung aufschlußreich. Dabei tauchte auch gleich die Frage auf, was mit uns Gefangenen geschähe, deren Angehörige ausgesiedelt würden. In der Zeitung gab es erste Berichte über Urteile des „Volksgerichtes“, das in Eger und anderen Städten zur Aburteilung politischer Gefangener tagte. Die Verurteilung zu mehrjährigen Gefängnisstrafen erfolgte nicht selten, für uns ein weiterer Anlaß zur Verzweiflung.

Aus all diesen Gründen richteten sich meine Gedanken mit Beginn der wärmeren Monate vermehrt auf eine Flucht aus diesem

Elend. Die Sehnsucht nach Freiheit wuchs von Tag zu Tag. Solange jedoch meine Mutter nicht ausgesiedelt war, gab es für mich keine Möglichkeit zur Flucht, denn sie würde der „Sippenhaft" zum Opfer fallen. Zuerst mußte ich sie wissen lassen, daß sie ihre Aussiedlung ohne Gedanken an mein Verbleiben hinnehmen solle; zu verhindern sei sie ohnehin nicht. Für mich hingegen wäre ihre Aussiedlung die Voraussetzung für meine Flucht. Die Angst, daß diese mich selbst in große Gefahr bringen oder den Tod bedeuten könnte, stellte ich hintenan. Rasch verscheuchte ich diese Überlegungen, denn die Zeit war noch nicht reif.

Doch manchmal ist der Wunsch der Vater des Gedankens, und so geschah etwas, was mich an eine „Vorsehung" glauben ließ, obwohl unsere Erziehung in der Napola so etwas nicht zugelassen hatte. Bei der Rückkehr von einem Wassertransport sprach der Wachhabende am Lagertor unseren Bewacher an. Dieser wandte sich an den Mitgefangenen, den tschechisch sprechenden Zahnarzt, wobei er auf mich deutete. Die Nummer 1308 solle sich umgehend in der Bewacherbaracke melden. Zu Tode erschrocken dachte ich sofort, daß der berüchtigte Singulä erneut „Sehnsucht" nach mir hätte, nachdem er mich im Wasserkommando wiederentdeckt hatte. In mir brach eine Welt zusammen, hatte ich doch tagsüber während der letzten Wochen ein verhältnismäßig ruhiges Interniertenleben hinter mich gebracht. Ich war wie benommen, als mich der Wachhabende zu dieser mir in schlechter Erinnerung befindlichen Baracke brachte, in der mir von diesem Singulä mit seinem niederen, tierischen Instinkt grundlos körperliche und seelische Schmerzen beigebracht worden waren. Die Stufen am Eingang überwand ich mit bleiernen Beinen und betrat den Gang ängstlich und bedrückt. Völlig überrascht war ich, als mir Gudrun H. entgegenkam, die inzwischen zum Bedienen des Lagerkommandanten herabgewürdigt und gleichsam versklavt worden war, was sie mir rasch und leise in das Ohr flüsterte, nachdem der Wachposten zum Wasserkommando zurückgekehrt war. Ich müsse keine Angst haben, meinte sie und fügte lächelnd hinzu: „Deine Mutter und deine Tante sind beim Lagerkommandanten." Ich war fassungslos und konnte es nicht glauben. Gudrun öffnete sogleich die Tür zum Büro des Kommandanten; ich trat ein, grüßte auf Tschechisch, flog auf meine Mutter zu und umarmte sie. Beiden Frauen standen Tränen in den Augen. Meiner Tante Anna, die ich als kleines Kind kennengelernt und sehr lange nicht mehr gesehen hatte, hielt ich die Hand zur Begrüßung entgegen.

Zur weiteren Erklärung muß ich folgendes einfügen: Nachdem meine Großeltern mütterlicherseits noch jung verstorben waren, fanden ihre drei verwaisten Töchter bei Verwandten Aufnahme. Meine Mutter, die älteste der Geschwister, nahmen Verwandte aus Chodau zu sich, die beiden anderen Schwestern kamen zu Verwandten in Budweis, wo Tante Anna in den dreißiger Jahren einen Tschechen geheiratet und mit ihrer Familie im späteren „Protektorat" gelebt hatte. Die dritte und jüngste Schwester war 1938 nach Wintersgrün zurückgekehrt und hatte hier geheiratet. Wegen der Entfernung voneinander und durch die geänderten Lebensumstände verloren sich die Geschwister völlig aus den Augen. Da erinnerte sich meine Mutter in ihrer Not und Sorge um den Sohn an ihre Schwester Anna, die durch ihre Heirat die tschechische Staatsbürgerschaft erlangt hatte, setzte sich mit ihr in Verbindung und schilderte ihr mein Leid. Sie hoffte, daß sie als Tschechin eine Verbindung zum Lager Tschemoschna herstellen könnte, was tatsächlich glückte.

Gleich nach der Begrüßung machte mir meine Tante heftige Vorwürfe über meine „Entwicklung" im „Dritten Reich" und meinte damit die Mitgliedschaft bei der Hitlerjugend. Ob diese Vorwürfe tatsächlich aus ihrem Inneren kamen oder ob sie als „Tschechin" dem Kommandanten etwas vorspielen wollte, konnte ich nicht beurteilen. Mir war es völlig egal, vielmehr freute ich mich riesig, daß mich meine Mutter besuchen durfte. Während ich mit ihr allein sprechen konnte, unterhielt sich meine Tante mit dem Kommandanten in tschechischer Sprache. In der kurzen zur Verfügung stehenden Zeit bat ich meine Mutter, sofort bei Aufforderung auszusiedeln. Der Termin war ihr schon bekannt und auf die letzte Juliwoche festgesetzt. Aufgrund dieser amtlichen Mitteilung sei sie mit ihrer Schwester gekommen, um meine vorzeitige Entlassung zu erreichen, was meine Tante gegenüber dem Kommandanten vorgebracht hatte. Sie übersetzte das mit ihm geführte Gespräch und erklärte, daß dieser keine Befugnis hätte, einem Gefangenen die Entlassung zu versprechen. Die Entscheidung fälle allein ein Volksgericht. Wann es zu einer solchen kommen würde, wisse auch er nicht.

Diese Auskunft war in meinem momentanen Glückszustand eine herbe Enttäuschung. Meine Mutter hatte Kleidung, Wäsche, Halbschuhe und auch etwas zu essen mitgebracht; einen kleinen Geldbetrag steckte sie mir heimlich zu. Der Kommandant überzeugte sich erst davon, daß nichts Verbotenes darunter war, und überließ es mir. Der Besuch war nach etwa 35 Minuten vorbei. Der Abschied von meiner Mutter fiel mir unsäglich schwer, doch der Wachposten wartete schon, um mich in das Lager zurückzuführen. Dabei trafen wir das Wasserkommando, das nach dem Abfüllen des Wassers in der Küche wieder aus dem Lager fuhr. Ich begab mich in die Bude unserer Baracke, versteckte das Mitgebrachte im Stroh meines Etagenbettes in der obersten Ebene, das mir mittlerweile allein zugeteilt worden war. Besondere Freude empfand ich über die Zivilkleidung und die Halbschuhe, die ich bei meiner gedanklich fest eingeplanten Flucht tragen wollte.

Ich kehrte zur Küchenbaracke zurück und wartete auf das zwischen Fabrik und Lager pendelnde Wasserkommando. Mitleidvoll empfingen mich die Kommandoangehörigen und fragten besorgt, was ich wieder durchstehen hatte müssen. Doch ihr Erstaunen war groß, und sie konnten es nicht fassen, daß ich Besuch von meiner Mutter gehabt hatte. Daß ein deutscher Gefangener Besuch erhielt, war neu; von den gefangenen Tschechen im Lager kannte man das. Die Erklärung fand man schließlich darin, daß eine „Tschechin" diesen Besuch ermöglicht hatte. Interessant war für alle auch, daß der Kommandant auf eine Verurteilung oder Entlassung in die Freiheit durch ein Volksgericht hingewiesen hatte. Über den Zeitpunkt wußte man auch in der Kommandantur nichts. Lange Gespräche gab es am Abend auch in der Bude, als die Mitgefangenen von meinem Besuch hörten. Neben der „tschechischen" Tante hätte auch mein Alter, im April 1946 eben erst 16 Jahre alt geworden, eine Rolle gespielt, war die Meinung.

Verstärkt befaßte ich mich von dieser Begegnung an gedanklich mit der Flucht und spielte alle Möglichkeiten durch. Die ständige Überwachung durch die Mitgefangenen beim Füllen des Tankwagens ließ eine Flucht beim Wasserkommando unmöglich erscheinen. Das Fehlen eines Mannes würde von ihnen sofort bemerkt und dem Wachposten angezeigt werden, denn auch ihr Leben wäre dadurch in Gefahr oder zumindest heftigsten Schikanen ausgesetzt. Das gesamte Kommando würde einschließlich der Wachposten ausgewechselt werden. Durch einen sofort ausgelösten Großalarm hätte ich keinen Fluchtvorsprung. Auch auf dem Weg zur Fabrik und zurück in das Lager war an Flucht ohnehin nicht zu denken, da der Wachposten, verantwortlich für sein Kommando, sofort von der Maschinenpistole Gebrauch machen würde.

Den Fluchtweg der beiden SS-Leute im Februar ins Auge zu fassen, war mittlerweile ebenso illusorisch geworden, da es im Juli oder August beim Verlassen der Kommandos bereits taghell war. Meine ins Auge gefaßte Flucht müßte auch am Morgen erfolgen, so daß ein hinreichender Vorsprung sichergestellt war, aus der Reichweite des Lagers zu gelangen. Gezielt nervte ich deshalb an den Abenden die Mitgefangenen in meiner Bude über die Gepflogenheiten ihrer Arbeitskommandos. Da kam sofort die Frage, was mich dazu treibe, nach einem anderen Kommando Ausschau zu halten, wo es mir doch bekanntermaßen und den Umständen entsprechend gut ginge. Um kein Mißtrauen zu wecken, redete ich mich darauf aus, daß ich später einmal, wenn ich die Freiheit erlangen sollte, eine Aufzeichnung über das Leben der Internierten verfassen wollte. Man belächelte mich zwar, akzeptierte aber diese Erklärung.

Das Kommando „Pilsen" kannte ich ebenfalls aus früherer Erfahrung. Dabei einen Fluchtversuch zu starten, schien ebenfalls sehr gewagt. Die Arbeitsstelle war mitten in der Stadt, von Vorbeigehenden stets beobachtet. Auch hatte ich keine weiße Armbinde, die jeder Deutsche tragen mußte. Die Gefahr, ohne sie von einem Tschechen in der Stadt angesprochen zu werden, weil er vielleicht eine Auskunft bräuchte, die ich aber auf Tschechisch nicht geben konnte, wäre sehr groß.

Das Forstkommando gab es nicht mehr. Auch dort war man nie unbeobachtet. Selbst wenn man vorgetäuscht hätte, hinter einem Gebüsch austreten zu wollen, um dann abzuhauen, wäre man im Wald nicht weit gekommen. In Fluchtgedanken versunken und alle Möglichkeit abwägend, zog ich geistesabwesend an den Hanfseilen des Tankwagens. Nur beim Füllen des Tankes riß ich meine Gedanken zusammen, denn ich wollte nicht noch einmal beschimpft werden, wenn der Tank überlief. Bei meinen Überlegungen und Fluchtvorbereitungen machte mir auch meine körperliche Schwäche infolge unzureichender Ernährung Sorge. Als 16jähriger noch in der Wachstumsperiode, verspürte ich immer Hunger und bekam öfter Schwächeanfälle, die sich durch Zittern am ganzen Körper und Übelkeit bemerkbar machten. Deshalb mußte ich ab jetzt vermehrt zusätzliche Nahrung zu mir nehmen, um für die Entbehrungen bei der Flucht vorzubauen. Denn dabei würde es sehr schwierig sein, an Lebensmittel heranzukommen. Keinesfalls dürfte ich mich Orten im Vertrauen nähern, dort Deutsche anzutreffen, die mir mit Essen weiterhelfen könnten. Einzig und allein was auf den Feldern an Eßbarem wuchs, müßte mich ernähren.

Mit der Absicht, mein körperliches Wohlbefinden zu stärken, offenbarte ich die Schwächeanfälle den Angehörigen des Wasserkommandos und dem deutschen Küchenchef. Diesen bat ich um die Erlaubnis, immer einige Karotten einstecken zu dürfen, während wir das Wasser in der Küche entleerten. Beim Entleeren der Wassereimer durfte ich von nun ab in der Transportkette der letzte Mann in der Küche sein, um an die Karotten heranzukommen. Außerdem hatte mir meine Mutter bei ihrem Besuch tschechische Kronen zugesteckt. Davon ließ ich mir bei der Arbeit im Wasserkommando vom tschechisch sprechenden Zahnarzt aus dem Bäckerladen, an dem wir mit dem Wagen vorbeizogen, Brot kaufen, um zu einer Extraration zu gelangen. Bald merkte ich den Kraftzuwachs und eine Verbesserung meines Gesundheitszustandes. Ich war zwar immer noch so mager, daß man die Rippen einzeln zählen konnte, doch meine Gesichtsfarbe war von der Sonnenbestrahlung beim ganztägigen Wassertransport gebräunt und hatte vom täglichen Verzehr mehrerer Karotten ein gesundes Aussehen – so jedenfalls bestätigten das die Mitgefangenen.

Mit den Ausforschungen der verschiedenen Arbeitskommandos ließ ich im Hinblick auf eine Fluchtmöglichkeit nicht locker. Dabei stieß ich auf das Eisenbahnkommando, das aus 150 Mann bestand und täglich vom Bahnhof Tschemoschna über Pilsen in Richtung Kosolup (Kozolupy), an der Bahnstrecke Pilsen – Mies (Stříbro), gefahren wurde, deren Schwellen einer Unterkeilung bedurften, damit sie wieder satt auf dem Untergrund auflagen. Man bezeichnete diese Tätigkeit als „Krampen". Ich kannte die dabei notwendigen Arbeitsgänge schon von einem Arbeitseinsatz als Häftling auf der Burg Elbogen, wo wir an der Bahnstrecke Eger – Karlsbad, im Bereich Neusattl – Chodau, eingesetzt gewesen waren. Ich stellte sehr detaillierte Fragen nach der Bahnlinie sowie dem Vorgang der An- und Rückfuhr des Kommandos. Dabei erfuhr ich, daß der Transportzug des Arbeitskommandos nicht an der Stelle stehenbleiben konnte, an der man gerade arbeitete. Vielmehr mußte das Gleis nach dem Aussteigen des Kommandos und seiner Bewacher sofort wieder freigemacht werden, damit es trotz der Arbeiten weiterbefahren werden konnte. Die Wachposten mußten das Arbeitskommando verantwortlich und rechtzeitig vor herannahenden Zügen warnen.

Die Gefangenen waren beim Transport zur Einsatzstelle in Viehwaggons gepfercht, die von außen verriegelt wurden, während die Bewacher in einem normalen Personenwaggon folgten. Bei der Eile, die beim Verlassen der Waggons geboten war, wurden diese nicht mehr kontrolliert, denn die Lok mußte sie unverzüglich zu einem Abstellgleis beim Bahnhof Kosolup, bei Tuschkau-Stadt (Mĕsto Touškov), bringen. Die Lok selbst fuhr zum Bahnhof in Pilsen zurück. Den Berichten und meinen Abwägungen zufolge schien mir dieses Kommando für einen Fluchtversuch als geeignet. Um mich vorab über eine mögliche Wegstrecke orientieren zu können, war für mich auch die Frage interessant, an welcher Strecke gerade gearbeitet wurde. Eine Bahnlinie wäre eine gute Orientierungshilfe, da ich nur nachts die Flucht fortsetzen könnte. Wenn also die Lokomotive die Waggons am Abstellgleis abgehängt hatte und weiter nach Pilsen fuhr, müßte ich den Waggon, in dem ich mich in eine Ecke gedrückt und versteckt hatte, mit äußerster Umsicht verlassen und schnellstens den Bahnkörper weiträumig umgehen, um mich ihm nach einer kurzen Wegstrecke wieder zu nähern, da er mir als Orientierung dienen sollte.

Diesen Vorgang meiner Flucht spielte ich immer wieder gedanklich durch. Die noch schwierigere Überlegung war, wie ich aus dem Lager kommen könnte, ohne bei diesem Eisenbahnkommando registriert zu sein. Da ich zur Flucht die von meiner Mutter mitgebrachte, gedeckte Zivilkleidung tragen wollte, die nicht mit der üblichen Leuchtfarbe gekennzeichnet war, und die Halbschuhe, mußte ich versuchen, beim Aufruf des Eisenbahnkommandos rasch in dessen Reihen unterzutauchen, ohne von den Wachposten als „nicht gekennzeichnet" erkannt zu werden. Außerdem mußte ich beim Abzählen übersprungen werden, damit beim Einzug des Kommandos am Abend die gleiche Anzahl der Gefangenen zurückkehrte. Erst beim Abendappell sollte mein Fehlen bemerkt werden, womit ich einen sicheren Vorsprung von einem Tag hätte. Genau diese Erfahrung hatte mich die morgendliche Flucht von Josef L. und Hans L. gelehrt, die ebenfalls erst am Abend aufgekommen war.

Eine weit größere Schwierigkeit bestand darin, beim Wasserkommando mit einer Entschuldigung zu fehlen, ohne offiziell zu einem anderen Kommando übergewechselt zu sein. Dafür hätten weder der deutsche Lagerobmann noch der Kapo des Wasserkommandos Verständnis aufgebracht, nachdem die Angehörigen dieses Kommandos und ich immer gut miteinander ausgekommen waren. Ich mußte am Vorabend den deutschen Arzt zu überzeugen versuchen, daß es mir wegen einer Magenverstimmung schlecht gehe und ich mit dem Wasserkommando unmöglich über eine öffentliche Straße marschieren könne, da die Gefahr bestünde, mich augenblicklich entleeren zu müssen. Den Mitgefangenen in der Bude mußte ich unbedingt am Vorabend den „Durchfall" demonstrieren, indem ich ständig zur Latrine lief. Der Budenälteste hatte schließlich den Blockältesten davon am Morgen in Kenntnis zu setzen. Mit meiner Tante war beim Besuch vereinbart worden, daß sie mich mittels einer Postkarte davon unterrichten würde, sobald der Tag der Aussiedlung meiner Mutter sicher sei. In diesem Fall sollte ich mich künftig an sie wenden, falls meine Entlassung irgendwann einmal erfolgen würde. Damit war ein glaubwürdiger Grund für ihre Mitteilung gegeben, und es konnte keine Verdächtigung aufkommen, nachdem meine Tante mit dem tschechischen Lagerkommandanten bekannt war und dieser die Post zensierte. Sehnsüchtig und mit mulmigem Gefühl wartete ich auf die Nachricht meiner Tante, denn ich wußte, was mir bevorstand.

Die Flucht

Die Aussiedlung meiner Mutter aus der Tschechoslowakei erfolgte mit ihrer Einweisung in ein Lager in Neusattl etwa Ende Juli 1946. Diese Mitteilung meiner Tante traf wenige Tage später ein. Ich mußte noch einige Zeit verstreichen lassen, da die Aussiedler zuerst in einem Lager gesammelt und erst dann die Abtransporte mit dem Zug zusammengestellt wurden, wofür wahrscheinlich einige Tage vergehen würden. Beklemmung umfing mich, die sich von Tag zu Tag steigerte und mich in Zugzwang brachte, zu handeln. Inzwischen konnte ich noch klären, daß das Eisenbahnkommando in der Nähe von Tuschkau-Stadt, westlich von Kosolup, an der Bahnlinie arbeitete, die nach Mies und darüber hinaus nach Marienbad – Eger (Mariánské Lázně – Cheb) oder, abzweigend, über Haid (Bor) nach Tachau (Tachov) führte. Von Tachau aus war die kürzeste Verbindung zur bayerischen Grenze, in die grenznahe Stadt Bärnau oder nach Mähring. Mähring hatte ich noch in guter Erinnerung. Fast genau vor einem Jahr, im Sommer 1945, war ich zu Fuß vom Chiemsee nach Wintersgrün, meiner Heimat im Landkreis Elbogen, unterwegs gewesen und hatte bei Mähring, gerade als die Kirchenglocken 12 Uhr läuteten, die deutsch-tschechische Grenze überschritten. Es dauerte damals nicht lange, als ich auf gehißte tschechische Fahnen traf, was in mir ein beklemmendes Gefühl ausgelöst hatte, als ahnte ich Böses.

Ende Juli 1946, den genauen Tag weiß ich nicht mehr, informierte ich am Abend den Stubenältesten, daß ich an „Durchfall" leide. Ich suchte den deutschen Gefangenenarzt auf, damit er mir attestierte, am nächsten Tag nicht zur Arbeit antreten zu können. Er sah zwar Schwierigkeiten wegen des fehlenden Fiebers, sah aber ein, daß ich mit dem Wasserkommando unter diesen Umständen, schon aus hygienischen Gründen, nicht unterwegs sein konnte. Den Stubenältesten bat ich, mich dem Blockältesten als erkrankt zu melden. Die längste Zeit dieses Abends bis zur Bettruhe verbrachte ich demonstrativ auf der Latrine. Für diese Nacht ließ ich mich auch auf den Gang verlegen, damit ich die Baracke zu den häufigen Latrinengängen wegen des „Durchfalles" rasch verlassen konnte. Meine Zivilkleidung und die Halbschuhe, die mir meine Mutter bei ihrem überraschenden Besuch gebracht hatte, mußte ich am Morgen, sobald alle die Bude verlassen hatten, im Krankenbett auf dem Gang verstekken. Als schließlich alle zum Appell angetreten waren, blieb ich im Bett und bat den Stubenältesten, nicht zu vergessen, mich krank zu melden.

In der Zeit des Morgenappells und des Essenfassens zog ich die Zivilkleidung und die Halbschuhe an, schlich hinter den Baracken zum Appellplatz, reihte mich in den Gefangenenblock III ein, wo mich niemand kannte, und wartete, bis das Eisenbahnkommando aufgerufen wurde. Dann lief ich blitzschnell in die Mitte der Fünferreihen und des Kommandoblocks, damit ich von meinen Budengenossen und den Gefangenen des Wasserkommandos nicht gesehen werden konnte. Ich zählte mit durch, da ein Überspringen beim Abzählen aufgefallen wäre. Nur am Ende der Kolonne wäre das Nichtweiterzählen möglich gewesen, was aber wiederum von den anderen angetretenen Gefangenen oder auch von den Posten bemerkt werden konnte. Sehr verräterisch war auch meine nicht mit Leuchtfarbe gekennzeichnete Kleidung. Schließlich wurden 151 Mann gezählt. Da die Zeit fehlte, wurde ohne Kontrolle der aufgelisteten Nummern des Kommandos – was mein Glück war – der 151. Mann als einer zuviel zurückgewiesen. Er beschwerte sich nicht weiter, da beim Eisenbahnkommando schwere Arbeit auf ihn gewartet hätte. Dem Wasserkommando war ich als krank gemeldet worden.

Die Verladung in den Zug am Bahnhof Tschemoschna kannte ich vom Kommando Pilsen her. Ich war bedacht, den Waggon möglichst rasch am Anfang zu besteigen und mich in die weit entfernte Ecke an der Seite der Waggontür zu stellen. Der Waggon wurde von außen verriegelt, und der Zug fuhr ab. Nachdem wir den Bahnhof in Pilsen passiert hatten, hielten wir nach längerer Fahrt in westliche Richtung, außerhalb des Bahnhofes Kosolup bei Tuschkau-Stadt, auf offener Strecke an, wo die Kramparbeiten fortgesetzt werden sollten. Die Waggontüren wurden entriegelt, alle sprangen blitzschnell heraus, wohingegen ich mich noch in der entlegenen Waggonecke an der Schiebetürseite, die von außen schwer einsehbar war, befand und mich an meinen Schuhbändern zu schaffen machte. Ich hatte sie zuvor geöffnet und wollte, wenn mich doch noch ein Posten in der Ecke entdecken sollte, das Schuhbandbinden als Ausrede vortäuschen.

Ich kauerte in der Waggonecke und harrte der Dinge, die da kommen sollten. Die Lokomotive pfiff als Zeichen der Abfahrt, und gleich darauf ertönte das Sirenensignal der tschechischen Eisenbahner, die für die technische Aufsicht zuständig waren und dafür zu sorgen hatten, daß die Schienen frei waren und wieder befahren werden konnten. Der Zug setzte sich rückwärts zum Bahnhof Kosolup in Bewegung. Durch die offene Waggontür beobachtete ich, auf dem Boden liegend, angespannt die Gegend. Das Bahngelände und der Bahnhof Kosolup lagen oberhalb und abseits von Häusern. Der Zug rangierte die Waggons auf ein Abstellgleis, die Lokomotive wurde abgekuppelt und fuhr weg, nachdem die Waggons gegen Wegrollen abgesichert worden waren.

Dann trat eine unheimliche Stille ein. Ich kroch auf allen vieren zur Türöffnung vor, um vorsichtig das Umfeld auf irgendwelche Bewegungen zu beobachten. Die offene Schiebetür lag vom Bahnhof abgewendet, und der abgestellte Zug war von ihm etwa 200 m entfernt. Nachdem sich nichts rührte, stieg ich vorsichtig aus dem Waggon, schaute unter ihm durch auf die andere Seite, und erst jetzt entfernte ich mich langsam und sehr bedächtig über die Bahngleise, weg vom Bahngelände, über einen mit Büschen bewachsenen Damm hinauf in südliche Richtung, um mich gleich wieder nach Westen auf ein Getreidefeld hin zu bewegen, dort zunächst unterzutauchen und die Umgebung weiter zu beobachten. Ich mußte das Gebiet um den Bahnhof möglichst rasch großräumig verlassen. Deshalb ging ich umsichtig an Feldern und Wiesen entlang, zunächst in südwestliche Richtung, um das Arbeitsgebiet des Eisenbahnkommandos in sicherem Abstand zu umgehen. Südöstlich von Pleschnitz (Plešnice) konnte ich, nachdem mir das Schlagen der Krampen an die Ohren gedrungen war, von weitem auch das Arbeitskommando erkennen. Schaudern überkam mich.

Ich bewegte mich schleichend und gebückt weiter auf das Kirchdorf Gesna (Jezná) zu, jedoch in weiter Entfernung vom Ort, um die bewaldete Anhöhe in 439 m Höhe zu erreichen, was ich erst später anhand einer Landkarte nachvollziehen konnte. Von dort hatte ich eine gute Übersicht, gleichzeitig schien mir diese Anhöhe nördlich von Rajowa (Rájov) ein ideales Ruhelager und ein gutes Versteck bis zum Einbruch der Dämmerung. Den kleinen Hügel erreichte ich in der Mittagszeit nach etwa drei Stunden und hatte etwa 15 km zurückgelegt. Den einsetzenden Hunger stillte ich mit der eingesteckten Brotration vom Vorabend, meiner ersten Nahrung heute. Auf den Morgenkaffee hatte ich aus „gesundheitlichen" und taktischen Gründen verzichten müssen, weshalb mich jetzt beim Essen des trockenen Brotes der Durst unsagbar quälte. Doch weit und breit gab es keine Möglichkeit, Wasser aus einem Brunnen oder einem fließenden Gewässer zu schöpfen.

Endlich hatte ich einen sicheren Abstand zum Arbeitskommando erreicht; erst jetzt, zurückgezogen in das Dickicht niedriger Waldrandbepflanzung, wurde mir bewußt, was es heißt, frei zu sein, frei wie ein Tier in der Natur, das von dem lebt, was sie hergibt, das aber jetzt auch gejagt und erlegt werden kann – ganz zum Unterschied der Rückkehr vom Chiemsee in meine Heimat vor einem Jahr. Mit diesem glückseligen Gefühl der Freiheit schlief ich ein und wachte erst auf, als der Abend dämmerte.

Beim Erwachen war ich zunächst über mein Lager im Dickicht überrascht, erfaßte jedoch rasch die Situation, kroch aus dem Versteck und sah mich um. Nach kurzer Orientierung befand ich mich südlich der Bahnlinie Pilsen – Mies (Plzeň – Stříbro) und mußte sie nach Norden hin überschreiten. Es muß nach 21 Uhr gewesen sein; in der Abenddämmerung konnte ich die Umgebung noch gut erkennen. Plötzlich kam mir die Hölle vor Augen, die im Lager ausbrechen würde, nachdem man meine Abwesenheit bemerkt hatte. Spätestens bei der Krankenkontrolle am Morgen mußte klar werden, daß sich der „Kranke" nicht in der Baracke aufhielt. Dem Arzt war jedoch bekannt, daß es sich um Durchfall handelte und der „Kranke" deshalb auf der Latrine sein könnte. Wäre er auch dort nicht zu finden gewesen, mußte beim Wasserkommando nachgeforscht werden. Gewißheit konnte aber frühestens bei der Rückkehr der Kommandos am Abend erlangt werden, wenn beim Abzählen eines jeden Kommandos ein Gefangener fehlte. Da die Nummer 1308 nur für das Wasserkommando registriert war und für dieses eine Entschuldigung vorlag, ließ sich nicht feststellen, wo und wie der fehlende Gefangene verschwunden war. Allerletzte Gewißheit konnte erst beim Abendappell durch die Meldung des Buden- und des Blockältesten erreicht werden. Auch meine mit Leuchtfarbe gekennzeichnete Panzeruniform, die ich im Bett unter dem Stroh versteckt hatte, konnte inzwischen gefunden worden sein.

In solche Überlegungen wollte ich mich nicht mehr länger einlassen. Trotz meiner gewonnenen Freiheit hatte ich in diesem Augenblick ein schlechtes Gewissen, als ich an die Prügel dachte, die meine Mitgefangenen wegen meiner Flucht zu erleiden hatten. Diese Gedanken verdrängte ich rasch; meine gesamte Konzentration galt dem Weg und der Umgebung, in der ich mich bewegte. Eine große Gefahr ging für mich von Jägern auf ihren hochliegenden Ansitzen aus, die ihr Revier beobachteten. Die Bahnlinie erreichte ich westlich von Rajowa, überschritt sie und ging in westlicher Richtung an ihr entlang Richtung Mies. Nach etwa 5 bis 6 km erreichte ich eine Bahnhaltestelle in Form eines Unterstellschuppens, in dessen Umgebung ein Haus stand und, südlich der Bahnlinie, ein Bauernhof. Ich schlich mich an ihn heran; er lag hinter einer Streuobstwiese, die ich nach reifem Obst durchstreifte. Ich fand eine frühe, sehr saftige Apfelsorte, gerade richtig, den großen Durst zu stillen. Doch Vorsicht war geboten, denn mein Magen war nicht an die Säure frischer Äpfel gewöhnt, und Durchfall hätte mich am Weiterkommen gehindert und geschwächt. Ich begnügte mich damit, zunächst die Äpfel nur auszukauen und dann wieder auszuspucken. Einen Apfel aß ich am Schluß noch zur Gänze, weitere steckte ich in meine Taschen. Den Bauernhof umging ich nördlich und setzte den Weg seitlich der

Bahnlinie bei Rajowa Richtung Mies

Bahnlinie nach Mies nach der Abzweigung nach Weseritz

Bahnlinie fort, die meine Orientierung und zugleich eine gute Möglichkeit war, sich bei Gefahr im dichten, nicht gemähten Wildwuchs entlang der Bahn unterzutauchen. Nach einem etwa 3 km langen Fußweg stand ich vor einer Bahnabzweigung, von der die Gleise einerseits nach Norden und andererseits nach Westen weiterführten.

Mein Weg mußte der Bahnlinie nach Westen folgen. Später konnte ich beim Kartenstudium erkennen, daß die nach Norden abzweigende Bahnlinie nach Weseritz führte und dort endete. Als weitere Orientierungsmöglichkeit in der Nacht war auch der Stand der Gestirne heranzuziehen, wie ich bei Nachtmärschen und Übungen in der Napola gelernt hatte. Die erste Nacht war sternenklar, und der Polarstern stand im Norden, die Bewegung nach links bei Blickrichtung zu ihm führte nach Westen. Ein weiterer Anhaltspunkt war tagsüber die Bemoosung der Baumstämme an der Wetterseite, was immer auf Westen deutete. Solange mich die Bahnlinie begleitete, bestand ohnehin keine Gefahr, vom richtigen, möglichst auch kürzesten Weg abzukommen und nicht im Kreis zu gehen. Rechts von ihr erreichte ich dann etwas abschweifend das Ufer des Flüßchens Mies, wo ich mich zum erstenmal erfrischen konnte. Ich zog die Halbschuhe und Socken aus, tauchte meine brennenden und verschmutzten Füße in das Wasser. Nachdem ich mich anschließend am ganzen

stationiert und auch bereits Tschechen in der Mitte des Jahres 1946 angesiedelt worden waren. Vom Waldrand aus, der südlich der Bahnlinie lag, stieg das Gelände, auf dem sich große Getreidefelder ausdehnten, stetig an. Sie boten mir soviel Sichtschutz, daß ich es wagen konnte, das hügelige Gelände auf Feldrainen zu begehen, um dessen Horizont zu erreichen. Ich ging in größerem Abstand an einem Dorf westlich vorbei, das ich später auf einer Landkarte als den Ort Swina zuordnete. Auf den Feldern war längst Ruhe eingekehrt, niemand bewegte sich mehr auf den Feldwegen, die ich zu überqueren hatte. Nach längerem Marsch durch Getreidefelder gelangte ich in die Nähe einer Straße, die ab und zu von einem Auto befahren wurde. Etwa 100 m vor ihr machte ich auf einer Höhe halt und sah mich um. In nordwestlicher Richtung lag die Stadt Mies, in der ich an ausgeleuchteten Straßen Häuser mit erhellten Fenstern erkennen konnte. Die Bebauung der Stadt stieg von Süden nach Norden an. Am südlichen Rand verlief die Bahnlinie, wie ich an fahrenden Zügen ausmachen konnte. Der Kirchturm im nordwestlichen Teil der Stadt zeichnete sich am helleren Horizont ab. Die Bahn und die Mies lagen meiner Einschätzung nach etwa 30 Meter tiefer als mein Standpunkt, wohingegen sich das Gelände in Richtung Westen etwa zur gleichen Höhenlage entwickelte.

Ich beschloß, mich weiter auf dieser Höhe zu bewegen, da ich von hier aus fahrende Züge gut erkennen konnte, die mir den Weg zur Bahnlinie zurückwiesen, nachdem ich Mies weit umgangen hatte. Ich überquerte vorsichtig die Straße in Richtung Stadt, etwa 100 m von meinem Beobachtungspunkt entfernt, und setzte den Weg zwischen Feldern fort. Nach etwa 1 km sah ich eine weitere übergeordnete Straße vor mir, auf der sich mehr Fahrzeuge bewegten. Auch sie führte nach Mies und wies ein starkes Gefälle auf. In einem passenden Augenblick überquerte ich auch diese Straße, nachdem ich mich überzeugt hatte, daß sich kein Lichtkegel eines Fahrzeuges näherte. Obwohl der Himmel wieder sternenklar war, leuchtete zu dieser Zeit der Mond noch nicht. Beim Gehen entlang holpriger Feldraine und über unebene Feldwege mußte ich ständig darauf achten, nur ja keine Verletzung oder gar einen Knochenbruch zu riskieren, denn dies wäre das sichere Aus meiner erst wiedergewonnenen Freiheit gewesen.

Meine Gesundheit ließ trotz der vielfältigen Entbehrungen an Nahrung und der täglichen anstrengenden Fußwanderungen nichts zu wünschen übrig. Hunger und Durst quälten mich zwar immer, und die körperliche Kondition und Tagesform hingen davon ab, was ich zu essen und zu trinken fand. Manchmal kam Heißhunger auf, der sich durch zittrige Beine und ein gewisses Unwohlsein äußerte. Der Gedanke, endlich in Freiheit zu sein, ließ mich diese Mangelerscheinungen rasch wieder überwinden. Nach etwa 3 km wendete ich nach Nordwesten ab, um wieder in die Nähe der Bahnlinie zu gelangen. Dabei traf ich erneut auf eine Straße, die ebenso nach Mies führte. Kein Verkehr rührte sich zu dieser nächtlichen Stunde mehr; ich überquerte die Straße und bewegte mich wegen meines unerträglichen Durstes auf ein Dorf zu, wo ich einen Brunnen suchte. Ich schlich heran, hellwach und aufmerksam mit all meinen Sinnen, und las an der Ortstafel Wrbitz (Vrbice u Stříbra), Kreis Mies. Tafeln mit tschechischen Ortsbezeichnungen waren damals noch nicht gegen die deutschen Beschilderungen ausgewechselt worden. Ich bewegte mich katzengleich den Ortsrand entlang, um bei Gefahr schnell in ein Feld verschwinden zu können. Hinter einem Bauernhof stieß ich auf eine Viehtränke mit Wassertrog und – kaum zu fassen! – auch auf eine Wasserleitung. Vorsichtig, um keine Hunde zu wecken, drehte ich den Hahn auf und ließ das Wasser in dünnem Strahl langsam in meine Hände laufen, die ich mit verschränkten Fingern zu einem Gefäß geformt hatte. Daraus floß das kühle Wasser in meinen ausgetrockneten Mund; ich trank und trank... Mein Durst war fast unstillbar, und irgendwelche Bedenken wegen der Trinkbarkeit dieses Wasser zerstreute ich. Dann sah ich noch verlockende Äpfel an einem Baum hängen, die zwar noch nicht reif waren, aber dennoch zur Erfrischung und als Vorrat mitgenommen wurden. Behutsam verließ ich diesen Ort, bewegte mich wieder auf die Bahnlinie zu, überschritt sie und setzte an der nördlichen Seite der Bahn den Weg fort. Ich umging einen Ort, den ich später als Millikau (Milíkov) identifizierte. Nach etwa 5 km zweigte in der Nähe des Ortes Hollin (Holyně) eine Bahnlinie mehr in nördliche Richtung ab und führte über Plan (Planá) nach Marienbad und Eger. Die Positionen der Orte, der Bahnlinie und deren Richtung machte ich später anhand einer Landkarte und hielt sie in einem Tagebuch fest.

20 km hatte ich in der zweiten Nacht zurückgelegt. Der Morgen dämmerte, und ich mußte ein Versteck im Wald für den Schlaf bei Tag suchen. Diesen Platz fand ich etwa 500 m von Hollin entfernt in

Bahnlinie bei Hollin mit Abzweigung nach Plan

einer Jungschonung von Nadelbäumen. Es war noch kühl, deshalb forschte ich erst die Gegend aus, so weit mein Blick reichte, und wartete auf den Sonnenaufgang, um dann am Waldrand geschützt die ersten Sonnenstrahlen zu genießen. Das Gelände wies keine großen Höhenunterschiede auf, stieg aber von Hollin langsam und stetig an. Soweit mein Blick auch reichte – von einem Ort war nichts zu sehen, obwohl sich vom Waldrand aus riesige Getreidefelder und andere, grün wirkende Anbauflächen ausbreiteten – sofern dies in der Dämmerung erkennbar war –, in deren Nähe man eine Ansiedlung oder einen Einödhof vermuten konnte.

Als die Sonne am Horizont immer höher stieg, legte ich mich bei ihren ersten wärmenden Strahlen zur Ruhe. Ich schlief bald ein; ab und zu meinte ich, einen Zug zu hören, aber vielleicht war es doch einer der häufig wiederkehrenden Alpträume, die mich im Schlaf überfielen und in denen es immer um meine Flucht aus dem abgestellten Zugwaggon ging, die mißlang. So schreckte ich auch heute in der Mittagszeit von meinem Lager auf, kam schweißgebadet und zitternd zu mir. Meine Unterwäsche war durchgeschwitzt – ob vom bösen Traum oder von der sehr warmen Sonne, die direkt vom Mittagshimmel strahlte. Ich zog mein Wäsche aus, trocknete meinen Oberkörper damit ab und legte sie zum Trocknen an den Rand des Dickichts. Die Oberkleidung zog ich wieder an, damit ich rasch flüchten konnte, so sich Gefahr abzeichnete. Die Äpfel vom vergangenen Abend ließ ich mir schmecken, und sie halfen, den Durst zu stillen. Daraufhin versuchte ich den vom Alptraum jäh beendeten Schlaf fortzusetzen. Denn für das Bestehen der weiteren Strapazen mußte ich als Ersatz für fehlende und viel zu geringe Nahrung möglichst viel Kraft durch ausreichenden Schlaf schöpfen. Ich erwachte am Abend kurz vor Sonnenuntergang, und es fröstelte mich ein wenig. Die Unterwäsche war inzwischen von der Sonne getrocknet und angewärmt. Deshalb zog ich sie wieder an und übertrug die angenehme Wärme auf meinen ausgekühlten Körper.

Ich verließ die Schonung, um den Heimweg am dritten Abend fortzusetzen und am Waldrand entlang nach Westen zu schleichen. Die Streckenführung der Bahnlinie konnte ich an den an der rechten Seite begleitenden Telefonmasten erkennen, die sich am Horizont in westlicher Richtung gut abzeichneten. Nach einer Strecke von etwa 1,5 km stieß ich auf einen geschotterten Weg, der aus dem Wald führte und nach 150 m die Bahnlinie überquerte. Ich verfolgte ihn und erblickte plötzlich Lichter, die von einer Ansiedlung in etwa 1,5 bis 2 km Entfernung stammen mußten. Es war noch nicht dunkel genug, als daß ich mich gefahrlos diesem Ort hätte nähern können. Später stellte ich bei meiner Tagebucheintragung fest, daß diese kleine Ansiedlung Lohm hieß. Nachdem es dunkel geworden war,

Bahnlinie in Fahrtrichtung Haid

sich der Wald der Bahnlinie näherte und auf der anderen Seite fortsetzte, ging ich wieder an dieser entlang. Es handelte sich um eine einspurige Linie, die nach Haid (Bor) und weiter nach Tachau (Tachov) führen mußte. Sehr lang kam mir der Weg im Wald vor, immer am Bahngleis entlang, ohne daß ich eine Ansiedlung erblickte und auf eine Straße stieß. Nur einmal hörte ich einen Zug aus Richtung Hollin in Fahrtrichtung Haid. Rasch zog ich mich von der Bahn zurück, beobachtete den vorbeifahrenden, spärlich besetzten Personenzug und beneidete die Fahrgäste wegen der Bequemlichkeit und des raschen und sicheren Ankommens. Nach einem Marsch von etwa 5 km überquerte die Bahnlinie eine Straße, die auf den Ort Holezrieb (Holostřevy) zuführte, wie ich später feststellte. Sie verlief etwas südlich an ihm vorbei, wo auch eine kleine Abfertigungsanlage und eine Unterstellhalle waren. Zwischen ihr und der Straße näherte ich mich einem kleinen Bauerndorf von Westen. Im Ort herrschte Nachtruhe, nur ab und zu schlug ein Hund an. In der Mitte des Jahres 1946 konnte ich wegen der bereits angelaufenen Aussiedlung nicht mehr darauf vertrauen, Deutsche anzutreffen. Ich schlich nur soweit heran, bis ich die Obstbäume und den umzäunten Gemüsegarten erreicht hatte. In diesem fand ich Karottenkraut und zog dessen Wurzeln heraus. Die anhaftende Erde schüttelte ich ab, entfernte das Kraut und steckte die „geliebten" Karotten ein, so viel die Hosentaschen fassen konnten. Für die Äpfel vom Baum daneben blieb nicht mehr viel Platz. Nach einem Weg von etwa 1 km trat an den Bahndamm ein kleiner Bach heran, den ich später auf einer Karte als Wieraubach identifizierte. Zwischen der Bahnlinie und dem Bach lief ich solange, bis ein Waldrand auftauchte.

Dort legte ich eine Rast ein, um die Karotten im Bach zu säubern und mich selbst wieder einmal gründlich zu waschen. Das Wasser war klar, soweit man dies im Mondlicht erkennen konnte, und deshalb trank ich daraus, um den Durst zu stillen, bevor ich einen Apfel und eine Karotte aß. Nach der halbstündigen Pause setzte ich den Weg fort und bewegte mich zwischen Bach und Bahnlinie etwa 4 km weiter, dann drehte das Gewässer nach Süden ab. Nach etwa 1 km stieß ich wieder auf einen Ort, der nördlich der dazugehörenden Bahnhaltestelle lag. An ihr, an die ich herangeschlichen war, las ich den Namen Speierling. Nach weiteren 3 km etwa erschien am Nachthimmel in südlicher Richtung eine Lichtaufhellung, die auf eine grö-

Güterbahnhof Haid

ßere Stadt schließen ließ. Ich glaubte, daß es Haid sei. Mein Weg führte an der Bahnlinie weiter nach Westen, und ich nahm an, daß sie im Norden an dieser Stadt vorbeiführte. Noch in dieser Nacht wollte ich sie umgehen. Nördlich der Stadt stieß ich auf eine bedeutende Straße, die einerseits nach Norden und andererseits nach Süden in sie hinein führte. Von der Bahnlinie hatte ich mich etwa 300 m entfernt und ca. 50 m östlich der Straße einen Halt eingelegt, um die Gegend auszuforschen. Von der Stadt her näherte sich ein Güterzug, der beim Bahnhof rangiert wurde. Es stieß somit von der Stadt her eine weitere Bahnlinie auf diese Linie, an der ich mich bewegte. Nachdem keine Besonderheiten in der Nacht zu beobachten waren und auch der Verkehr auf der nach Norden führenden Straße sehr gering war, überquerte ich sie und bewegte mich weiter nach Westen. Ich näherte mich wieder der nach Westen führenden Bahnlinie, die an den sie begleitenden Telefonleitungsmasten von weitem zu erkennen war. Der Wald war durch die Stadt zurückgedrängt, so daß ich mich direkt an der Bahn entlang, im Schutz des wilden Bewuchses, weiter fortbewegen konnte. Nach etwa 5 km näherte ich mich wieder einem Ort mit einer Bahnhaltestelle, die aus einer primitiven Blechbude, zu den Gleisen hin offen, bestand. Nachdem ich an einem Schild den Namen Tholl gelesen hatte, zog ich mich in den schützenden, nördlichen Wald zurück, der vom Ort und der Bahnlinie etwa 200 m weit entfernt war, und lief mit Abstand zur Bahn weiter, an der auch eine Straße parallel entlang führte. Der Wald trat nach einer Weile wieder an die Bahnlinie heran, wo ich einen geeigneten Schlafplatz im Dickicht suchte.

Es war früh, gegen 4 Uhr. Nach 16 km Fußmarsch war ich müde und bedurfte der Ruhe. Meine Essensvorräte, einige Karotten und einen Apfel, holte ich aus meinen Taschen hervor und verzehrte sie mit Heißhunger. Bevor mich der Schlaf überfiel, überlegte ich, wie ich auf kürzestem Weg über die Grenze nach Bayern kommen könnte, wohin meine Mutter gemeinsam mit meinem Vater ausgesiedelt worden war. Er war erst kurz zuvor aus der Gefangenschaft heimgekehrt, was ich jedoch erst später erfahren sollte. Zur Grenze hin gab es ab Tachau keine Bahnverbindung mehr, woran ich mich aus dem Erdkundeunterricht erinnerte. Ebenso wußte ich noch, daß eine Bahnlinie von Haid nach Tachau führte und darüber hinaus weiter nach Plan. Tachau wollte ich mich nicht nähern. Die kleine bayerische Stadt Bärnau lag westlich davon. Der direkte Weg nach Westen müßte südlich an Tachau vorbei, ohne diese Stadt zu tangieren, in Richtung Bärnau führen. Neben Überlegungen bezüglich Weglänge

Bahnstation Tholl (Doly) mit Stationshäuschen

und -führung kalkulierte ich für die Reststrecke noch drei Tage und Nächte ein. Gerade in Grenznähe, kurz vor meinem Ziel Bayern, mußte ich äußerst behutsam vorgehen, da hier erhebliche Kontrollen zu erwarten waren. Es konnte auch eine Meldung vom Lager Tschemoschna an die Kontrollorgane der Westgrenze ergangen sein, bei aufgegriffenen Flüchtlingen besonders nach einem sechzehnjährigen entwichenen Gefangenen aus dem Internierungslager Tschemoschna zu fahnden. Mit solch trüben Gedanken schlief ich schließlich im Morgengrauen ein, um Kraft und Erholung für den nächsten Nachtmarsch zu finden.

Es war der dritte Tag seit meiner Flucht. Ich erwachte nach einem erholsamen Schlaf; die Sonne schien aus einem wolkenlosen Himmel und wärmte angenehm. Ich reckte und streckte mich und war zum weiteren Fußmarsch bereit, während sie sich langsam dem Horizont im Westen entgegenneigte. Einen Teil der von mir damals so geschätzten Karotten aß ich, die restlichen schob ich als Vorrat wieder in die Hosentasche und bewegte mich am Waldrand weiter nach Westen. Von weitem beobachtete ich Bauern bei Feldarbeiten. Die Entfernung war zu groß, als daß ich mich hätte vergewissern können, ob es Deutsche oder Tschechen waren. Auf dem Waldweg in westliche Richtung stand ich unversehens an einem größeren Weiher. Er reichte bis an den Waldrand; so konnte ich ein Erfrischungsbad wagen. Vom Ufer, wo ich die Kleidung abgelegt hatte, wollte ich mich nicht schwimmend entfernen, deshalb watete ich nur ein wenig umher und tauchte den Oberkörper ein. Auf der freien Seite des Weihers, an Wiesen und Felder grenzend, näherten sich in einer Entfernung von etwa 300 m Landarbeiter mit einer Rinderherde. Rasch verließ ich das Gewässer, nahm meine Kleidung an mich und zog mich in den schützenden Wald zurück; erst dort kleidete ich mich an. Meine weiteren Beobachtungen führte ich vom Waldrand aus fort und wartete das Herankommen der Landarbeiter ab. Als für mich keine Gefahr mehr bestand und die Herde vorbeigezogen war, zog ich mich vom Weiher zurück und bewegte mich wieder in südöstliche Richtung am Waldrand entlang bis zu jener Stelle, an der der Wald an die Eisenbahnlinie herantrat.

Hier hatte ich auch mein „Nachtlager“ gefunden, und das am helllichten Tag. Es war eine verkehrte Welt, in der ich bei Tag schlief und bei Nacht unterwegs war. Bis zum Einbruch der Dunkelheit

Anhöhe zwischen Alt Zedlisch und Schossenreuth.
Blick nach Tachau

blieb ich an dieser Stelle und setzte dann den Weg südlich der Bahnlinie fort. Nach etwa 3 km gelangte ich an den südlichen Rand der Ansiedlung Alt Zedlisch. Die Bahnlinie bog vor ihr stark nach Nordwesten ab, so daß sie am Nordrand dieses Ortes in Richtung Tachau vorbeiführen mußte. Wie schon bei den Vorüberlegungen festgelegt, durfte ich diesen Weg Richtung Tachau nicht einschlagen. Von der Bahnlinie nahm ich etwas wehmütig Abschied, war sie doch bisher immer der Garant für die Orientierung nach Westen gewesen. Nachdem ich zwei Straßen überquert und mich etwa 3 km westwärts bewegt hatte, kam ich in der Nähe des Ortes Uschau in eine recht waldarme Gegend. Nach etwa 5 km gelangte ich nach Schossenreuth, wo sich die Straßen gabelten; die eine führte in den Ort, die andere ging in nördliche Richtung, vermutlich nach Tachau. Von ihr bog eine weitere nach Westen ab. Die Straße nach Norden überquerte ich und ging etwa 5 km weiter nach Westen in sicherem Abstand zu ihr. Der Weg stieg immer mehr an, was mich viel Anstrengung kostete. Deshalb mußte ich eine Pause einlegen. Die letzten verzehrten Karotten gaben mir wieder Zuversicht und Kraft, den Weg nahe der Straße auf weiterem langem Anstieg anzugehen, wo ich mich dem Ort Maschalkotten näherte. Diese Gegend war entlang der Straße fast waldfrei, doch bei meinem etwa 16 km langen Nachtmarsch war das nicht von Bedeutung.

Todmüde mußte ich mir einen Platz zum Schlafen suchen. Dazu bewegte ich mich in südliche Richtung vom Ort weg, wo eine bewaldete Anhöhe sichtbar wurde. An ihrem Rand fand ich in einem Jungwald etwa um 4 Uhr früh mein Lager. Ich schlief sofort ein. Als ich erwachte, war es bereits später Nachmittag, Zeit zum Weitergehen an diesem fünften Tag. Wie weit ich mich dem Grenzbereich bereits genähert hatte, konnte ich nicht abschätzen, da ich bisher keinerlei Anhaltspunkte gefunden hatte. Mir war klar, daß ich mich in Grenznähe immer vorsichtiger bewegen mußte. Jetzt befand ich mich am Fuß der Anhöhe, sah von dort den Ort Maschalkotten und die Straße, die ich am Morgen verlassen hatte. Ich sah auch, daß sie, an die ich mich halten mußte, weiter anstieg. Bis zum Einbruch der Dunkelheit konnte ich mich nicht auf sie zu bewegen, deshalb versuchte ich, am Waldrand weiterzukommen. Ich bemerkte, daß ich mich von ihr etwas weiter entfernt hatte, sah aber auch, daß sich der Wald später der Straße wieder näherte. Ein kleiner Bach fiel mir auf und eine weitere Straße, die von Südwest nach Nordwest führte. Sie stieg mit dem stark steigenden Gelände an und bog nach Norden ab.

Mit einbrechender Dämmerung wurde das Laufen abseits der Wege immer beschwerlicher. Meine Vorräte waren zur Gänze aufgebraucht, Hunger und Durst machten sich fürchterlich bemerkbar und zwangen mich zur Annäherung an eine Siedlung, um etwas Eßbares zu finden. Nach etwa zwei Stunden näherte ich mich dem Bach, der aus dem Wald hervortrat und den ich zuvor schon bei einer Rundumsicht ausgemacht hatte. Hier stillte ich zunächst den quälenden Durst, dann wusch ich mich kurz und setzte den Weg fort. Ich stieß auf die Straße, die ich schon am Abend von der Anhöhe aus gesehen hatte und in nördliche Richtung verlief. An ihr entlang wollte ich laufen, da ich mich besser orientieren konnte. Sie verlief außerhalb des Waldes, und dicht begleitende Alleebäume säumten sie. Gegen 4 Uhr früh erreichte ich den Ort Langendörflas. Ich organisierte mir Obst und zog mich in den Wald zurück. Nach Westen führte von dieser Stelle keine Straße weiter.

Vorerst suchte ich im Wald ein Versteck und legte mich zur „Nachtruhe". Die Strecke in der vergangenen Nacht, die ich der Kilometerzahl nach nicht schätzen konnte, war sehr anstrengend gewesen, zumal ich unter Hunger litt. Betteln konnte ich nicht, weil ich nie wußte, auf welche Bevölkerung ich stoßen würde – waren es schon Tschechen oder noch Deutsche? Der Schlaf endete am späten Nachmittag gegen 17 Uhr. Im Wald suchte ich nach Eßbarem und fand endlich Schwarzbeeren und Pilze. Ohne Feuer und Tiegel nützten mir die Pilze nicht, deshalb ließ ich sie stehen. Den Waldrand entlangschleichend, erreichte ich eine Straße, die von Südwest nach Nordost, nach Groppitzenreuth und, darüber hinaus, nach Tachau führte, wie ich später ermittelte. Meinem guten Orientierungssinn nach überquerte ich sie im Wald. Nach etwa 3 km erreichte ich den Ort Schönbrunn, an den der Wald heranreichte, so daß ich ihn beobachten konnte. Es handelte sich um einige landwirtschaftliche Anwesen und ein paar Einfamilienhäuser. Eine Straße kam auf den Ort aus südwestlicher Richtung zu und verließ ihn wieder in östliche Richtung nach Groppitzenreuth (M. Rapotín).

Doch welche Überraschung tat sich mir gleich hinter der Ortschaft auf! Eine unbewaldete Fläche mit ungemähten Wiesen und nicht angebauten Feldern erstreckte sich vor mir – ein deutliches Zeichen, daß ich mich im Grenzgebiet befand, aus dem die Deutschen größtenteils geflüchtet oder von den Höfen vertrieben worden waren und Tschechen noch nicht angesiedelt werden konnten. Ich überquerte die Straße und lief über ungemähte Wiesen und unbestellte Felder bis zu dem Waldgebiet, das etwa 2 km westlich zu erkennen war. Als ich dessen Rand erreicht hatte, beobachtete ich mit Schrecken einen Militärlastwagen, auf dem sich Männer in olivbraunen Uniformen befanden, genauso, wie ich sie von den Lagern in Erinnerung hatte. Der Lastwagen bewegte sich von südwestlicher in nordöstliche Richtung, fuhr durch die Ansiedlung, und, nach dem Geräusch zu urteilen, weiter in nördliche Richtung nach Tachau. Wahrscheinlich handelte es sich um Bewacher, die im südwestlichen Grenzbereich abgelöst wurden. Die Ablöse waren zuvor in dieses Gebiet mit demselben Lastwagen gebracht worden, so meine Überlegung.

Durch diese Beobachtung wuchs meine Nervosität derart, wie ich es auf dem bisherigen Fluchtweg nicht gekannt hatte. Ich ging beunruhigt weiter durch die Nacht in Richtung Westen, kam über abfallendes Gelände und stand nach etwa 1,5 km an einem Bach, der von südwestlicher in nordöstliche Richtung floß. Er kam aus einem Wald, der mir wieder ausreichend Deckung gab. Meinen starken Durst löschte ich erneut. Nach weiterem Marsch gelangte ich zum Ort Girnberg, etwas abseits des Waldes. Es war ruhig und die Beleuchtung sehr spärlich. Am Ortsrand fand ich einige Obstbäume mit noch unreifen Birnen und Äpfeln, von denen ich, soviel die Hosentaschen fassen konnten, einsteckte. Durch den Wald bewegte ich mich weiter, bis ich eine Straße erreichte, die nach Westen verlief. Immer wieder blieb ich stehen, lauschte jedem Geräusch und ging, sobald sich etwas bewegte, sofort in Deckung. Meist war es Wild, das mir Schrecken eingejagt hatte. Nach einer kurzen Pause setzte ich den mühevollen Weg durch ausgedehnte Wälder fort, ständig unterbrochen durch Lauschpausen, die mich zusätzlich zermürbten.

Müde suchte ich einen Ruheplatz. Gleichzeitig beschloß ich, am Nachmittag des nächsten Tages in der Nähe dieser Straße weiter nach Westen zu gehen. Ich bewegte mich etwa 25 bis 30 Meter neben ihr im Wald. Von weitem hörte ich Motorengeräusch. Ich versteckte mich sofort und erkannte aus der Deckung ein Motorrad mit zwei Uniformierten, das sich auf der Straße von West nach Ost näherte. Es war eine Patrouille, die den Grenzbereich kontrollierte. Verunsichert und neugierig ging ich in der Nähe der Straße nach Westen weiter, rechnete dabei nicht, daß eine zweite Grenzkontrolle der ersten folgen oder die erste wieder umkehren würde. Nur jetzt nicht leichtsinnig werden! dachte ich mir, denn ich wußte noch immer nicht, wie weit die Grenze nach Bayern entfernt war. Die Straße konnte wohl in deren Nähe sein, jedoch nicht unmittelbar an der Grenze. Nach umsichtigem Weitergehen und eingelegten Lauschpausen gelangte ich nach etwa 3 km durch den Wald laufend auf eine Schotterstraße, die nach Nordost führte. Dies mußte der Wendepunkt der nach Westen führenden Straße sein.

In der Zwischenzeit war es dunkel geworden; vielleicht schon 22 Uhr. Links dieser Schotterstraße hörte ich Hundegebell und schloß auf eine Ansiedlung. Die Gefahr war zu groß, sich ihr zu nähern, denn es konnte sich auch um Grenzwächter handeln. Ich entfernte mich vom Hundegebell weg in nordwestliche Richtung. Später stellte ich auf einer Karte fest, daß es sich um das Forsthaus Paulushütte (Pavlova Hut̆) gehandelt hatte. Ob es damals einer Wachpostenunterkunft diente, konnte ich nicht mehr feststellen. Nach einem weiteren, etwa 5 km langen Marsch durch ein Waldgebiet hatte ich den höchsten Punkt im Gelände erreicht und stand plötzlich vor einer Wiese mit hohem, nicht abgemähtem Gras. In einer Entfernung von 2,5 bis 3 km sah ich Straßenlichter in einer kleinen, eng und geschlossen bebauten Stadt, die sich unter mir ausbreitete. Außerdem erblickte ich von meinem erhöhtem Standpunkt aus die Lichter verstreuter Orte und Weiler, die wesentlich tiefer und in einiger Entfernung voneinander lagen. In diesem Augenblick wußte ich, daß ich es geschafft hatte. Die Stadt unter mir war Bärnau, und die Einöde, vor der ich stand, war der Stöberlhof bei Bärnau.

Mein Glücksgefühl und meine Freude waren unbeschreiblich. Es war bereits die zweite Hälfte dieser Nacht angebrochen, und plötzlich erinnerte ich mich, daß ich auf eventuelle Sperrzeiten achten mußte, während dieser sich niemand im Freien bewegen durfte. Solche nächtliche Sperrzeiten gab es hier, als ich vor fast genau einem Jahr, im Sommer 1945, zu Fuß vom Chiemsee in meine Heimat im Sudetenland durch eben diese Gegend gezogen war und die Grenze in entgegengesetzter Richtung überschritten hatte. Ein kleiner Heuhaufen, den ich rasch zusammengetragen hatte, wurde mein Nachtquartier, in unmittelbarer Nähe des Stöberlhofes. Tiefster Schlaf ließ in meiner glücklichen Lage nicht auf sich warten.

Am nächsten Tag, etwa um die Mittagszeit, erwachte ich auf dem Heuhaufen inmitten einer Wiese, von der Sonne angestrahlt und erwärmt. Plötzlich wurde mir wieder bewußt, daß ich in Bayern war und nichts mehr zu befürchten hatte. Meine Freude darüber war grenzenlos. Ich streckte mich noch genüßlich im Heu, als die Glocken der Kirche von Bärnau zum Mittagsgebet läuteten. Schon ewig lang hatte ich keine Glocken mehr gehört und kein Vaterunser gebetet. An diesem Mittag habe ich es aus innigstem Herzen und mit größter Dankbarkeit getan.

Ich glitt vom Heuhaufen herab, wie ich es oft in der Kindheit mit Freunden getan hatte. Aber wo war die Kindheit geblieben? Zum Lachen war mir schon lange nicht mehr. Ich schüttelte das Heu von meinem fast noch kahlen Kopf mit nur ganz kurzen Haarstoppeln und zupfte die anhaftenden Halme aus der Kleidung, die wegen meines weiten Fußwegs querfeldein, vom Internierungslager Tschemoschna bei Pilsen bis hierher nach Bayern, sehr verschmutzt und ungepflegt war. Doch mein Gesicht war gebräunt, und die Augen strahlten vor Glück bei dem Gedanken, daß ich jetzt frei und ungefährdet war. So ging ich erleichtert und von allen Ängsten befreit auf den Stöberlhof zu, in der Hoffnung, etwas zum Trinken und Essen zu bekommen. Im Stall würde ich mich jedenfalls waschen können.

Ich klopfte zurückhaltend an die Tür; eine Frau öffnete und fragte, was ich wolle. Ich schilderte meine Situation, merkte aber, daß ihr diese wegen meines Alters nicht glaubhaft schien. Sie rief ihren Mann aus der Stube, der mir einige Fragen über das Woher aus der Tschechoslowakei stellte und mir erlaubte, mich im Stall zu waschen. Anschließend erhielt ich einen Teller Suppe, den ich am Tisch vor der Haustür auslöffeln durfte. Wasser hatte ich bereits genügend im Stall getrunken. Ich erkundigte mich, ob in Bärnau eine Polizeiwache wäre, wo ich mich melden wollte. Dies schaffte merklich mehr Vertrauen, denn gleich wurden mir auch Reste des Mittagessens angeboten. Ich dankte für die Suppe; mehr könne mein Magen nicht vertragen, da ich in den letzten sechs Tagen nur von Obst und Karotten gelebt hatte. Aber ein Stück Brot ohne Belag, das man mir noch anbot, nahm ich gern an. Mir wurde erklärt, daß es nur eine Hilfspolizei gäbe; das Sagen hätten die Amerikaner, die auch die Grenze kontrollierten. Die Hilfspolizei fände ich im Rathaus; ob ich heute nachmittag – es war Samstag, wie ich erfuhr – jemanden erreichen könne, sei unwahrscheinlich. Die Bauersleute fragten mich noch, wohin ich wolle, und spontan nannte ich das Flüchtlingslager in Wiesau, wo ich meine ausgesiedelte Mutter vermutete. Mir wurde gesagt, daß es in Bärnau einen Bahnhof gäbe und Züge nach Wiesau führen. Ich dankte und dachte sogleich an das Fahrgeld, das ich nicht hatte; aber danach betteln wollte ich nicht auch noch.

Ich ging durch Bärnau und gelangte am anderen Ende der Stadt zum Bahnhof. Mit dem Bahnbeamten führte ich eine längere Diskussion wegen des Fahrgeldes, das ich nicht hatte und mir auch nicht besorgen konnte. Ich sei geflohen, sagte ich, könne es jedoch nicht durch einen Ausweis belegen, da ich keinen hätte. Der Beamte hatte jedoch seine Vorschriften; alles andere interessierte ihn nicht, und wies mich ab. Er sagte noch, daß ohnehin erst am Abend ein Zug abfahre, auf den ich aber nicht warten wollte. Da sah ich, daß Güterwaggons, mit Holz beladen, auf einem Nebengleis zum Abtransport bereitstanden. Nachdem Bärnau die Endstation war, konnten sie nur in eine Richtung, nämlich nach Tirschenreuth, fahren. Ich fragte den Beamten, ob ich nicht mit dem Güterzug fahren dürfe und ob dieser früher abfahre. Seine Antwort lautete, daß eine Lokomotive den Zug in einer halben Stunde abhole. Die Erlaubnis zum Mitfahren könne er mir aber nicht geben. Diese Auskunft reichte mir.

Nachdem ich den Bahnhof verlassen hatte, schlich ich von der anderen Seite an die Waggons heran, bestieg einen in der Mitte und legte mich auf die Rundstämme, die 2 m lang waren und nicht über 20 cm Durchmesser hatten. Ich wartete auf die Lokomotive, deren Herannahen ich schon nach kurzer Zeit hörte. Nach einem knappen Gespräch des Beamten mit dem Lokführer wurden die Waggons angekuppelt, und nach einem Pfiff der Lokomotive ging es ab. Auf die Balkenladung geduckt, beobachtete ich während der Fahrt die Gegend. Nach geraumer Zeit erreichte der Zug Tirschenreuth, hielt aber nicht im Bahnhof, sondern fuhr weiter. Die Reise ging durch ein größeres Waldgebiet mit vielen Weihern.

Als der Zug es verlassen hatte, sah ich die vielen Rauchfänge von Wiesau, die ich noch aus der Zeit vor 1945 kannte, als ich mit dem Zug vom Sudetenland nach Oberbayern in die Internatsschule gefahren war. Im Bahngelände von Wiesau erblickte ich die breite Gleisanlage wieder, wie ich mich von früher an sie erinnerte. Vom Bahnhofsgebäude nach Osten schauend, war ein riesiges Barackenlager für ausgesiedelte Flüchtlinge auszumachen.

Am äußersten Gleis, dem Bahnhof abgewendet, stand soeben ein Flüchtlingstransport mit etwa zwanzig Viehwaggons; die Schiebetüren standen offen, und ich sah darin viele Menschen. Ich kletterte rasch vom Holztransport, bevor der Zug rangiert wurde, und lief quer über die Gleise in Richtung Flüchtlingszug, wo ich – vor Entdeckung durch Bahnbeamte unerreichbar – verschwinden konnte, denn ohne Fahrkarte wäre ich nicht am Kontrolleur vorbei und durch die Absperrung gekommen. Die Aussiedlung aus den Ostgebieten war voll im Gang. Das Rote Kreuz war mit der Ausgabe von Getränken, Eintopf und Babynahrung beschäftigt. Ich stellte mich vor einen dieser Waggons und bekam ebenfalls einen Blechnapf mit Eintopf. Die Flüchtlinge durften nur für die Benützung der Toiletten aussteigen, mußten in den Waggons bleiben und wurden durch die Schiebetüren verpflegt. Nach der Versorgung mit Getränken, Essen und auch der Kranken fuhr der Transportzug weiter. Jeder dieser aus dem Osten ankommenden Züge hatte einen Bestimmungsbahnhof, zu dem die Flüchtlinge und Ausgesiedelten gebracht wurden.

Ich wandte mich an die Lagerleitung des Wiesauer Flüchtlingslagers, meldete mich und fragte nach meiner Mutter. Doch wegen des im Bahngelände noch immer stehenden Flüchtlingstransportes hatte niemand Zeit für mich, so daß ich warten mußte, bis er abgefertigt war. Inzwischen war es vier Uhr nachmittag geworden. In der Lagerleitung wurde ich jetzt befragt, woher ich komme. Nach meiner Schilderung, daß ich aus dem Internierungslager Tschemoschna bei Pilsen geflohen sei, bemerkte ich Skepsis im Gesicht des Fragenden. Ich hatte keinen Ausweis, sah heruntergekommen aus und war mit 16 Jahren untypisch für einen politischen Gefangenen. Als Beweis bot ich an, nachzusehen, ob meine Mutter mit einem Transport aus dem Kreis Elbogen hier angekommen sei. Die Ankunft müsse etwa vor zwei Wochen erfolgt sein. Eine Frau wurde beauftragt, die Listen der aus Elbogen angekommenen und durchgereisten Flüchtlingstransporte durchzusehen. Nach rund einer halben Stunde kam sie in das Büro des Lagerleiters zurück, wies mit dem Finger auf eine Stelle in der Liste und ging wieder. Der Lagerleiter befragte mich nach den Vornamen meiner Mutter und meines Vaters, ihren Geburtsdaten, Wohnort und Hausnummer. Als ich alles richtig beantwortet hatte, erklärte er mir, daß meine Mutter und mein Vater vor zwei Wochen hier angekommen und wegen Überfüllung des Lagers Wiesau nach Tirschenreuth weitergeleitet worden seien. Mit dieser Mitteilung hatte ich auch die Gewißheit, daß mein Vater noch vor der Ausweisung aus dem Sudetenland aus russischer Gefangenschaft heimgekehrt war. Dieser Transport, der aus Neusattl gekommen war, sollte hier im Landkreis Tirschenreuth bleiben, wie ich erfuhr. Auf meine Frage, wie ich nun nach Tirschenreuth kommen könne, entgegnete man mir, daß dies heute nicht mehr möglich sei. Zuerst müsse ich auf ansteckende Krankheiten untersucht und desinfiziert werden. Ich solle mich in einem der Waschräume gründlich reinigen und mich dann wieder melden. Nachdem ich andeutete, daß ich keine Seife, Zahnbürste, Zahnpaste und Handtuch hätte, wurden mir diese im Nebenzimmer gereicht. Wäsche und Kleidung gab es nicht. Ich ging in einen Waschraum, der nicht wesentlich anders als jener im Internierungslager aussah, wusch mich zur Gänze, putzte nach einem Jahr wieder einmal die Zähne und meldete mich schließlich bei der Lagerleitung. Mein gesamter Körper und meine Kleidung wurden mit einem weißen Pulver aus einer großen Holzpumpe beblasen.

Erst dann wurde ich von einem Arzt untersucht, nachdem ich mich völlig entkleidet hatte. Er stellte fest, daß ich keine ansteckenden Krankheiten habe, jedoch total unterernährt sei.

In der Lagerleitung hatte sich meine Flucht herumgesprochen. Deshalb wurden ich, den Umständen entsprechend, bevorzugt behandelt. Mir wurde ein Bett in einer Baracke zugeteilt und Verpflegung für diesen Abend. Zuvor sagte man mir noch, daß ich erst am Montag einen Ausweis erhalten und dann einen Fahrschein nach Tirschenreuth mit der Zuteilung in dieses Lager bekommen werde. Eine Benachrichtigung meiner Eltern über meine Ankunft erfolge über einen Kurier noch heute abend, da es im Lager Tirschenreuth kein Telefon gäbe und der Kurier in Tirschenreuth wohne. Ich legte mich bald schlafen, konnte aber trotz meiner Erschöpfung keine Ruhe in dem für mich ungewohnten, viel zu engen und spärlich belüfteten Raum finden.

Am Nachmittag des nächsten Tages standen meine Eltern vor mir. Das Wiedersehen war tränenreich, aber überglücklich. Sie hatten mir Oberkleidung, Unterwäsche, Socken und Schuhe mitgebracht. Am Abend verabschiedeten sie sich wieder, da sie den Zug nach Tirschenreuth erreichen mußten. Am Montag wurde ich im Lager Wiesau mit einem Passierschein und einer Fahrkarte nach Tirschenreuth entlassen, wo in der alten Glasfabrik nahe dem Bahnhof ein Notlager für die Flüchtlinge – wegen vorübergehender Überfüllung des großen Barackenlagers in Wiesau – eingerichtet worden war.

Nachwort

Auf dem Areal einer alten, aus dem 20. Jahrhundert stammenden stillgelegten Glasfabrik war wegen Überfüllung des Hauptlagers in Wiesau auf Anordnung der amerikanischen Besatzungsmacht ein weiteres provisorisches Flüchtlingslager in Tischenreuth eingerichtet worden, in dem meine Eltern nach der Aussiedlung und ich nach der Flucht untergebracht waren. In einer großen und sehr hohen ehemaligen Fabrikationshalle waren aufklappbare, recht schmale Feldbetten Reih an Reih aufgestellt, wo jung und alt, gesund oder krank, nach Familien geordnet, jedoch ohne jeden Sicht- oder Hörschutz „hausten". Nachtruhe gab es keine, da bald Kinder weinten oder ältere Leute ständig husteten und zu den sanitären Einrichtungen, die einer stillgelegten Fabrik entsprachen, unterwegs waren. Wenigstens das große Raumvolumen sorgte für eine einigermaßen erträgliche Luftqualität. Der Tagesablauf war durch die Ausgabe der Gemeinschaftsverpflegung des Roten Kreuzes morgens, mittags und abends bestimmt, dazwischen konnte man dem tristen Lagerleben je nach Wetter ins Freie entrinnen.

Bei der „Freizeitgestaltung" war für mich die wiedererlangte Freiheit von wesentlicher Bedeutung. Wenn ich nicht mit meinen Eltern in der Stadt oder der nahen Umgebung unterwegs war, drängte es mich hinaus in die freie Natur, in die vielen Wälder rundherum mit noch mehr Fischweihern, die das Landschaftsbild wesentlich prägten; hier wollte ich Abstand von den Ereignissen der vergangenen fast eineinhalb Jahre seit dem Verlassen der Chiemseegegend gewinnen. Von den Jugendlichen im Lager hielt ich mich möglichst fern, da meine Interessen, bedingt durch die Erlebnisse, völlig anderer Natur waren.

Meine Eltern machten sich große Sorge um meinen Gesundheitszustand, als sie merkten, daß ich nachts schweißgebadet aufschreckte, stöhnte und keinen erholsamen, tiefen Schlaf mehr fand. Der für das Lager zuständige Arzt stellte nach eingehender Untersuchung keinen gravierenden körperlichen Krankheitsbefund fest, außer dem viel zu geringen Gewicht, doch konstatierte er auch, daß die Schlafstörungen psychischer Natur seien, die von einem Facharzt behandelt werden sollten, zu welcher Überweisung er jedoch nicht befugt wäre. Vom Besuch einer weiterführenden Schule riet er zum jetzigen Zeitpunkt dringendst ab, bevor nicht Gesundheit und körperliche Kraft durch viel Ruhe und entsprechende Nahrungsaufnahme wiedererlangt seien, was längere Zeit in Anspruch nähme.

Das Lagerleben endete, als uns im Spätherbst 1946 in Wiesau zwei Räume in der Wohnung von Geschäftsleuten zugewiesen wurden, so wie in allen Orten des Landkreises Wohnraum für die Flüchtlinge und Vertriebenen beschlagnahmt worden war. Wir hatten einen Raum im Erd- und einen im Obergeschoß, der jedoch von den Geschäftsleuten immer begehbar sein mußte, da sich das Lager dahinter befand. Es fehlte an allem, an Einrichtungsgegenständen, um die sich meine Mutter kümmerte, und vor allem an Brennholz, das ich zusammen mit meinem Vater von einem nahe gelegenen Dorf mit einem Leiterwagen nach Hause zog. In mühevoller und schweißtreibender Schwerstarbeit holten wir das Holz aus einer noch halb in die Durchgangsstraße ragenden Panzersperre, die zwischen einem großen Weiher und einem Bauernhof 1,50 m in den Boden gerammt und, 2 m noch herausragend, aus etwa 30-40 cm dicken Baumstämmen errichtet worden war. Nachdem uns von den Bauern Arbeitsgeräte bereitgestellt wurden, gruben wir die Hölzer aus und zerkleinerten sie auf einem zugewiesenen Lagerplatz im Garten der Geschäftsleute.

Nachdem ich auf Anraten des Arztes das Schuljahr im Herbst nicht hatte aufnehmen dürfen, besorgte ich mir entsprechende Schulbücher und eignete mir autodidaktisch den Unterrichtsstoff an, was mir erstmals wieder ungeheure Freude bereitete und meinen Ehrgeiz grenzenlos steigerte. Daneben begann ich zu Beginn des Jahres 1947 eine zweijährige Baupraxis als Voraussetzung für ein späteres Studium des Bauwesens. Im Herbst des gleichen Jahres vergrößerte sich unsere Familie; ich bekam einen kleinen Bruder, wodurch der geplante Hausbau beschleunigt umgesetzt werden mußte. Nach einer Aufnahmeprüfung konnte ich im Herbst 1949 das Studium für Bauingenieure beginnen und innerhalb kürzester Zeit abschließen, obwohl mich ein erneuter gesundheitlicher Rückfall zum Aussetzen eines Semesters zwang, in das ich jedoch ohne Zeitverlust nach abgelegter Prüfung wieder einsteigen konnte. Ich war als „Streber“ bei meinen Kommilitonen verschrien, kannten sie doch meinen Lebenslauf nicht, der mich für jede Leichtfertigkeit des Studentseins unfähig gemacht hatte.

Nach planerischen Tätigkeiten in einem Architekturbüro folgte ich dem Ruf der Schweiz nach Architekten und arbeitete in einem größeren Planungsteam. Zum erstenmal genoß ich wieder das gesellschaftliche Leben und die kulturellen Veranstaltungen, die wunderbare Berglandschaft und die Lebensart der Schweizer in ihrer großen Gelassenheit und betrieb vor allem Schisport und Bergwandern. Sehr beeindruckt war ich von der hier vorgefundenen präzisen Bauplanung, die nach langer Bearbeitung, nur allmählich ohne jeden Zeitdruck, reifte. Nach weiterem Aufenthalt zur Fort- und Weiterbildung verließ ich Ende 1961 die Schweiz, kehrte in meine zweite Heimat Wiesau zurück, heiratete 1962 und baute mit meiner Frau, die eben auch ihr Architekturstudium beendet hatte, aus kleinsten Anfängen bei harter Arbeit ein Architekturbüro auf, das wir mit großem Erfolg führten. Daneben wurde ich als öffentlich bestellter und vereidigter Bausachverständiger vor allem von Gerichten eingesetzt.

Doch mein politisches Interesse ließ mich nicht ruhen, ich wollte mich bei der Gestaltung meiner zweiten Heimat einbringen und mitwirken, auch als Dank für die Aufnahme. Das gelang mir, als ich 1972 in den Marktrat gewählt wurde, in dem ich, zuletzt lange Jahre auch als dritter Bürgermeister, bis zum Frühjahr 2002 wirkte.

Auch jetzt war von Ruhestand keine Spur, als ich meinen langgehegten Wunsch, der mir bisher durch meinen beruflich und politisch bedingten Werdegang verwehrt war, endlich verfolgen konnte: Ich arbeitete etwa zwei Jahre an einer ingenieurwissenschaftlichen Arbeit, die ich 2003 abschloß.

Kaum hatte ich davon Abstand gewonnen, wollte ich endlich die vielen jahrelangen Aufzeichnungen meiner Erinnerungen und Gedanken, die ich berufsbedingt immer wieder und zum Teil lange Zeit hatte unterbrechen müssen, aufnehmen, fortführen und zum Ende bringen. Bei meinen vielen Alleingängen in den Bergen des Ausseer Landes in Österreich, das ich seit 1971 als meine dritte Heimat kennen und lieben gelernt hatte, in diesem Ruhe und Frieden ausstrahlenden „Paradies", in das ich sehr oft im Jahr zurückkehre, reifte der vorliegende Bericht über einen mich prägenden Lebensabschnitt, vor allem für meine Kinder und Enkelkinder festgehalten und daraus zu folgern, niemals im Leben aufzugeben.